Offenbarung, Tradition und Schriftauslegung

Rudolf Voderholzer

Offenbarung, Tradition und Schriftauslegung

Bausteine zu einer christlichen Bibelhermeneutik

Verlag Friedrich Pustet
Regensburg

Bibliografische Information der Deutschen Nationalbibliothek

Die Deutsche Nationalbibliothek verzeichnet diese Publikation
in der Deutschen Nationalbibliografie; detaillierte bibliografische Daten
sind im Internet über http://dnb.d-nb.de abrufbar.

www.verlag-pustet.de

ISBN 978-3-7917-2519-2

Umschlaggestaltung: Martin Veicht
Umschlagfoto: © Bistum Regensburg (Foto: altrofoto – die Fotoagentur, Regensburg)
Satz: Vollnhals Fotosatz, Neustadt a. d. Donau
Druck und Bindung: Friedrich Pustet, Regensburg
Printed in Germany 2013

Inhaltsverzeichnis

KONKRETIONEN

Vorwort

„Verstehst Du auch, was Du liest?“ (Apg 8,30)[1], fragt in der Apostelgeschichte der frühchristliche Missionar Philippus den auf einem Wagen von Jerusalem herkommenden und – gemäß antikem Brauch – mit lauter Stimme das Buch des Propheten Jesaja lesenden Kämmerer der äthiopischen Königin. Nachdem der gottesfürchtige Pilger die Frage verneint und dies mit dem Fehlen einer entsprechenden Unterweisung begründet hat, erschließt ihm Philippus, ausgehend vom Jesajabuch, das Evangelium von Jesus Christus.

Die Stelle in der Apostelgeschichte hat innerhalb des lukanischen Geschichtswerkes eine vorausgehende Parallele in Lk 24, wo davon die Rede ist, dass der auferstandene Herr den Emmausjüngern, ausgehend von Mose und allen Propheten (sowie dann auch noch den Psalmen), den Sinn der Schrift erschließt, der nichts und niemand anderes ist als ER selbst. Sowohl in der Apostelgeschichte wie auch in der ihr vorausgehenden Emmausperikope führt die Sinnerschließung die zum Glauben Gekommenen zugleich in ein neues Existenzverhältnis: Der Kämmerer bittet um die Taufe und kehrt dann voller Freude in seine Heimat zurück. Die Emmausjünger, denen sich der Herr erst vollständig beim Brotbrechen, d. h. in der sakramentalen Selbstvergegenwärtigung in der Eucharistie erschließt, kehren buchstäblich um und werden zu österlichen Kündern der Botschaft von der Auferstehung Jesu Christi.

Von diesem Jesus Christus bezeugt das Johannesevangelium, dass er, der am Herzen des Vaters geruht hat, Fleisch geworden ist

---

1 Vgl. Rudolf Pesch, Die Apostelgeschichte I (= EKK V/I) Zürich / Einsiedeln 1986, 295: „Die Frage des Philippus […] ist die Grundfrage biblischer Hermeneutik. Bedingung des Verstehens der Bibel ist nicht schon das Lesenkönnen; private Schriftlektüre ist noch keine hinreichende Bedingung dafür, daß dem Leser auch der Sinn der Schrift aufgeht. Die Schrift ist das Zeugnis eines ‚Weges‘, der Geschichte Gottes mit seinem Volk; und es bedarf zu ihrem Verständnis eines des Weges Kundigen, der ihren Sinn aufschließt. Daß der Prophet nicht von sich selbst oder einem anderen seiner Zeit sprach, wie der Kämmerer zunächst meinte, läßt sich nicht durch schriftgelehrte Diskussion – heute nicht durch historisch-kritische Exegese – entscheiden, sondern nur aus der Ein-Sicht in die Geschichte Jesu von Nazareth als der Aufgipfelung der Geschichte Gottes mit seinem Volk.“

und in seinem gesamten Wirken Kunde vom Vater gebracht hat, d. h. wörtlich: der Hermeneut des Vaters geworden ist. Mit diesen wenigen neutestamentlichen Hinweisen ist der Horizont jeder christlichen Hermeneutik aufgespannt.

Hermeneutik als Lehre vom Verstehen mit der Erarbeitung der dazugehörenden Prinzipien, Regeln und Ansätze[2] sowie der Reflexion auf die entsprechenden Möglichkeitsbedingungen, zu überwindenden Barrieren und überhaupt auf die Grenzen möglichen Verstehenkönnens ist gewiss nicht erst ein Problem, das sich im Zusammenhang mit den biblischen Schriften und der darin bezeugten Offenbarung Gottes stellt[3]. Der Begriff „Hermeneutik" ist älter, das Problem der Vermittlung und Übersetzung von alten Texten in neuen geschichtlichen Zusammenhängen schon lange vor Christus bedacht und mit umfassenden Reflexionen begleitet. Und auch parallel zur biblischen Hermeneutik hat sich eine allgemeine Verstehenslehre etabliert, die in vielfältigster Bezugnahme und Interferenz mit der biblischen Hermeneutik steht.

Eine systematische Darstellung der spezifisch christlichen Verstehenslehre wie auch der ihr vorausliegenden theologie- und dogmengeschichtlichen Entwicklung ist bislang ein Desiderat der theologischen Forschung und Lehre.[4]

---

2 Vgl. Johannes Panagopoulos, Christologie und Schriftauslegung bei den griechischen Kirchenvätern, in: Zeitschrift für Theologie und Kirche 89 (1992) 41–85, hier 42.

3 Ebeling: „Die *etymologische* Herkunft von ἑρμηνεύω samt Derivaten ist umstritten, weist aber auf Wurzeln mit der Bedeutung ‚sprechen', ‚sagen' (zusammenhängend mit lat. ‚verbum' oder ‚sermo'). Die Vokabel hat drei Bedeutungsrichtungen: aussagen (ausdrücken), auslegen (erklären) und übersetzen (dolmetschen). Welcher Bedeutung die Priorität zukommt, ist sprachgeschichtlich nicht festzustellen. Es handelt sich um Modifikationen der Grundbedeutung ‚zum Verstehen bringen', ‚Verstehen vermitteln' in Hinsicht auf verschiedene Weisen des Verstehensproblems: sei es, daß ein Sachverhalt durch Worte, Gesprochenes durch Deutung, Fremdsprachliches durch Übersetzung ‚interpretiert' (lat. Äquivalent) wird." (Gerhard Ebeling, Art. Hermeneutik, in RGG[3], Bd. 3, 242–262, hier 243.)

4 Henri de Lubac, Typologie – Allegorie – Geistiger Sinn. Studien zur Geschichte der christlichen Schriftauslegung (= Theologia Romanica 23), Aus dem Französischen übertragen und eingeleitet von Rudolf Voderholzer, Freiburg 1999, 2., durchgesehene Auflage 2007. Vgl. darüber hinaus das dreibändige Werk The Cambridge History of the Bible, hg. v. Peter R. Ackroyd / Geoffrey William Hugo Lampe / Stanley Lawrence Greenslade, Cambridge 1963–1970; Henning Graf Rewentlow, Epochen der Bibelauslegung, 4 Bde., München 1990 2001; Charles Kannengiesser, Handbook of Patristic Exegesis, 2 Bde., Leiden / Boston 2004 sowie das noch nicht abgeschlossene dreibändige Werk Magne Sæbø (Hg.), Hebrew Bible Old Testament. The History of its Inter-

Fragen der Theologischen Prinzipienlehre und biblischen Hermeneutik standen in den zurückliegenden Jahren meiner Lehrtätigkeit in Trier im Vordergrund meines Interesses. Zu verschiedenen Anlässen entstanden dabei eine Reihe von Artikeln, die über den aktuellen Anlass hinaus Gültigkeit und Interesse beanspruchen dürfen. Bei einer Sichtung des Materials zeigte sich, dass die verschiedenen Perspektiven zwar nicht ein abgerundetes Ganzes bilden, aber doch von einem roten Faden durchzogen sind, der durch die Themen Offenbarungsverständnis und gesamtbiblische Hermeneutik sowie vor allem auch den Zusammenhang von Offenbarung und Exegese gekennzeichnet ist. So nahm ich das Angebot des Verlages Friedrich Pustet, Regensburg, sehr gerne an, aus Anlass der Beendigung meiner Lehrtätigkeit als Professor in Trier und der Bestellung zum Bischof von Regensburg einige dieser Gelegenheitsschriften zu einem Strauß zusammenzubinden und als Bausteine für eine künftige Gesamtdarstellung einer christlich-biblischen Verstehenslehre vorzulegen.[5] Ein herzlicher Dank gilt meinem Assistenten Gabriel Weiten für die stets zuverlässige und fachkundige Hilfestellung bei der Erstellung des Manuskriptes, der Präsentation der Bilder und nicht zuletzt beim Korrekturlesen.

Ich widme dieses Buch den Pfarrern des Bistums Regensburg, denen als Diener des Wortes Sonntag für Sonntag und Feiertag für Feiertag die große Aufgabe der Evangeliumsverkündigung aufgetragen ist.

Trier / Regensburg,
am Fest der Geburt unseres Herrn Jesus Christus 2012

Rudolf Voderholzer

---

pretation, Göttingen 1996ff. (der letzte noch ausstehende Teilband III,2 erscheint voraussichtlich 2013 / 2014).

5 Leider war es mir während meiner Lehrtätigkeit in Trier und den anderen zusätzlichen Verpflichtungen nicht möglich, die vom Herder-Verlag gewünschte Bibelhermeneutik für das „Handbuch der Dogmengeschichte“ und ein Lehrbuch zur Biblischen Hermeneutik für die Reihe AMATECA des Bonifatius-Verlages zu verfassen.

Offenbarung und Offenbarungszeugnis

Dogma und Geschichte

Henri de Lubac und die Wiedergewinnung der historischen Dimension als Moment der Erneuerung der Theologie

Als Henri de Lubac nach dem Ersten Weltkrieg die ordensüblichen Studien der Philosophie auf der Insel Jersey (1920–1923), der Theologie in Ore Place, Hastings (1924–1926) an der englischen Kanalküste und schließlich ab 1926 in Lyon absolvierte, hatte die so genannte „Modernismuskrise" ihren Höhepunkt zwar überschritten, die aufgeworfenen Fragen allerdings harrten mehr denn je einer wirklichen Lösung. Die unter dem Begriff „Modernismus" zusammengefassten theologischen Theorien sind zu Recht „theologischer Historismus"[1] genannt und als eine unzureichende Vermittlung von Dogma und Geschichte vom kirchlichen Lehramt verworfen worden. Wo die „Geschichtlichkeit" des Dogmas als Antwort des Glaubens auf die Offenbarung Gottes letztlich auf dessen Relativität hinausläuft, auf Vielgestaltigkeit ohne innere Identität, auf Wandelbarkeit ohne innere Kontinuität, wo das Dogma seiner historischen Basis beraubt und als subjektive Deutung einer nicht wirklich näher zu erfassenden Wirklichkeit ausgegeben wird, dort ist das Dogma selbst aufgehoben und das Fundament des Glaubens zerstört. Andererseits konnte es weniger denn je genügen, der protestantischen Exegese und der liberalprotestantischen Dogmengeschichtsschreibung nur mit der Wiederholung alter Argumentationsfiguren und den katholischen Theologen mit Verboten zu begegnen, so berechtigt und notwendig der Schutz des Glaubens vor seiner Selbstzerstörung für sich genommen auch war.

---

1 Gerhard Larcher, Modernismus als theologischer Historismus (= Europäische Hochschulschriften, Theologie, Bd. 231), Frankfurt am Main u. a. 1985.

1. Das Ungenügen der neuscholastischen Schultheologie

Die in der katholischen Theologie seit dem Ende des 19. Jahrhunderts vorherrschende Neuscholastik hatte den Herausforderungen des geschichtlichen Denkens wenig Überzeugendes entgegenzusetzen[2]. Es sind vor allem zwei Kennzeichen dieser sogenannten Schul- oder Handbuchtheologie, die, in sich verschränkt, nicht nur einer fundierten Auseinandersetzung mit dem das Dogma relativierenden Historismus nicht förderlich waren, sondern den inneren Ansprüchen des christlichen Glaubens selbst nicht genügten.

Charakteristisch für die neuscholastische Konzeption ist das sogenannte instruktionstheoretische Offenbarungsverständnis[3], das die Offenbarung Gottes weniger als geschichtliche und personale Selbstmitteilung denn als Kundgabe von satzhaft formulierten Wahrheiten *über* Gott betrachtete[4]. Dem entspricht ein Verständnis von Dogmenentwicklung nach dem Paradigma der logischen Konklusion[5]. Aus einem der Offenbarung entnommenen Obersatz und einer philosophischen Wahrheit als Untersatz sei bei Anwendung der Regeln der klassischen Logik ein im Glaubensgut der Kirche

---

2 Das kirchliche Lehramt stand einer sachgerechten Vermittlung von Dogma und Geschichte nicht im Wege, denn mit den Bestimmungen des Ersten Vatikanischen Konzils „waren die Türen für eine Geschichte des Glaubens nicht zugeschlagen" (Joseph Ratzinger, Das Problem der Dogmengeschichte in der Sicht der katholischen Theologie [= Arbeitsgemeinschaft für Forschung des Landes Nordrhein-Westfalen, Geisteswissenschaften Heft 139], Köln / Opladen 1966, 9).

3 Vgl. Gerhard Ludwig Müller, Katholische Dogmatik. Für Studium und Praxis der Theologie, 4. Auflage, Freiburg 2001, 45–49.

4 De Lubac hat in seinem Kommentar zum Vorwort und zum Ersten Kapitel der Offenbarungskonstitution des Zweiten Vatikanischen Konzils Dei Verbum die jüngere Geschichte des Offenbarungsverständnisses in der katholischen Theologie Revue passieren lassen: Henri de Lubac, Die göttliche Offenbarung (= Theologia Romanica 26), Freiburg 2001, 214–221.

5 In einem Literaturbericht zum Thema Dogmenentwicklung: Le problème du développement du dogme, in: RSR 35 (1948) 130–160 (jetzt auch in: Henri de Lubac, Théologie dans l'histoire II, Paris 1990, 38–70; im Folgenden wird nach dieser Ausgabe zitiert), resümierte de Lubac 1948 die verschiedenen von katholischen Theologen vorgelegten Theorien der Dogmenentwicklung. Weil de Lubac darin Charles Boyer kritisierte, der in einem Aufsatz 1940 (Qu'est-ce que la théologie? Reflexions sur une controverse, in: Gregorianum 21 [1940] 255–266) nochmals eine modifizierte Form der Konklusionentheorie verteidigt hatte, ergab sich zusätzlich zu den Spannungen um Surnaturel (1946) ein weiteres Konfliktfeld mit de Lubacs theologischem Kontrahenten, der sich in: Sur un article des Recherches de science religieuse, in: Gregorianum 29 (1948) 152–154 zur Wehr setzte.

implizierter Sachverhalt zu erschließen, der dann ebenso zum Glauben der Kirche gezählt werden könne. Eine zurückhaltendere Position (R. Schultes OP) betrachtete nur das formell geoffenbarte als dogmatisierbar, eine andere Position (M. M. Tuyaerts) weitete den Bereich der prinzipiell als Dogma vorlegbaren Glaubenswahrheiten auch auf das virtuell Geoffenbarte aus[6].

Die Vernachlässigung der kontingenten Geschichte als Ort der Wahrheitsvermittlung ist zunächst ein Erbe der aristotelischen Wissenschaftstheorie, für die das geschichtlich einmalige, nichtnotwendige, prinzipiell auch anders denkbare Ereignis nicht Gegenstand der Wissenschaft sein kann. Als sich die Theologie in der Scholastik wissenschaftstheoretisch selbst zu begründen begann, tat sie dies unter Rückgriff auf die aristotelische Begründung und Einteilung der Wissenschaften. Die so gewonnene Wissenschaftlichkeit, Präzision und Kohärenz war allerdings um den Preis des Verlustes der Bedeutung der Geschichtlichkeit der Offenbarung und ihrer Vermittlung erkauft[7]. Denn der christliche Glaube gründet eben gerade in einem einmaligen geschichtlichen Ereignis, das den Höhepunkt einer ebenso einmaligen kontingenten Heilsgeschichte Gottes mit seinem Volk Israel bildet. Die großen Scholastiker wie Thomas von Aquin und Bonaventura allerdings veranschlagten die Bedeutung der Geschichte noch weit höher als dann später ihre Kommentatoren seit dem 16. Jahrhundert. Während jedoch etwa Thomas seine Summa heilsgeschichtlich anlegt[8], wird Cajetan später bei seiner Kommentierung ganze Passagen deshalb überspringen, weil sie nur geschichtlichen und nicht in seinem Sinne systematisierbaren Stoff boten[9]. Als im 17. Jahrhundert die

6 De Lubac referiert und diskutiert diese ganz vom instruktionstheoretischen Offenbarungsmodell abhängigen Positionen, in: Le problème du développement du dogme (wie in Anm. 5), 38–41.

7 Vgl. Henri de Lubac, Glauben aus der Liebe. „Catholicisme", übertragen und eingeleitet von Hans Urs von Balthasar, Einsiedeln ^{2}1970, 272f.

8 Die großen Scholastiker gaben keineswegs, wie behauptet wird, „die geschichtliche Betrachtung preis. Man muss allerdings zugeben, dass sich eine spätere moderne Schultheologie unter dem Einfluss zahlreicher und recht komplizierter Gründe schließlich allzu weit von der Geschichte entfernt hat, und zwar nicht nur was die Art der Darstellung der Geschichte betrifft, sondern auch hinsichtlich der ihr geschenkten Aufmerksamkeit überhaupt, und sich so immer mehr einer Art überzeitlichen Abstraktion zuwandte" (de Lubac, Die göttliche Offenbarung [wie in Anm. 4], 78). Vgl. dazu auch Max Seckler, Das Heil in der Geschichte. Geschichtstheologisches Denken bei Thomas von Aquin, München 1964.

9 Vgl. de Lubac, Die göttliche Offenbarung (wie in Anm. 4), 78, Anm. 51.

rationalistische Philosophie mit ihrer Trennung von geistiger und geschichtlicher Wirklichkeit die prinzipielle Geschichtlichkeit aller menschlichen Erkenntnis aus den Augen verlor, reagierte die Theologie nicht mit einer Fundamentalkritik des Rationalismus, sondern man ließ sich von den Gegnern, wie de Lubac es bildhaft beschreibt, durch die uneingestandene Übernahme des Rationalismus, der sich dann im 19. Jahrhundert nochmals steigerte, auf fremdes Terrain führen und „mit ungleichen Waffen auf ihrem Boden schlagen, statt umgekehrt sie zuerst auf das einzige Terrain zu führen, auf dem sich die religiöse Frage überhaupt stellt und notwendig dann auch durch das Christentum löst."[10]

Damit ist schließlich der letzte und für de Lubac vielleicht sogar der entscheidende Mangel der neuscholastischen Konzeption angesprochen: die theologische Entfremdung des Menschen von Gott um einer vermeintlichen Sicherung der Freiheit der göttlichen Gnade willen. Wenn es sich die Theologie aber selbst versagt, vom Menschen so zu denken, dass er mit innerer Notwendigkeit auf eine geschichtliche Selbstmitteilung Ausschau hält um seines Heiles willen, dann ist die religiöse Frage ortlos geworden. Aber de Lubac kann der neuzeitlichen Theologie den Vorwurf nicht ersparen, durch ihre scharfe Trennung von Natur und Übernatur dem Säkularismus selbst noch den Weg bereitet zu haben[11].

Die Ansätze einer Wiedergewinnung der Geschichte für die katholische Theologie, wie sie bei Vertretern der Tübinger Schule (v. a. durch Johann Adam Möhler) oder auch bei John Henry Newman[12] gegeben waren, konnten zunächst ihre Wirkung nicht entfalten und sollten erst im 20. Jahrhundert unter anderem auch durch de Lubacs Vermittlung zum Durchbruch kommen. Dominierend blieb die Neuscholastik, die gerade für die erste Schaffensperiode de Lubacs wichtigster Gegenspieler war.

Ihre Konzeption litt zum einen an einem Mangel an historischem Verständnis und, grundlegender noch, an einer Nichtbeachtung der geschichtlichen Dimension der Offenbarung der ewigen Wahr-

10 Henri de Lubac, Apologetik und Theologie dt., von K. H. Neufeld, in: ZkTh 98 (1976) 258–270, hier 261.

11 Vgl. bei de Lubac u. a. Die Freiheit der Gnade I. Das Erbe Augustins, Einsiedeln 1971, 305; 308; 344.

12 In seinem bahnbrechenden Werk Essay on the Development of Christian Doctrine, das er Anfang Oktober 1845 abgeschlossen hatte, bevor er wenige Tage darauf zur katholischen Kirche übertrat.

heit Gottes ebenso wie des Menschen als ihres Adressaten sowie bei der Vermittlung dieser Wahrheit selbst. Zum anderen war der Glaubensakt auf die freie intellektuelle Zustimmung zu einem satzhaft formulierten Glaubensgegenstand ohne innere Glaubenseinsicht verkürzt.

Wissenschaftsorganisatorisch fand diese Konzeption ihren Ausdruck in einem spezifischen Verständnis von Apologetik einerseits und Theologie bzw. Dogmatik andererseits sowie von deren gegenseitiger Arbeitsteilung: Während die Theologie mit der Darstellung der inneren Kohärenz der kirchlichen Lehrsätze beschäftigt ist, die als von Gott geoffenbart oder aus der Offenbarung abgeleitet als Geheimnisse vom Menschen zu glauben sind, hat die Apologetik im Vorfeld des Glaubens unter weitgehender Absehung vom Glaubensinhalt die Glaubwürdigkeit der Offenbarung aufgrund der die Offenbarung *als Offenbarung Gottes* bestätigenden Zeichen und Wunder zu erweisen[13].

Der Studentengeneration Henri de Lubacs kam in dieser Atmosphäre der „séparation"[14], also dem höchst unbefriedigenden Auseinandergerissensein nicht nur von Philosophie und Theologie, von Wissenschaft und Glaube, von Natur und Übernatur, sondern eben auch von Dogma und Geschichte das Denken eines Mannes zu Hilfe, der selbst immer wieder des Modernismus bezichtigt wurde, in Wahrheit jedoch die aufgeworfenen Fragen in ihrer ganzen Tiefendimension erkannt und einer Lösung zugeführt hatte: Maurice Blondel (1861–1949). Zwar hätte man seine Schriften im Jesuitenkolleg eigentlich nicht studieren dürfen[15], doch setzten sich die Verantwortlichen über diese Weisung hinweg und ermöglichten es somit auch Henri de Lubac, an den Einsichten Maurice Blondels theologisch zu reifen[16] und wesentliche Einsichten des tiefgläubigen Katholiken und Philosophieprofessors aus Aix en Provence in die Theologie hineinzuvermitteln.

---

13 In seiner Lyoner Antrittsvorlesung von 1929 unterzog de Lubac diese Konzeption einer kritischen Würdigung und entwarf eine neue Verhältnisbestimmung.

14 Vgl. zum „Geistigen Klima" der Studienjahre de Lubacs Rudolf Voderholzer, Henri de Lubac begegnen (= Zeugen des Glaubens), Augsburg 1999, 16–23.

15 Vgl. Albert Raffelt, Maurice Blondel und die katholische Theologie in Deutschland, in: ders. u. a. (Hg.), Das Tun. Der Glaube. Die Vernunft. Studien zur Philosophie Maurice Blondels, Würzburg 1995, 180–205, besonders 186.

16 Dies ist sehr detailliert nachgezeichnet worden von Antonio Russo, Henri de Lubac: Teologia e dogma nella storia. L'influsso di Blondel. Prefazione di Walter Kasper (= La cultura 40), Roma 1990.

2. Der Beitrag Maurice Blondels zur Überwindung des Modernismus

Neben Blondels Hauptwerk „L'action" (1893), in dem er ausgehend von der Sinnfrage die notwendige Ausrichtung des Menschen auf ein ihm aus eigenen Kräften unerreichbares Heil aufzeigte, sollte vor allem die 1904 veröffentlichte Auseinandersetzung mit Alfred Loisys „L'Évangile et l'Église" (1902) großen Einfluss auf eine ganze Generation junger Jesuitenstudenten bekommen: Histoire et dogme[17]. Loisy hatte in seinem Werk den Versuch unternommen, die katholische Christologie und Ekklesiologie gegenüber den liberalprotestantischen Thesen in Adolph von Harnacks „Das Wesen des Christentums" (1900) zu verteidigen. Loisy übernahm die Erkenntnisse der Vertreter der „konsequenten Eschatologie" (Johannes Weiß u.a.) und behauptete gegen Harnack, im Zentrum der Evangeliumsverkündigung Jesu stehe nicht die im Grunde übergeschichtlich gültige Offenbarung der Vaterschaft Gottes und des absoluten Wertes der menschlichen Seele, sondern die Ankündigung der unmittelbar bevorstehenden Endzeit. Unter der Voraussetzung, dass Jesus sich darin getäuscht habe, bemühte sich Loisy zu zeigen, wie die Kirche eine Ablösung dieses von Jesus angekündigten eschatologischen Reiches Gottes hingenommen hatte und unter den wechselnden Formen ihrer Geschichte dennoch, und zwar legitimerweise, fortfahren konnte, sich auf Jesus zu berufen und sich mit ihm zu identifizieren[18]. In seiner berühmt gewordenen Formulierung: „Jesus verkündete das Reich Gottes, und es kam die Kirche"[19], kommt der Verlust der historischen Kontinuität zwischen der Reich-Gottes-Verkündigung Jesu und der Wirklichkeit der Kirche deutlich zum Ausdruck.

Blondels Antwort umfasst im Wesentlichen eine Kritik des Extrinsezismus und des Historizismus sowie, positiv, den Entwurf

17 Dt.: Maurice Blondel, Geschichte und Dogma. Aus dem Französischen übersetzt von Antonia Schlette. Theologische Einführung von Johannes B. Metz. Historische Einführung von René Marlé, Mainz 1963; Maurice Blondel, Geschichte und Dogma. Herausgeben und eingeleitet von Albert Raffelt. Übersetzt und kommentiert von Hansjürgen Verweyen, Regensburg 2011.

18 Vgl. René Marlé, Historische Einführung zu Geschichte und Dogma (wie in Anm. 17), XIV–XXI, hier XV.

19 Alfred Loisy, L'Évangile et l'Église, Paris 1902, 153: „Jésus annonçait le royaume, et c'est l'Église qui est venue".

einer Theorie der Tradition im Sinne der Überlieferung lebendiger Wirklichkeiten in personaler Vermittlung. Einerseits genügt es nach Blondel nicht, im Stile der alten Apologetik die Augen vor jeglicher historischen Erkenntnis zu verschließen und den „historischen Dementis" nur starre Deduktionen entgegenzusetzen, ein Flickwerk, das man schon beim ersten Stoß auseinanderfallen sieht[20]. Die philosophischen Mängel einer sich „nur historisch" verstehenden und deshalb dogmenkritischen Exegese andererseits bestehen in einer Überbeanspruchung der historischen Methode, die in den Dienst einer unreflektiert vorausgesetzten antimetaphysischen Philosophie gestellt wird, deren deistische Axiome der Offenbarung- und Inkarnationsunfähigkeit Gottes als vermeintliche Ergebnisse der historischen Forschung ausgegeben werden. Die Transzendenz der Geschichte und des Menschen auf eine geschichtlich sich ereignende Offenbarung Gottes hin kann jedoch mit den Methoden positiver Geschichtswissenschaft nicht geleugnet werden, es sei denn um den Preis der Zerstörung ihres Gegenstandes[21].

Ist nun aber Offenbarung nicht in erster Linie Mitteilung von Satzwahrheiten, sondern lebendige Begegnung zum Heil des Menschen, dann ist auch Tradition mehr als das Überliefern einer Summe von nur mündlich „überlieferten" und eben nicht schriftlich fixierten Jesusworten, von Bräuchen oder Lehrsätzen. Tradition ist der umfassende Prozess der Weitergabe von persönlich Anvertrautem, Geschautem, Gehörtem. Im Prozess dieser Weitergabe aber kann es, und hier verweist Blondel (wie schon Newman[22]) auf die marianische Typologie in Lk 2,50f., ein allmähliches Reifen der Einsicht und des Verstehens geben, denn „Verstehen braucht Zeit". An diesem Reifungsprozess, der nur unter der Führung des Heili-

20 Blondel, Geschichte und Dogma (wie in Anm. 17 [A. Schlette]), 15.

21 Vgl. ebd., 22–26. Ein ähnliches Argument bei de Lubac: Denn was er im Zusammenhang einer reduktionistischen, den Menschen von vorneherein auf Psychologie oder Soziologie verkürzenden Hermeneutik sagt, gilt genauso von einer Bibelexegese, die unter der Voraussetzung antritt, die deistisch schon beschlossene Unmöglichkeit einer göttlichen Offenbarung in der Geschichte nun auch historisch-kritisch zu belegen: „[U]ne exégèse réductrice qui, en vertu de son orientation première, mènerait fatalement à la destruction de son objet" (Henri de Lubac, Athéisme et sens de l'homme. Une double requête de Gaudium et spes, Paris 1968, 34.

22 John Henry Newman, Fünfzehnte Oxforder Universitätspredigt am 2. Februar 1843 über Lk 2,19: „Maria aber bewahrte alle diese Worte und erwog sie in ihrem Herzen", in: Zur Philosophie und Theologie des Glaubens (VI. Band der ausgewählten Werke John Henry Kardinal Newmans), Mainz 1964, 231–258.

gen Geistes denkbar ist, ist beileibe nicht nur das schlussfolgernde Denken beteiligt. Denn „die begriffliche Form der christlichen Dogmen hat sich nur im Schoß einer glaubenden Gemeinschaft ausgeprägt, und sie kann umgekehrt nur durch lebendigen Glauben belebt und weiterentwickelt werden, und um das Dogma voll und ganz zu begreifen, muss man virtuell die Fülle der Tradition der Kirche in sich tragen"[23]. Dabei geht es nicht um das Ausdrücklichwerden von Irrationalem oder Unbewusstem, sondern des Unterbewussten und (noch) Unreflektierten sowie des vorläufig noch nicht auf das ausdrückliche Denken Reduzierbare[24].

Blondels Ausführungen wurden von den Jesuitenscholastikern dankbar aufgegriffen. Henri de Lubac verweist immer wieder auf den wichtigen Vermittlungsbeitrag, den der junge, 1915 mit erst 37 Jahren im Ersten Weltkrieg gefallene Jesuit Pierre Rousselot geleistet hat[25], der zusammen mit anderen Lehrern wie Joseph Huby und Léonce de Grandmaison de Lubacs Denken maßgeblich geformt hat. De Lubac erinnert im Vorspann an den Aufsatz von Pierre Rousselot *Sur le développement du dogma*, den er zu dessen 50. Todestag im Mémorial Pierre Rousselot der Recherches de Science religieuse 1965 veröffentlichte, an den Hintergrund seines Entstehens: die sonntäglichen Akademien im Jesuitenkolleg in Ore Place, Hastings[26], in deren Rahmen Rousselot, in Vorbereitung seiner Lehrtätigkeit in Paris, am 14. März 1909 seine Theorie der Dogmenentwicklung darstellte. In folgenden Worten Rousselots, die de Lubac auch in seinem Kommentar zu *Dei Verbum* zitiert, verdichtet sich die wahre Alternative zum informationstheoretischen Offenbarungsverständnis ebenso wie zur Konklusionentheologie, die den dogmengeschichtlichen Erkenntnisfortschritt nur nach dem Modell logischer Schlussfolgerung zu denken vermochte. In Worten, die an Aktualität nichts eingebüßt haben, unterstrich Rousselot die Einheit von Offenbarung und Offenbarer in Jesus Christus, dem seine Reich-Gottes-Verkündigung nicht äußerlich ist, sondern der das

23 Vgl. Blondel, Geschichte und Dogma (wie in Anm. 17 [A. Schlette]), 72.

24 Ebd., 76.

25 Zu Rousselot vgl. Erhard Kunz, Glaube – Gnade – Geschichte. Die Glaubenstheologie des Pierre Rousselot S.J. (= Frankfurter Theologische Studien 1), Frankfurt a. M. 1969. Unter den Werken Rousselots ist in deutscher Sprache nur die Übersetzung von Les yeux de la foi (1910) – Die Augen des Glaubens (= Christ heute, 5/2), Einsiedeln 1963, greifbar.

26 Vgl. Henri de Lubac, Meine Schriften im Rückblick (= Theologia Romanica 21), Freiburg 1996, 66.

„Reich Gottes in Person“ genannt werden muss, und entwickelte zugleich den Gedanken der personalen, intellektuelle Erkenntnis und liebendes Wahrnehmen in lebendigem Vollzug vereinenden Begegnung und Vermittlung, worin letztlich das ganze Dogma und die Dogmenentwicklung gründeten: „Die gesamte Tradition, die ganze Entwicklung der Dogmatik und der christlichen Lehre überhaupt befaßt sich mit nichts anderem als damit, Jesus getreu darzustellen und zu vermitteln: *Jesus* und nicht *die Lehre Jesu*. Damit tragen wir diesem entscheidenden katholischen Glauben Rechnung, daß Jesus nicht nur das *Sprachrohr* der Reich-Gottes-Verkündigung war, der Gesandte des Vaters, und zwar des Vaters allein (wie Harnack dies sieht), sondern daß Er auch *Gegenstand* seiner eigenen Verkündigung ist. Er schenkt den Menschen das Heil *in sich Selbst* und *durch Sich Selbst*. Er ist der Gegenstand seiner eigenen Verkündigung, und zwar nicht nur ein Gegenstand wie andere, sondern wie der erste unter anderen. Er ist vielmehr der bevorzugte Gegenstand, der alle anderen Gegenstände in sich sammelt, alles, was die Kenntnis des notwendigen und einzigen Mittlers zusammenfaßt.“[27]

Ist aber erst einmal anerkannt, dass sich die Offenbarung Gottes im Medium der Geschichte ereignete, dann besteht kein Grund mehr, die Geschichte oder die geschichtliche Entwicklung als Ballast oder gar als Moment der Relativierung der Wahrheit zu scheuen, sondern dann besteht vielmehr Grund zur radikalen Hinwendung zur Geschichte als dem Ort der Gott-Mensch-Begegnung und der je tieferen Einsicht in die Selbstmitteilung Gottes. Für Henri de Lubacs Werk sollte diese Grundeinsicht bestimmend werden.

3. Christentum als Religion der Geschichte

In seinem Erstlingswerk „Catholicisme“ von 1938, das Aufsätze und Vorträge der vorausgegangenen Jahre vereint, führt de Lubac in mehreren Kapiteln diesen Grundgedanken durch. Geschichte ist weder Ausdruck von Relativität, noch auch Ballast, der sich einer Unmittelbarkeit mit Gott in den Weg stellt. „Gott handelt in der Geschichte, offenbart sich durch die Geschichte, noch mehr: Er

27 Pierre Rousselot, Petite théorie du développement du dogme (1909), in: RSR 53 (1965) 355–390, hier 374–375. Zitiert bei de Lubac, Die göttliche Offenbarung (wie in Anm. 4), 136.

geht selbst ein in die Geschichte und gibt ihr so jene ‚tiefere Weihe', die uns verpflichtet, sie im letzten Sinne ernst zu nehmen"[28].

a) Die Entdeckung der Geschichte in der Selbstreflexion des Glaubens

Man muss sogar noch einen Schritt weiter gehen. Das Christentum als die Religion, die sich in der biblisch bezeugten Selbstmitteilung Gottes begründet weiß, nimmt nicht nur die Geschichte ernst, sondern ist die Religion, die das geschichtliche Denken überhaupt erst hervorgebracht hat. Ein Vergleich mit den außerbiblischen Religionen ergibt denn auch, dass allein das Christentum einen Sinn (= Richtung und Bedeutung) der Geschichte kennt und somit nicht in Welt- und Geschichtsflucht mündet, sondern zur Gestaltung von Welt und Geschichte hinführt[29]. Von der allgemeinen religiösen Überzeugung vom Eingebundensein des Menschen in die „quälende Gleichförmigkeit" der endlosen Kreisläufe einer „ewigen Wiederkehr" weicht, so de Lubac, „allein das Christentum ab, sofern es als einzige Religion gleichzeitig dem Menschen ein transzendentes und der Menschheit ein gemeinsames Ziel steckt"[30]. Während etwa nach der Vorstellung des alten Iran und anderer indogermanischer Völker der Beginn ihrer Volkwerdung von einem Mythos abgeleitet wird, der erst allmählich von „geschichtlichen Konstruktionen" umkleidet wird, steht nach dem Zeugnis der Schrift am Beginn der Geschichte Israels ein historisches Faktum: Die Erwählung durch Jahwe sowie die Stiftung eines Bundes. Es geht um ein geschichtliches Handeln, um ein personales Geschehen zwischen göttlicher und menschlicher Freiheit, bei dem der Mensch als selbstverantwortlicher „Mitspieler" in die höchste Verantwortung gerufen ist[31]. Seine Einheit oder, besser noch, seine rückwirkende Einigung erfährt die Geschichte Israels und die „unfassliche Zusammenhanglosigkeit" des prophetischen Schrifttums in dem Ereignis, auf das die Offenbarung Gottes als ihrer Fülle und Vollendung zuläuft: im Christusereignis[32].

---

28 De Lubac, Glauben aus der Liebe (wie in Anm. 7), 145.

29 Ebd., 123, 125.

30 Ebd., 124.

31 Ebd., 140 und 143.

32 Vgl. hierzu Donath Hercsik, Jesus Christus als Mitte der Theologie von Henri de Lubac, Frankfurt a. Main 2001.

b) Christus als Erfüllung und Vollendung der Offenbarung und Höhepunkt der Heilsgeschichte

In Christus, dem universale concretum, haben sich Geist und Geschichte endgültig gefunden. Es gehört nach de Lubac zu den bedeutendsten Ergebnissen der fundamentaltheologischen Arbeit des 20. Jahrhunderts, den Offenbarungsbegriff aus seiner intellektualistischen und instruktionstheoretischen Engführung befreit und Offenbarung wieder in den personalen Kategorien von Begegnung, Dialog und Ereignis gefasst zu haben[33]. Neben Maurice Blondel, Pierre Rousselot, Léonce de Grandmaison, Jules Lebreton, Romano Guardini und vielen anderen, die de Lubac in diesem Zusammenhang nennt, hat er selbst als Fundamentaltheologe in Lyon einen beträchtlichen Beitrag zu dieser Entwicklung geleistet[34]. „Jesus Christus: Offenbarung der Liebe in Person […] Keine absolute Neuheit, keine Offenbarung in eigentlichen Sinn, keine wirkliche Transzendenz ohne die einzigartige Wirklichkeit seiner Person", sagt de Lubac in einem der ganz wenigen Texte, die ausdrücklich dem Geheimnis Christi gewidmet sind[35].

Die Studien zur Geschichte der christlichen Bibelhermeneutik gehen aus von der Nichtidentität von Schrift und Offenbarung. Die Offenbarung als personale Selbstmitteilung Gottes vollendet sich im Fleisch gewordenen Wort, das die vielen Worte der alten Schriften vereindeutigt und erfüllt[36], und das im Offenbarungszeugnis des Neuen Testaments als Gottes Wort im Menschenwort entfaltet wird. In Christus, dem Fleisch gewordenen Wort, hat Gott sich in die Geschichte hinein ausgesprochen[37]. Weil es bei der Offenbarung Jesu nicht um die Mitteilungen von Wahrheiten über Gott, auch nicht um das Verkünden von Geboten geht, sondern weil in ihm, in seiner Person, Gott selbst in der Einheit von göttlicher und menschlicher Natur als Heil und Leben zu den Menschen gekom-

33 De Lubac, Die göttliche Offenbarung (wie in Anm. 7), 214.

34 Vgl. dazu Jean-Pierre Wagner, La théologie fondamenale selon Henri de Lubac, Paris 1997.

35 Henri de Lubac, La lumière du Christ, in: Théologie dans l'histoire II., Paris 1990, 203–222. Der Text stammt ursprünglich aus Affrontements mystiques (1949), 185–213.

36 Vgl. die Kapitel „Verbum abbreviatum – verkürztes Wort" und „Das Neue Testament" in: Henri de Lubac, Typologie – Allegorie – Geistiger Sinn. Studien zur Geschichte der christlichen Schriftauslegung, aus dem Französischen übertragen von Rudolf Voderholzer, Freiburg 1999, ^{2}2007, 204–217 und 217–243.

37 „Dieu se dit dans l'histoire", ist die Kurzfassung von de Lubacs Kommentar zu Dei Verbum betitelt, die 1974 als Band 159 der Reihe Foi vivante erschien.

men ist, deshalb erweist sich die Frage der Gegner des Irenäus von Lyon, was Jesus denn Neues gebracht habe, wenn im Alten Testament auch schon alles irgendwie offenbart sei, als unangemessen. Die geniale Antwort des Bischofs von Lyon wird von de Lubac immer wieder zitiert: *Omnem novitatem attulit semetipsum afferens, qui fuerat annuntiatus* – Alle Neuheit hat er gebracht, indem er, der angekündigt war, sich selbst brachte[38].

c) Offenbarung des Menschen in Christus

Die geschichtliche Selbstmitteilung Gottes in seinem Mensch gewordenen ewigen Wort kommt nicht nur der Heilssehnsucht des Menschen entgegen, sondern offenbart dem Menschen auch seine eigene letzte Bestimmung und Würde. Im Anschluss an eine Reflexion auf die Berufung des Apostels Paulus führt de Lubac aus: „Indem er den Vater offenbart und von ihm offenbart wird, bringt Christus schließlich dann auch jeden einzelnen Menschen ans Licht. Indem er den Menschen in Besitz nimmt, ihn ergreift und bis zum Grunde des Seins durchdringt, zwingt er ihn, selbst in sich hinabzusteigen, um in sich selber neue, bis dahin ungeahnte Gebiete zu entdecken. Durch Christus kommt die menschliche Person zur Reife, der Mensch taucht endgültig aus dem Universum empor und gewinnt das volle Bewußtsein seiner selbst. […] [D]urch die christliche Offenbarung wird nicht nur die Aufmerksamkeit des Menschen auf sich selbst vertieft, sondern auch auf die Umgebung erweitert. Die menschliche Einheit ist fortan begriffen. Das Ebenbild Gottes, das Ebenbild des Wortes, wiederhergestellt durch das fleischgewordene Wort, wiederaufgefrischt durch ihn in seinem ursprünglichen Glanz –: das bin *ich*, das ist der *andre*, das ist *jeder* andre"[39]. Die Bedeutung des Trinitätsmysteriums, das zwar nicht begriffen, wohl aber immer tiefer verstanden werden kann[40], wirft Licht auch auf das Selbstverständnis des Menschen und seiner

38 Irenäus von Lyon, Adversus haereses IV, 34 1.

39 De Lubac, Glauben aus der Liebe (wie in Anm. 7), 301f. „Sens de l'histoire, sens de la personne: […] C'est la révélation chrétienne, achevant celle d'Israël, qui a fondé en les unissant pour n'en faire qu'un le sens de l'histoire et le sens de la personne." (Athéisme et sens de l'homme, 64f.).

40 Vgl. de Lubac, Apologetik und Theologie (wie in Anm. 10), 266, mit einem Hinweis auf Blondel, L'action, Paris 1893 (²1950) 349: Die göttliche Personhaftigkeit „ist unverständlicher ohne die Dreifaltigkeit, als die Dreifaltigkeit selbst dem Menschen unverständlich ist".

Personalität, insofern es die Kategorie der Relation ontologisch aus ihrem Schattendasein herausholt und in den Mittelpunkt der Betrachtung jeglichen geistigen Lebensvollzugs stellt.

Die geschichtliche Dimension der Offenbarung ist ferner bestimmend geworden für die spezifisch christliche Bibelhermeneutik, die de Lubac in seinem Buch über Origenes *Histoire et esprit* (1950) und dann in den vier Bänden von Exégèse médiévale (1959–1964) eingehend studierte. Weit mehr als der Titel anzukündigen scheint, handelt es sich dabei im Grunde um eine umfassende Dogmengeschichte der christlichen Bibelhermeneutik.

d) Geist aus der Geschichte: das Spezifikum christlicher Schriftauslegung

„Die Genialität der ersten christlichen Generationen lag", so de Lubac, „in dieser Weise, die neue Religion an die alte zu knüpfen und durch die Verschlingung der zwei Teile, die wir die beiden Testamente nennen, ein einziges Ganzes zu schaffen"[41]. Einigendes Band und verwandelnde Mitte ist Christus, das Fleisch gewordene WORT des Vaters, das, als „verbum abbreviatum", die vielen Worte der Schrift zusammenfasst[42]. Diese die Hermeneutik des gesamten Neuen Testaments in Bezug auf die Schriften Israels kennzeichnende Grundüberzeugung beherrscht auch die Auslegungsmethode der Kirchenväter, deren Allegorisierungen (der Begriff ist paulinisch: Gal 4,24) sich gerade durch das Verständnis von Geschichte von den „Allegorisierungen" der heidnischen Mythen durch die Philosophen fundamental unterscheidet. Während die vergeistigenden Mythendeutungen (und selbst die „geistigen" Schriftauslegungen eines Philo von Alexandrien) jeden Anschein des Geschichtlichen in den zu deutenden Erzählungen zugunsten überzeitlich philosophischer Wahrheiten in Luft auflösen, schwächen die mystischen Deutungen der Kirchenväter den historischen Charakter der Heilsgeschichte Israels nicht nur nicht ab, sondern verstärken ihn noch durch die Aufdeckung seiner Tiefenschichten[43]. Beim Ver-

---

41 De Lubac, Glauben aus der Liebe (wie in Anm. 7), 153.

42 Vgl. dazu Rudolf Voderholzer, Die Einheit der Schrift und ihr geistiger Sinn. Der Beitrag Henri de Lubacs zur Erforschung von Geschichte und Systematik christlicher Bibelhermeneutik (Sammlung Horizonte NF 31), Freiburg 1998.

43 So de Lubac schon im Kapitel VI von Catholicisme „Die Deutung der Heiligen Schrift", dt. Glauben aus der Liebe (wie in Anm. 7), 145–188, hier 146–147. Das Buch

gleich zwischen der Theologie der Kirchenväter mit gewissen Strömungen in der modernen religionsgeschichtlichen Forschung beobachtet de Lubac eine eigenartige Umkehrung. Während die frühen Theologen im Vergleich zu uns nur ein ansatzhaftes Wissen um geschichtliche Entwicklungen hatten und haben konnten, hatten sie doch ein ausgeprägtes Bewusstsein von der Einzigartigkeit der Selbstmitteilung Gottes in eben dieser Geschichte. Unsere Zeit besitzt demgegenüber ein unvergleichlich besseres Wissen um historische Details und kann Entwicklungsstränge im Einzelnen nachzeichnen, hat aber andererseits jenes Verständnis von Geschichte verloren, das sie als Ort der Offenbarung Gottes sieht. Dies ist vor allem dann zurückzuweisen, wenn es sich um theologische Interpretationen handelt. De Lubac schließt sich den Worten von Theo Preiss an, der in Bezug auf die Originalität der christlichen Schriftdeutung ausgeführt hatte: „So fremd uns auch heute die Exegese, wie sie von den ersten christlichen Generationen geübt wurde, erscheinen mag, sie unterschied sich doch von der im hellenistischen Umfeld praktizierten durch ihr Geschichtsverständnis [...]. In einer Welt, die der Geschichte ganz fremd gegenüberstand, hat diese Exegese, so phantastisch sie auch im Detail gewesen sein mag, doch gerade diesen Sinn für die Geschichte verteidigt, in dessen Namen wir sie heute oftmals und mit einem gewissen Unverständnis, das unserem Sinn für Geschichte wahrlich nicht zu großer Ehre gereicht, einer Form mythologischen Denkens gleichstellen“[44]. In *Corpus mysticum* stellt de Lubac den mittelalterlichen Dialektikern die Kirchenväter gegenüber als die „génies du symbolisme ontologique“[45], also die Meister des „ontologischen Symbolismus“, deren geistige Triebkraft weniger die Analogie als vielmehr die *Anagogie* war, das Überschreiten aller irdisch-geschöpflichen und erst recht aller Offenbarungs-Wirklichkeit hin auf den sich darin manifestierenden Geist. „Ausgehend von der Natur, ausgehend von der Geschichte oder von der Schrift oder von der Liturgie: ausgehend von Jeglichem schwang sich der Geist

über das Schriftverständnis des Origenes Histoire et esprit, Paris 1950, dt. Geist aus der Geschichte, Einsiedeln 1968, sowie, daran anknüpfend das vierbändige Werk Exégèse médiévale 1959–1964 dient in erster Linie dem Nachweis der Kontinuität dieses hermeneutischen Grundsatzes, wie er in der Lehre vom vierfachen Schriftsinn dann seine schulmäßige Ausgestaltung gefunden hat.

44 De Lubac, Typologie – Allegorie – Geistiger Sinn (wie in Anm. 36), 391.

45 Henri de Lubac, Corpus mysticum. Eucharistie et l'Église au moyen Age (= Théologie 3), Paris ²1949, 253, dt. Corpus mysticum, Einsiedeln 1969, 276.

zur geistlichen Einsicht empor, immer im Licht des göttlichen Wortes, immer im Drang des göttlichen Geistes“[46].

Wenn nun aber die Geschichte „zur unentbehrlichen Vermittlung zwischen Gott und einem jeden von uns“[47] gehört, dann ist auch die Dogmengeschichte der Ort, an dem sich das Zeugnis der geschichtlichen Offenbarung unter den Bedingungen menschlicher Sprache und Kultur weitervermittelt.

e) Christus als das Ganze des Dogmas und seine fortschreitende Erkenntnis

Die Bezeugung und Aneignung der geschichtlichen Offenbarung muss notwendigerweise selbst geschichtlichen Charakter haben. Ein möglicher Erkenntnisfortschritt verdankt sich dabei, dies betont de Lubac mit Rousselot u. a. gegen alle neuscholastischen Versuche einer Konklusionentheologie, nicht so sehr den Gesetzen der Logik, als vielmehr der Kraft des persönlichen Glaubens, in dem, getragen vom Heiligen Geist und der andauernden Betrachtung der Kirche (vgl. Lk 2,19.51), alle Dimensionen des Christusereignisses ausgelotet werden. *Non est enim aliud Dei mysterium nisi Christus*, zitiert de Lubac Augustinus[48], und in Christus ist „tout le Dogme“, das ganze Dogma enthalten. Die Unterscheidung von Offenbarung in Christus und Offenbarungszeugnis in der Schrift verhilft auch zur Klarheit hinsichtlich der umstrittenen und auch beim Konzil noch einmal diskutierten Frage, ob die Offenbarung mit dem Tod der letzten Apostel beendet sei. Dass sich das Konzil nicht zu ihr geäußert habe, begründet de Lubac mit dem Hinweis, dass es einige Theologen in der Tat vorzögen zu sagen, die Offenbarung sei mit dem Entschwinden Jesu am Tag seiner Himmelfahrt beendet, während man umgekehrt durchaus bezweifeln kann, dass die Texte, die unsere Schriftensammlung des Neuen Testaments umfassen, alle ausnahmslos und endgültig schon zu Lebzeiten der Apostel verfasst worden waren[49]. Zwischen Offenbarung und Offenbarungszeugnis ist zu unterscheiden. Die Offenbarung im strengen Sinn ist mit Christus abgeschlossen: „Als Ereignis und als Offen-

46 De Lubac, Corpus mysticum (wie in Anm. 45), 264/288.
47 De Lubac, Glauben aus der Liebe (wie in Anm. 7), 145.
48 Epistula 187, 34, zitiert in: De Lubac, Le problème du développement du dogme (wie in Anm. 5), 65.
49 De Lubac, Die göttliche Offenbarung (wie in Anm. 4), 142.

barung, als Wirklichkeit wie als Gegenstand des Glaubens trägt diese einzigartige und umfassende Wirklichkeit in Schrift und christlicher Tradition ein und denselben Namen: *Mysterium*. Es ist daher schon ein erster Schritt der Abstraktion, die Gabe von der Offenbarung der Gabe zu trennen, das Erlösungsgeschehen von der Erkenntnis der Erlösung, das Mysterium als Ereignis vom Mysterium als Glaubensgegenstand. Ein zweiter Schritt der Abstraktion ist, diese umfassende Offenbarung in Christus oder das Ganze des Dogmas von bestimmten Einzelwahrheiten zu trennen, die in für sich stehenden Aussagen über die Trinität, das fleischgewordene *Wort*, die Taufe, die Gnade usw. gefaßt werden"[50]. Diese Abstraktionen sind nach de Lubac legitim und notwendig, denn der menschliche Geist erfasst eine komplexe Wirklichkeit nur, indem er differenziert und zergliedert. Die Theologie hat jedoch Sorge zu tragen, dass der ursprüngliche Zusammenhang nicht verloren geht, die Verknüpfung aller Dogmen mit ihrem einen Ursprung im Blick bleibt und man nicht der irrigen Meinung erliegt, das Mysterium könne in rationalistischer Manier erschöpfend ausgesagt werden. „Wir versuchen, in seinem Verständnis voranzukommen, und es gelingt uns tatsächlich auch: das Mysterium ist unbegreiflich, aber nicht unverständlich. Doch je weiter wir vordringen, desto stärker fühlen wir zugleich, wie es uns übersteigt und aus der Fassung bringt"[51]. Daraus folgt nach de Lubac für das Verständnis von Theologie: „In Christus nachdenken oder ‚Theologie treiben', bedeutet deshalb nicht bloß ‚Wahrheiten zusammen zu stellen' und sie auf ein System zu reduzieren, oder immer neue Schlußfolgerungen aus

50 De Lubac, Le problème du développement du dogme (wie in Anm. 7), 65.

51 Ebd., 55: „Nous cherchons à pénétrer dans son intelligence, et nous y parvenons en effet: le mystère est incompréhensible, il n'est pas inintelligible. Mais plus nous y parvenons, plus nous sentons du même coup que cette vérité nous dépasse, qu'elle nous déborde et nous déconcerte". Vgl. Herbert Hammans, Die neueren katholischen Erklärungen der Dogmenentwicklung (= Beiträge zur neueren Geschichte der katholischen Theologie 7), Essen 1965, 192–195, der die fundamentaltheologischen Ansätze de Lubacs hinsichtlich der Dogmenentwicklung mit Hinweis auf ihren fragmentarischen Charakter gegen die Kritik von Boyer und Spedalieri in Schutz nimmt. Spedalieri war in Selectae et breviores quaestiones philosophicae et theologicae controversae, Rom 1950, 107–122, nicht auf de Lubacs „tieferen und sachgerechteren Offenbarungsbegriff" als Prämisse seiner Aussagen zur Dogmenentwicklung eingegangen. De Lubac sagt selbst in seinem Rückblick, dass er sich, was die nähere Beschreibung der Dogmenentwicklung und die Kriterien einer legitimen Entwicklung betrifft, in die Linie Newmans gestellt habe (Meine Schriften im Rückblick [wie in Anm. 26], 195).

den geoffenbarten ‚Prämissen' ziehen; es bedeutet auch und noch weit mehr, sich von ‚der explikativen Kraft' der Glaubenswahrheiten zu überzeugen, und zwar bis in den sich ständig wandelnden Kontext der Welt hinein. Theologie treiben heißt versuchen, die Welt und den Menschen, sein Wesen, seine Bestimmung und Geschichte in den unterschiedlichsten Situationen im Licht eben jener Wahrheiten zu verstehen. Theologie treiben heißt sich bemühen, alles im Geheimnis Christi zu sehen. Denn das Mysterium Christi ist ein *erleuchtendes Mysterium*, und es betrachtend dringt man wirklich tiefer darin ein, ohne ihm dabei etwas von seinem Geheimnischarakter zu nehmen. So daß das Unternehmen einer ‚Theologie der Geschichte' nicht für ein bloßes Randphänomen gehalten werden darf, und jeder Theologe mehr oder weniger ein ‚Theologe der Geschichte' […] sein muß. Aber dies alles bedeutet keineswegs, daß die Geschichte an sich Mittlerin der Offenbarung oder des Heils wäre: ganz im Gegenteil. Ob Profan- oder Kirchengeschichte: aus sich allein bringen uns ihre Ereignisse keinerlei Zuwachs zur übernatürlichen Offenbarung, sie bleiben stets ‚zweideutig' und wie ‚in Erwartung' […], und sie selber müssen für uns durch das Licht, erhellt werden, das vom Evangelium herkommt"[52].

Die Ergebnisse dieser Wiedergewinnung der historischen Dimension des christlichen Glaubens wurden vom kirchlichen Lehramt im Zweiten Vatikanischen Konzil rezipiert.

4. Die lehramtliche Rezeption in Dei Verbum und Gaudium et spes

Der fundamentaltheologisch und dogmatisch bedeutendste Text des Konzils ist ohne Zweifel die Offenbarungskonstitution *Dei Verbum*. Nach einer dramatischen Entstehungsgeschichte, die sich von Beginn bis in die Schlussphase des Konzils erstreckte, und in der noch einmal das theologische Ringen der vorausgegangenen sechs oder sieben Jahrzehnte dicht gedrängt rekapituliert wurde, brach sich doch das personale Verständnis von Offenbarung als Selbstmitteilung in der Geschichte Bahn. Aufgrund der soliden theologischen Vorarbeit und des in Wahrheit durch und durch traditionellen

52 De Lubac, Die göttliche Offenbarung (wie in Anm. 4), 147.

Charakters dieser Einsicht legt de Lubac Wert auf die Feststellung, dass das Vorwort und das Erste Kapitel von *Dei Verbum* keine Kompromisstexte sind, sondern geglückter und von allen Seiten dankbar begrüßter Ausdruck der katholischen Lehre. Weil das „Verbum Dei", das der Konstitution seinen programmatischen Namen gibt, zuerst das Fleisch gewordene Wort Gottes, Jesus Christus selbst, meint, ist die Heilige Schrift als geschichtliches Offenbarungszeugnis qualifiziert. Damit ist eine lange Streitfrage um die Quellen der Offenbarung entschärft, weil weder Schrift noch Tradition als Quellen der Offenbarung im eigentlichen und streng dogmatischen Sinn des Wortes angesehen werden dürfen, vielmehr Christus selbst die eine Quelle der Offenbarung ist. Es ist damit aber auch der historisch-kritischen Exegese nicht nur Existenzberechtigung zugestanden, sondern ihre Methoden werden als der geschichtlichen Dimension des Offenbarungszeugnisses angemessene Instrumentarien gewürdigt und ihre Anwendung als zur Ermittlung des Schriftsinnes notwendig bezeichnet. Das kommunikationstheoretische Offenbarungsverständnis ist in der Tat die Voraussetzung für die Anerkennung der historisch-kritischen Exegese. Wenn *Dei Verbum* 12 dann auch die traditionellen Kriterien für die Schriftdeutung als unerlässlich in Erinnerung ruft, entspricht dies ganz und gar dem historischen Charakter der Schrift selbst, die ja aus der Tradition hervorgegangen ist und nicht gegen die Tradition ausgelegt werden darf.

Die Tatsache und zugleich Legitimität einer dogmengeschichtlichen Entwicklung als Antwort auf die göttliche Offenbarung in Jesus Christus ist am deutlichsten in der „Pastoralkonstitution über die Kirche in der Welt von heute Gaudium et spes" angesprochen: „Die Kirche aber [...] glaubt ferner, daß in ihrem Herrn und Meister der Schlüssel, der Mittelpunkt und das Ziel der ganzen Menschheitsgeschichte gegeben ist. Die Kirche bekennt überdies, daß allen Wandlungen vieles Unwandelbare zugrunde liegt, was seinen letzten Grund in Christus hat, der derselbe ist gestern, heute und in Ewigkeit [vgl. Hebr 13,8]." (GS 10)[53] Und wenn *Gaudium et spes* in

53 Womit das II. Vatikanum nicht in Widerspruch gerät zu den Aussagen des I. Vatikanums, sondern den tieferliegenden Grund für dessen Abwehr des geschichtlichen Relativismus bezüglich der dogmatischen Wahrheit benennt, wie Leo Scheffczyk, Katholische Dogmatik, Band I. Grundlagen des Dogmas. Einleitung in die Dogmatik, Aachen 1997, 160 betont.

Artikel 10 sagt: „Tatsächlich klärt sich nur im Geheimnis des fleischgewordenen Wortes das Geheimnis des Menschen wahrhaft auf. [...] Christus, der neue Adam, macht eben in der Offenbarung des Geheimnisses des Vaters und seiner Liebe dem Menschen den Menschen selbst voll kund und erschließt ihm seine höchste Berufung", dann sind damit fast wörtlich de Lubacs oben bereits einmal zitierte Ausführungen aus *Catholicisme* (1938) aufgegriffen[54].

5. Warnung vor neuen Engführungen

Die Nachzeichnung des spezifischen Beitrags von Henri de Lubac zur Wiedergewinnung der historischen Dimension von Offenbarung und Glaube als Moment der Erneuerung der Theologie führt notgedrungen manche Diskussionen vor Augen, die mittlerweile selbst Theologiegeschichte sind. Eine Beschäftigung damit ist gleichwohl mehr als nur historisch interessant. Zum einen lässt sie die Bedeutung des Errungenen und Wiedergewonnenen deutlicher ermessen. Zum anderen kann es die Augen öffnen für gegenwärtige Tendenzen in der Theologie, die die Gefahr mit sich bringen, hinter das in der Theologiegeschichte Erreichte und lehramtlich Verkündete zurückzufallen. Nur zwei Beispiele seien genannt[55].

Michael Schulz hat in seiner Kritik an der pluralistischen Religionstheorie, wie sie u. a. von Perry Schmidt-Leukel vorgelegt wird, in dessen Wandel von einer evangelikal-exklusivistischen Position hin zu einer pluralistisch-exklusivistischen Position er den Ausfall der christologischen Mitte konstatiert, weil „das universale concretum des Heils in Christus in beiden Fällen nicht konzeptionell erreicht wird. Statt dessen scheinen tendentiell quantitative oder mengentheoretische Vorstellungsweisen von der Fülle des Heils eine Rolle zu spielen, das entweder konzentriert in Jesus oder in verschiedenen Konzentrationsstufen verteilt hier und dort spürbar werden soll"[56]. Damit ist aber, abgesehen von den erkenntnistheo-

54 De Lubac, Glauben aus der Liebe (wie in Anm. 7), 301.

55 De Lubac selbst hat bereits 1969 eine Reihe von Aspekten genannt, in denen er eine Abkehr von den Errungenschaften von Theologie und Lehramt sah: Krise zum Heil? Spannungen in der Kirche nach dem Konzil, Berlin 1970.

56 Michael Schulz, Einer ist Gott, nur einer auch Mittler?, in: Gerhard Ludwig Müller / Massimo Serretti (Hg.), Einzigkeit und Universalität Jesu Christi im Dialog mit den Religionen (= Sammlung Horizonte NF 35), Freiburg 2001, 113–153, hier 153.

retischen Problemen[57], der eigentliche theologische Fortschritt des 20. Jahrhunderts, wie er auch durch das II. Vatikanische Konzil lehramtlich bestätigt wurde, verraten.

Auch an der vom Konzil gewissermaßen in den Rang eines Glaubenssatzes erhobenen[58], von Augustinus in die Formel *Das Neue liegt im Alten verborgen, das Alte liegt offen im Neuen (Novum in Vetere latet, Vetus in Novo patet)* gekleideten christologischen und ekklesiologischen Deutung des Alten Testaments und der gesamten Schrift wird Kritik geübt[59]. Ganz abgesehen davon, dass der Vorwurf der christologischen und ekklesiologischen Engführung nicht de Lubac, sondern das Neue Testament selbst trifft, spricht daraus das Unverständnis gerade des Zentrums der neutestamentlichen Botschaft. Die Deutung der gesamten Schrift auf den hin, der der Weg und die Wahrheit und das Leben ist (Joh 14,6), einer Wahrheit, die allein frei macht (Joh 8,32), führt niemals in die Enge. Die Alternative zu einer christologischen und ekklesiologischen Schriftauslegung ist entweder der Rückfall in den bloßen Historismus oder die postmoderne Beliebigkeit von psychoanalytischer bis feministischer Auslegung. Aber gerade diese Alternativen sind weder vom Buchstaben noch vom Geist des II. Vatikanischen Konzils gedeckt. Andererseits ist die Fruchtbarmachung der Lehre vom vierfachen Schriftsinn, wie Henri de Lubac sie erforscht und wieder ins Bewusstsein gerückt hat, in ihrer synthetischen, Geschichte, Glaube, Leben und Eschatologie verbindenden und aufeinander beziehenden Kraft nur eine der uns von de Lubac gestellten Aufgaben, die noch ihrer Erledigung harren.

---

57 Siehe dazu Gerhard Ludwig Müller, Erkenntnistheoretische Grundprobleme einer Theologie der Religionen, in: Müller / Serretti (Hg.), Einzigkeit und Universalität Jesu Christi im Dialog mit den Religionen (wie in Anm. 56), 17–48.

58 De Lubac, Typologie. Allegorie. Geistiger Sinn (wie in Anm. 36), 5f. DV 16.

59 Hans-Josef Klauck, Rez. zu Henri de Lubac, Typologie. Allegorie. Geistiger Sinn. Studien zur Geschichte der christlichen Schriftauslegung, in: ThLZ 125 (2000) Sp. 1127–1129, hier 1129, beanstandete „eine exklusiv christologische und ekklesiologische Engführung des Schriftverständnisses" bei de Lubac.

Liest Du noch oder glaubst Du schon?

Überlegungen zur Benennung des Christentums als „Buchreligion"[1]

Klaus-Peter Dannecker hat in seiner Rektoratsrede zum Thema „Das ungeteilte Gewand Christi und die Feier des einen Wortes Gottes"[2] im Zusammenhang seines Plädoyers für eine würdige Gestaltung der Wortverkündigung in der Liturgie und für die Schaffung repräsentativer Ambonen eher nebenbei behauptet, das Christentum sei – bei aller Wertschätzung des Buches – keine Buchreligion. Ich knüpfe an dieser Aussage Danneckers an und will versuchen, sie ins Systematisch-Theologische hinein fortzuführen.

Dass das Christentum *keine* Buchreligion sei, ist keineswegs unumstritten. In einem Festschriftbeitrag für einen seiner bedeutendsten Autoren schrieb der Direktor des Buchverlages Styria, Graz, Gerhard Trenkler, 1984: „Abgesehen von der geschichtlichen und geographischen Nähe der Entstehung werden Christentum, Judentum und Islam durch eine äußerliche Gemeinsamkeit gekennzeichnet und von anderen Religionen unterschieden: das Buch. Man spricht von den großen Buchreligionen"[3]. Und Bernhard Lang behauptet im Handbuch religionswissenschaftlicher

1 Vortrag anlässlich der Feierlichen Eröffnung des Studienjahres 2011/2012 am 24. Oktober 2011 in Trier. Es werden Gedanken aufgegriffen und fortgeführt, die der Autor in dem kleinen Artikel Warum das Christentum keine „Buchreligion" ist. Ein Beitrag zum Jahr der Bibel, in: Der Fels 10/2003, 278–281, publiziert hat. Der Vortragsstil ist beibehalten.

2 Klaus-Peter Dannecker, Das ungeteilte Gewand Christi und die Feier des einen Wortes Gottes, in: Ders., Das Gewand Christi. Mit Gott als Mensch unterwegs. Theologische Überlegungen zur Heilig-Rock-Wallfahrt 2012, Trier 2011, 144–162, hier 151.

3 Gerhard Trenkler, Das Christentum als Buchreligion, oder: Warum schrieb Jesus kein Buch?, in: Maximilian Liebmann / Dieter A. Binder (Hg.), Festgabe des Hauses Styria Hanns Sassmann zum 60. Geburtstag, Graz / Wien / Köln 1984, 335–342, hier 335.

Grundbegriffe: „Judentum, Christentum und Islam verkörpern mit Bibel und Koran den klassischen Typ der Buchreligion"[4].

Nicht nur in religionsgeschichtlichen und religionswissenschaftlichen Studien, die sich von ihrer Fragerücksicht auf die Beschreibung äußerlich wahrnehmbarer Phänomene beschränken dürfen, wird vom Christentum als „Buchreligion" gesprochen. Auch von theologischen Autoren, die aus einer Innenperspektive das Wesen des Christlichen im Blick haben sollten, wird der Terminus „Buchreligion" auf das Christentum angewandt.[5] Im Jahr 1999 ehrten die Schülerinnen und Schüler von Arnold Angenendt ihren akademischen Lehrer mit einer Tagung zum Thema „Normieren – Tradieren – Inszenieren. Das Christentum als Buchreligion." Andreas Holzem, der Tübinger Kirchengeschichtler, hat die Tagungsbeiträge 2004 in einem Sammelband herausgegeben, und der Titel ist mit dem der Tagung identisch.[6]

Aber kann das Christentum so ohne Weiteres unter den Begriff „Buchreligion" subsumiert werden?[7] Die Fragestellung ist deshalb interessant und ihr nachzugehen lohnt sich, weil es letztlich um die sachgerechte Zuordnung der Begriffe Offenbarung, Tradition und Schrift (Kanonbildung etc.) und ihre jeweilige Bedeutung für den Gesamtvollzug des Glaubens geht.[8]

---

4 Bernhard Lang, Art. Buchreligion, in: Hubert Cancik / Burkhard Gladigow / Matthias Laubscher (Hg.), Handbuch religionswissenschaftlicher Grundbegriffe II, Stuttgart 1990, 143–165, hier 143.

5 So etwa von Siegfried Herrmann, Kultreligion und Buchreligion. Kultische Funktionen in Israel und in Ägypten, in: Fritz Maass (Hg.), Das ferne und das nahe Wort. FS für Leonhard Rost, Berlin 1967, 95–105, der seinerseits ausgeht von den Thesen von Siegfried Morenz, Gott und Mensch im alten Ägypten, Zürich 1964, der die Antithesen aufgestellt hatte, die ägyptische Religion sei (im Unterschied zu Israel) 1. eine Nationalreligion, keine Weltreligion; 2. eine Kultreligion, keine Buchreligion; 3. eine historisch gewachsene, keine Offenbarungsreligion. Demgegenüber versucht Herrmann zu zeigen, dass die israelitische Religion sich in einem lange dauernden Prozess, in dem sehr wohl lange Zeit der Kult dominierte, entwickelt hat und die Entwicklung zur „Buchreligion" nur die letzte Phase dieses Prozesses darstellt.

6 Andreas Holzem (Hg.), Normieren. Tradieren. Inszenieren. Das Christentum als Buchreligion, Darmstadt 2004.

7 Vgl. Arij A. Roest Crollius, Art. Buchreligionen, in: LThK^3 Bd. 2, 753–754, der hier mit Recht feststellt: „In Auseinandersetzungen zwischen Muslimen und Christen tritt der Begriff oft auf, obwohl man feststellen muss, dass der Islam eher eine ‚Schriftreligion' ist, das Christentum hingegen vor allem an die Person seines Gründers gebunden ist."

8 Als ein Beitrag zur Klärung dieser Frage verstand sich im Jahre 1984 ein wissenschaftliches Kolloquium in Straßburg: Le Christianisme est-il une religion du livre?

1. Zur Geschichte des Begriffes „Buchreligion"

Literarisch ist der Begriff „Buchreligion" erstmals nachgewiesen beim Religionswissenschaftler Friedrich M. Müller 1873[9] und dann in Meyers Konversationslexikon von 1886.[10] Sachlich gibt es freilich eine lange Vorgeschichte. Weichenstellend dürfte die Bezeichnung der Juden und Christen als „Leute der Schrift" *(ahl al kitab)* im Koran (vgl. etwa Sure 3,3–4) gewesen sein.[11] Insofern sich der Koran als die Erfüllung des Neuen Testaments versteht (analog der Erfüllung des Alten im Neuen Testament[12]), stellt sich Mohammed ausdrücklich in die Tradition der Schriftbesitzer. Immanuel Kant schrieb in „Die Religion innerhalb der Grenzen der bloßen Vernunft" im Blick auf das Judentum vom Typus des Volkes, das eine „geschriebene Religion" hat.[13]

Auch das „Sola scriptura", womit das von Martin Luther betonte und gegen die Bedeutung auch der Tradition in Stellung gebrachte Schriftprinzip von der protestantischen Orthodoxie auf eine einprägsame Kurzformel gebracht wurde, dürfte eine Rolle gespielt haben bei der Prägung des religionswissenschaftlichen Terminus „Buchreligion".

Actes du colloque organisé par la Faculté de Théologie Protestante de Strasbourg, Strasbourg 1984. Die Vorträge kreisen allesamt um das Schrift-Tradition-Problem und legen sich nicht auf eine Antwort auf die Themafrage fest.

9 Friedrich Max Müller, Introduction to Science of Religion, London 1873, 102f. Müller zählt zu den „Buchreligionen": Judentum, Christentum, Islam, Hinduismus, Buddhismus, Zoroastrismus, Konfuzianismus, Taoismus. Vgl. auch die von Friedrich Max Müller herausgegebene umfangreiche Textsammlung: The Sacred Books of the East, 50 Bände, Oxford 1879–1910.

10 Lang, Buchreligion (wie in Anm. 4), 144.

11 Vgl. Adel Theodor Khoury / Ludwig Hagemann / Peter Heine, Islam-Lexikon, Freiburg 1991. Dort die Artikel „Schriftbesitzer", „Thora" und „Evangelium".

12 Vgl. Heinz-Lothar Barth, Christus und Mohammed. Eine Auseinandersetzung mit dem Islam aus christlicher Sicht. Teil I, Stuttgart 1998, 12.

13 „Aber ein Volk, das eine geschriebene Religion (heilige Bücher) hat, schmilzt mit einem solchen, was (wie das römische Reich – damals die ganze gesittete Welt) keine dergleichen, sondern bloß Gebräuche hat, niemals in einen Glauben zusammen; es macht vielmehr über kurz oder lang Proselyten" (Kant, Werke 7, ed. Weischedel, 803).

2. Argumente für eine Subsumierung des Christentums unter die Buchreligionen

In den religionswissenschaftlichen Arbeiten zum Thema Buchreligion wird (meist aber eher unreflektiert) vorausgesetzt, dass die Konstitutiva des Allgemeinbegriffs „Buchreligion" auch für das Christentum zutreffen.

Das Buch dient als Stabilitätsfaktor der Religion und als das am meisten Identität stiftende und Identität bewahrende[14] Element unter den religiösen Formen. Als objektiviertes, transpersonales, seit den Zeiten der Erfindung des Buchdrucks mit beweglichen Lettern beliebig oft reproduzierbares Geistkondensat ist es mächtigstes Instrument des Widerstandes gegen tyrannische Vereinnahmung oder Verfälschung einer sich darauf beziehenden Religionsgemeinschaft. Als Ort der Fixierung des normativen Ursprungs waren heilige Schriften in vielen Religionen immer wieder auch Ausgangspunkt für Reformbewegungen. Das Buch, das den Geist der Gründergestalt bewahrt und ihn durch entsprechende Auslegungstechniken präsent hält, begünstigt die Dauerhaftigkeit einer Religion und ihre Identität im Wandel der Zeiten.[15] Ein besonders signifikantes Beispiel dafür ist Franz von Assisi (1181/82–1226): Im Wörtlichnehmen der Bergpredigt, im Wörtlichnehmen des im Evangelium bezeugten radikalen Nachfolgerufes Jesu initiiert er im Kontext einer verweltlichten Kirche eine bemerkenswerte Reformbewegung.[16] In jüngerer Zeit hat bekanntlich Mahatma Gandhi (1869–1948), der sich in seinem Freiheits- und Unabhängigkeitsbestreben dem gewaltfreien Widerstand verschrieben hatte, der in der Bergpredigt festgehaltenen Ethik Jesu größte Hochachtung entgegengebracht,[17] ohne den Glauben an Jesus den Christus zu teilen und sich der Glaubensgemeinschaft der Kirche anzuschließen.

Darüber hinaus wird oft auf die kulturprägende wenn nicht gar kulturstiftende Funktion des Buches in Gestalt heiliger Schriften hingewiesen. Die Notwendigkeit der Übersetzung der Bibel stand

---

14 Vgl. Immanuel Kant (wie in Anm. 13) mit seinem Hinweis auf die assimilierungshemmende Bedeutung der „geschriebenen Religion".

15 Vgl. Lang, Buchreligion (wie in Anm. 4), 145f.

16 Vgl. Joseph Ratzinger, Franz von Assisi, in: Ders., Gottes Angesicht suchen, Meitingen / Freising ^{2}1979, 48–49, hier 48: „Sein Geist-Christentum beruht auf dem ganz wörtlichen Gehorsam zum biblischen Wort."

17 Vgl. Horst Bürkle, Art. Gandhi, in: LThK^{3}, Bd. 4, 287.

in vielen Sprachen am Beginn ihrer Literaturgeschichte.[18] Eine Fülle von bildlichen Redewendungen und Sprüchen aus der Bibel sind zum Allgemeingut der von der christlichen Religion geprägten Zivilisationen geworden und haben bislang auch alle Säkularisationsprozesse überdauert (wenngleich die biblische Herkunft einer Wendung dem Benutzer natürlich nicht mehr bewusst sein muss). So haben bekanntlich die Übersetzungen Martin Luthers der Entwicklung des Neuhochdeutschen starke Impulse vermittelt.

Die Förderung des Intellekts durch Ausbildung von des Lesens und Schreibens mächtigen Eliten, das damit zusammenhängende Bildungs- und Schulwesen, aber auch die Bildung breitester Volksschichten durch das Auswendiglernen biblischer Inhalte und die Kenntnis der in der Schrift bezeugten Geschichte gehört zu den nicht hoch genug einzuschätzenden Aspekten, welche die Ausprägung einer Heiligen Schrift in einer Religion mit sich gebracht haben. All dies gilt in besonderer Weise für die christliche Bibel und scheint allein schon die Bezeichnung des Christentums als „Buchreligion“ hinreichend zu rechtfertigen. Auf der Basis der *Bibel, des Buches schlechthin*, das ja in sich selbst eine ganze Bibliothek ist, hat sich ein Bildungswesen entwickelt, zu deren Zentren Bibliotheken wurden und es heute noch sind.

Als letztes sei die Bedeutung des Buches für die missionarische Tätigkeit ins Feld geführt. „Besitzt eine Religion ein heiliges Buch, dann wird sie ‚transportierbar‘ und kann missionarisch ‚exportiert‘ werden. Das Buch ist ein wichtiges Medium der Propaganda durch Missionare und der Aneignung durch intellektuelle, am Lesen interessierte Konvertiten“[19] – so wiederum Bernhard Lang in seinem schon erwähnten Lexikonartikel.

Erwin Dirscherl ist sich seiner Sache nicht ganz sicher, wenn er sein Plädoyer für die Bezeichnung des Christentums „auch (nicht nur)“[20] als Buchreligion begründet mit der spezifischen Eigenart der christlichen Bibel als Einheit von Altem und Neuem Testament. Angesichts der Unabgeschlossenheit der Geschichte und des frag-

18 Lang, Buchreligion (wie in Anm. 4), 145: „Viele Völker haben mit der übersetzten Bibel das erste Buch in ihrer Sprache erhalten, und oft auch die Schrift.“

19 Ebd., 146. Vgl. die Rolle der Schriftlektüre bei der Konversion Augustins („Tolle lege!“). Freilich war die Privatlektüre begleitet vom Hören der „viva vox Evangelii“ und ihrer Auslegung durch die bischöfliche Verkündigung des Ambrosius.

20 Erwin Dirscherl, Rez. Jahrbuch für Biblische Theologie Bd. 12 zum Thema „Biblische Hermeneutik“, in: Bibel und Kirche 55 (2000) 48.

mentarischen Charakters auch des biblischen Zeugnisses seien nicht nur alle Aussagen vieldeutig, sondern auch als Impulse zu begreifen, das Gesagte auf den „Deus semper major" hin zu überschreiten: „Von daher ist das Christentum eben auch (nicht nur) Buchreligion […], die in der Weise des Gotteswortes im Menschenwort von der Nähe Gottes in der Geschichte des Volkes Israel und Jesu Christi Zeugnis ablegt. Und es müßte stärker in das Bewußtsein treten, daß der Text der Heiligen Schrift jüdisch wie christlich von einer Vieldeutigkeit, ja Uneindeutigkeit gekennzeichnet ist, die immer wieder das Wagnis der Interpretation herausfordert"[21]. Dirscherl sieht also das Christentum in der Rückbindung an das Alte Testament weiterhin am Charakter des Judentums als einer Buchreligion partizipieren, wobei auch die letztgenannte Voraussetzung zu diskutieren wäre: das Judentum als Buchreligion? Jedenfalls widerspricht er damit wiederum Bernhard Lang, der meinte, erst mit der Verschriftlichung eines eigenen Neuen Testaments sei das Christentum in der dritten und vierten Generation nach und nach zur Buchreligion mutiert. Das ist freilich ein schwaches Argument, denn der Bezug auf die Schriften, „gemäß" denen Christus am dritten Tage von den Toten auferstanden ist (1 Kor 15,3–5) und die nicht aufzuheben, sondern zu erfüllen er gekommen war (Mt 5,19), gehört von Anfang an konstitutiv zum christlichen Glauben und zu seiner gottesdienstlichen Versammlung.

Ein häufig vorgebrachtes Argument für die Zuordnung des Christentums zu den „Buchreligionen" (und darüber hinaus auch oft noch für die angebliche Angleichung der katholischen Kirche an ein protestantisches Schriftprinzip) ist die schon auf dem Ersten Vatikanum wieder eingeführte und dann auf dem Zweiten Vatikanum zu Beginn jedes Konzilstags vorgenommene „Inthronisierung" des Evangelienbuchs (s. Abb. 1, S. 49). Für Trenkler ist dieser Ritus ein Zeichen für die Aufwertung des Buches und für das Christentum als Buchreligion. Vielen Teilnehmern des Konzils sei gerade diese feierliche Zeremonie in besonderer Erinnerung geblieben. „Damals brach sich schon die ‚Aufwertung' des Buches Bahn"[22].

Den für eine Subsumierung des Christentums unter die Kategorie „Buchreligion" vorgebrachten Argumenten steht nun allerdings eine Reihe von Gesichtspunkten entgegen.

21 Dirscherl, Rez. Jahrbuch für Biblische Theologie Bd. 12 (wie in Anm. 20), 48.

22 Trenkler, Das Christentum als Buchreligion (wie in Anm. 3), 337.

3. Unterscheidungen

Ein erster Hinweis, der die Fraglichkeit der Zuordnung des Christentums zu dieser religionswissenschaftlichen Kategorie unterstreicht, ist der Umstand, dass Jesus selbst keine eigenen Schriften hinterlassen hat.

Eine bemerkenswerte Ausnahme hinsichtlich eines „Schreibens" Jesu stellt Joh 8,6.8 dar. Im Zusammenhang mit der in flagranti erwischten Sünderin, mit der man Jesus eine Falle stellen will, berichtet die (vermutlich später ins Johannesevangelium interpolierte) Stelle davon, Jesus habe mit dem Finger auf den Sand am Boden geschrieben. Der Sinn dieser Aktion ist umstritten. Ulrich Wilckens kommentiert: „Was er schreibt, wird nicht gesagt. Doch dem Leser, der mit der Schrift vertraut ist, steht Jer 17,13 vor Augen, wo es heißt, daß Gott die, die sich von ihm abwenden, ‚in den Staub schreiben' werde."[23] Diese Deutung, die schon von Ambrosius, Augustinus und Hieronymus vertreten wurde, hat nach Schnackenburg[24] das meiste für sich. Harald Schöndorf hat, ohne die Frage nach der Geschichtlichkeit der Szene zu diskutieren, folgende, soweit ich sehe, originelle Deutung gegeben: Es handelte sich vermutlich um eine Anspielung auf die Übergabe der Gesetzestafeln auf dem Berg Sinai, die Gebote Gottes, eingraviert vom Finger Gottes in die steinernen Gesetzestafeln. Jesus hingegen ist gekommen, um das neue Gebot der Barmherzigkeit mit seinem göttlichen Finger in die Erde zu schreiben, das heißt in das Herz der Menschen, die aus Erde geformt sind.[25] Von Jesus beschriebene *papyroi* aber sind nicht überliefert.

An dem Faktum, dass Jesus weder Schriften hinterlassen noch welche zu verfassen in Auftrag gegeben hat, kommen auch die Befürworter in der Buchreligionsfrage nicht vorbei. Lang behilft sich, wie schon angedeutet, mit der überraschenden Wendung, dass das Christentum nicht von Anfang an eine Buchreligion gewesen sei, da Jesus selbst weder Schriften verfasst noch solche in Auftrag gegeben habe.[26] Der Buchreligionswerdungsprozess wird von Lang

23 Ulrich Wilckens, Das Evangelium nach Johannes (= NTD 4), Göttingen 1998, 139.
24 Rudolf Schnackenburg, Das Johannesevangelium, Bd. 2, Freiburg 1971, 229.
25 Harald Schöndorf, Jesus schreibt mit dem Finger auf die Erde: Joh 8,6b.8, in: BZ N.F. 40 (1996) 91–93.
26 Lang, Buchreligion (wie in Anm. 4), 152.

mit dem Prozess der Verschriftlichung des Neuen Testamentes und der Kanonisierung der christlichen Bibel identifiziert. Die erhebliche Diskontinuität, welche sich damit für die Geschichte des Christentums ergeben würde, wenn es seinen Charakter durch das zur Buchreligion-Werden derart verändert hätte, wird von Lang nicht weiter reflektiert. Anders Hartwig Weber, der im Prozess der Verschriftlichung der neutestamentlichen Botschaft eine Art Rejudaisierung zu unterstellen scheint: „Das Christentum ist von seinem Ausgang her eigentlich keine Buchreligion – Jesus hinterließ weder Bücher noch schriftliche Texte. Erst unter jüdischem [!] Einfluss stellte sich die christliche Buchorientierung ein (vgl. Mat. 13,52; 23,34)"[27] – als sei der jüdische Einfluss eine nachträgliche und sekundäre Erscheinung! Die Verwurzelung des Christentums in der Glaubensgeschichte Israels ist ursprünglich und fundamental. Jesus gründete nicht eine neue Religion, sondern initiierte die eschatologische Sammlungsbewegung Israels. Mit Recht kann Joseph Ratzinger im Gespräch mit Peter Seewald sagen: „Das Christentum ist ja keine andere Religion gegenüber der Religion Israels, sondern es ist das mit Christus neugelesene Alte Testament."[28] Entscheidend für das Christentum ist nicht die Orientierung an einem Buch überhaupt, sondern der durch das Christusereignis konstituierte neue Kontext, in dem sich der nachösterlichen Relecture die Tiefendimension der Schriften Israels erschließt.[29]

Darüber hinaus finden sich im Neuen Testament mehrfach Aussagen, die über das Verhältnis von Buch, bezeugter Geschichte und deren hermeneutischer Funktion reflektieren. Das Wort des Apostels Paulus ist „Gottes Wort im Menschenwort" (1 Thess 2,13). Da ist der Evangelist Johannes, der angibt, das selbst gehörte und gesehene Offenbarungsgeschehen, das sich in Christus ereignet hat, im geschriebenen Wort festzuhalten und zu bezeugen (vgl. Joh 1,1–3; Joh 20,30f.[30]). Im Lukasprolog erfahren wir, dass der Evangelist sein

27 Hartwig Weber, Lexikon Religion, Hamburg 2001.

28 Joseph Ratzinger, Gott und die Welt. Glauben und Leben in unserer Zeit. Gespräch mit Peter Seewald, Stuttgart / München 2000, 125f.

29 Vgl. Rudolf Voderholzer, „Die Heilige Schrift wächst irgendwie mit den Lesern" (Gregor der Große). Dogmatik und Rezeptionsästhetik, in: MThZ 56 (2005) 162–175. Siehe unten S. 151–169.

30 „Noch viele andere Zeichen, die in diesem Buch nicht aufgeschrieben sind, hat Jesus vor den Augen seiner Jünger getan. Diese aber sind aufgeschrieben, damit ihr glaubt, dass Jesus der Messias ist, der Sohn Gottes, und damit ihr durch den Glauben das Leben habt in seinem Namen." Vgl. zur hermeneutischen Relevanz dieser Johannes-

Evangelium als schriftliches Festhalten der sich im Umlauf befindlichen mündlichen und schriftlichen Überlieferungen über Jesus versteht. Die Schrift soll zum Erweis der Glaubwürdigkeit der Verkündigung dienen (vgl. Lk 1,1–4).

Die Frage, ob das Christentum als „Buchreligion" zu bezeichnen ist oder nicht, hängt gewiss zum einen von der Definition von „Buchreligion" selbst ab. Eine solche Definition aber ist letztlich nur angemessen zu gewinnen von einer dem Gesamtverständnis von Offenbarung, Tradition und Schrift entsprechenden Sicht des christlichen Glaubens. Dieses Gesamtverständnis ist lehramtlich verbindlich in knapper und präziser Form dargestellt in der Offenbarungskonstitution „Dei Verbum" des Zweiten Vatikanischen Konzils, die aus dem noch neuscholastisch geprägten Schema „De fontibus revelationis" von 1962 in einem Überarbeitungsprozess,[31] in dem die Elite der theologischen Wissenschaft mit den Konzilsvätern zusammenarbeitete, hervorgegangen war.[32] Offenbarung ist der Konstitution zufolge nicht die Mitteilung von Wahrheiten über Gott, sondern Gottes geschichtliche Selbstmitteilung in seinen Taten und Worten, die, vorbereitet durch die alttestamentliche Heilsgeschichte, in der Sendung seines ewigen Wortes, das der Sohn ist, in die Welt zu ihrem definitiven Höhepunkt gelangt ist.[33] In Jesus

---

stelle: Thomas Söding, Die Schrift als Medium des Glaubens. Zur hermeneutischen Bedeutung von Joh 20,30f., in: Knut Backhaus / Franz Georg Untergassmair (Hg.), Schrift und Tradition. FS für Josef Ernst, Paderborn 1996, 343–371.

31 Einen wesentlichen Beitrag dazu leistete der damalige Professor für Fundamentaltheologie in Bonn und Konzilsberater des Kölner Erzbischofs Kardinal Frings Joseph Ratzinger. Auf Bitten von Frings trug er am Vorabend der Konzilseröffnung, nämlich am 10. Oktober 1962, vor den deutschsprachigen Konzilsvätern seine erheblichen Bedenken gegen das Schema „De fontibus" vor. Bereits in diesem Vortrag riet Ratzinger, dem Text ein Kapitel „de revelatione ipsa" vorauszuschicken, damit deutlich werde, dass Offenbarung nach christlichem Verständnis der Schrift vorausliegt und in den Medien von Tradition und Schrift vermittelt wird: Joseph Ratzinger, Bemerkungen zum Schema „De fontibus revelationis", in: MIPB 2 (2009) 36–48, hier 38 (= JRGS 7, 160).

32 Vgl. das von Karl Rahner und Joseph Ratzinger noch im Herbst 1962 gemeinsam erstellte Alternativ-Schema, das Yves Congar in der Festschrift zu Rahners 80. Geburtstag veröffentlichte: Erinnerungen an eine Episode auf dem II. Vatikanischen Konzil, in: Elmar Klinger / Klaus Wittstadt (Hg.), Glaube im Prozess. Christsein nach dem II. Vatikanum. FS Karl Rahner, Freiburg 1984, 22–64, der Entwurf von Karl Rahner unter Mitarbeit von Joseph Ratzinger 33–50 (= JRGS 7, 183–209). Döring spricht in diesem Zusammenhang von einem „Paradigmenwechsel": Heinrich Döring, Paradigmenwechsel im Verständnis von Offenbarung, in: MThZ 35 (1985) 20–35.

33 Vgl. Helmut Hoping, Kommentierung von Dei Verbum, in: Herders Theologischer Kommentar zum Zweiten Vatikanischen Konzil, Bd. 3, Freiburg 2005, 695–819, der 740

Christus aber sind Botschaft und Botschafter identisch. Ihn meinen die programmatischen Anfangsworte zuerst.[34] Er ist das Reich Gottes in Person. Offenbarung ist ein personales Geschehen. Dieser Mitteilung als personaler Selbsterschließung entspricht der Glaube als Annahme der Offenbarung. Ziel der göttlichen Selbstmitteilung ist die Gemeinschaft der Menschen mit dem dreifaltigen Gott und untereinander, wie es im Ersten Johannesbrief einleitend heißt (vgl. 1 Joh 1,1–3). Diese Offenbarung zum Heil der Menschen wird weitervermittelt in den Medien von Tradition und Schrift, wobei das Zweite Vatikanum die Tradition zuerst nennt, da sie den Prozess der Weitergabe einer lebendigen Wirklichkeit meint. Christus als Person ist die eine Quelle der Offenbarung im strengen Sinn des Wortes. Daraus folgt für das Wesen der Heiligen Schrift die alles entscheidende Einsicht, dass sie nicht unmittelbar selbst Offenbarung ist. Vielmehr ist die Heilige Schrift als Buch der Kirche Offenbarungs*zeugnis*.

4. Religion des Bundes und der Person

Das Christentum ist dementsprechend keine „Buchreligion", wenn darunter verstanden werden soll, dass die Bibel unmittelbar das Wort Gottes enthält.[35] Gerade darin unterscheidet sich das Chris-

mit Recht die Kontinuität zur Konstitution Dei Filius des Ersten Vatikanischen Konzils betont, aber gleichwohl feststellt: „Anders als im 1. Vatikanischen Konzil wird die Offenbarung nicht mehr in einer abstrakten Weise als Mitteilung der ‚Dekrete des göttlichen Willens' verstanden."

34 Zur Frage der Großschreibung von „Verbum" und zu ihrer christologischen Aussageabsicht vgl. Hoping, Kommentar (wie in Anm. 33), 737.

35 Eine Auswahl von Stimmen, die dieses Urteil bestätigen: Die erste diesbezügliche Wortmeldung scheint die des früheren Münchener Erzbischofs zu sein: Kardinal Faulhaber, Katholische Grundsätze. Predigt an die große Versammlung unter freiem Himmel auf dem Königsplatz in München am 27. August 1922 zur Eröffnung des Katholikentags, in: Rufende Stimmen in der Wüste der Gegenwart. Gesammelte Reden, Predigten, Hirtenbriefe, Freiburg 1931, 25–34, hier 28: „Die Kirche hat das Lesen der heiligen Bücher nicht verboten, hat aber das Christentum nicht zur Buchreligion gemacht." Eugen Biser, Art. Schrift / Kanon, in: Peter Eicher (Hg.), Neues Handbuch theologischer Grundbegriffe, Bd. 4, München 1985, 122–128, hier 122: „Im Unterschied zum Islam ist das Christentum keine genuine Schriftreligion." Thomas Söding, Mehr als ein Buch. Die Bibel begreifen, Freiburg 1995, 22: „Allerdings ist im Kontext jüdischer und christlicher Liturgie und Theologie zu beachten, daß das Judentum und das Christentum, so sehr sie auf der Heiligen Schrift beruhen, doch keine Buchreligion sind [...]". Udo Tworuschka, Art. Heilige Schrift. 2. Christlich, in: Adel Th. Khoury,

tentum vom Islam und dessen heiligem Buch, dem Koran. Der Islam mit seiner Identifizierung von Koran und unmittelbarem Wort Gottes erfüllt die Definition von Buchreligion. Es ist in diesem Zusammenhang, Christentum und Islam vergleichend, auch schon von Inkarnation (Fleischwerdung des Wortes) und Inlibration (Buchwerdung des Wortes) gesprochen worden.[36]

Henri de Lubac hat als Alternative vorgeschlagen, zu sagen: Das Christentum ist, wenn der Begriff „Religion" überhaupt angewandt werden soll, nicht eine „Buchreligion", auch nicht die biblische Religion, sondern die Religion Jesu Christi[37], eine Person-Religion, wobei in der Person der Bundesschluss, der Bund Gottes mit den Menschen definitiv wird. Deswegen meine ich auch, dass man im Blick auf das Judentum nicht von Buchreligion, sondern von der Religion des Bundes sprechen sollte.

Sagen wir es noch einmal anders: Das Christentum ist der Glaube daran, dass Gott in Jesus Christus, seinem Fleisch gewordenen Wort, und in der Kraft des Heiligen Geistes die Sammlung aller Menschen für das Reich Gottes initiiert hat. Christentum ist ein vom Wirken des Heiligen Geistes initiiertes „social network", wobei es sich in konkret kirchlicher Gestalt als ein Netz von miteinan-

---

(Hg.), Lexikon religiöser Grundbegriffe. Judentum. Christentum. Islam, ND Graz 1996, 477–480, hier 477: „Die Schrift, die z.B. im Islam zusammen mit Gott die ‚Lebensmitte' (Mensching) dieser Religion ausmacht, stellt im Christentum etwas Zweites dar. Das Christentum ist primär *keine Buchreligion*" (Hervorhebung im Original). Oder Leo Scheffczyk, Von der Heilsmacht des Wortes, München 1966, 208: Das Christentum „hat sich trotz seines Festhaltens an den Schriften der Propheten und Apostel doch nie als eigentliche Buchreligion verstanden, sondern als Religion des lebendigen Wortes." Reinhart Staats, Das Glaubensbekenntnis von Nizäa-Konstantinopel, Darmstadt 1996, 144: „Gewiß orientiert sich die christliche Theologie, insofern sie eine wissenschaftliche Begründung sucht, an Literatur und hier zunächst an der ‚Bibel' als dem ‚Buch' der Bücher. Dennoch ist das Christentum keine reine Buchreligion." Hans Küng, Christsein, München 1974, 457: „Das Christentum […] ist keine Buch-Religion. Nicht die Schriften selber sind die göttliche Offenbarung. Diese sind nur die menschlichen Zeugnisse der göttlichen Offenbarung, in welchen Menschlichkeit, Eigenständigkeit und Geschichtlichkeit der menschlichen Verfasser jederzeit voll gewahrt bleibt."

36 Vgl. Angelika Neuwirth, Studien zur Komposition der mekkanischen Suren, Berlin ²2007, 44. Den Begriff „Inlibration" habe Harry Austryn Wolfson als Neologismus geprägt in: The Philosophy of the Kalam, Cambridge 1976, 244ff.; vgl. Felix Körner, Der Koran als Begegnungsort der Religionen. Ein Berliner Neuansatz und seine theologischen Folgen, in: Stimmen der Zeit 230 (3/2012) 156–166.

37 Vgl. Henri de Lubac, Typologie. Allegorie. Geistiger Sinn, Studien zur Geschichte der christlichen Schriftauslegung, Freiburg ²2007, 217.

der in communio stehenden Eucharistiegemeinschaften verwirklicht.[38] In der Feier der Eucharistie ist der Herr gegenwärtig im Wort und im Sakrament, wobei das Konzil ein schon bei Origenes bezeugtes quasi-sakramentales Verständnis von Wort-Gegenwart lehrt, die die von Klaus Peter Dannecker mit Recht eingeforderte Gestaltung des Ortes der Wortverkündigung notwendig macht. Aber gerade auch für unsere Gottes- und Christusbeziehung gilt das Hans Urs von Balthasar zugeschriebene Wort: „Jedes Buch ist ein verhindertes Gespräch." Das Buch ist Ersatz, oder positiv gesagt: Es will hinführen in die persönliche Begegnung.

Das in der Heiligen Schrift und als Heilige Schrift niedergelegte Offenbarungszeugnis ist dabei die norma non normata ihres Ursprungs und Wesens, das Buch aber letztlich eine vor-läufige Wirklichkeit, weswegen es die Kirche nicht in ihrem Kern trifft, wenn wir jetzt in unseren Tagen eine Medienrevolution erleben von einem vielleicht größeren Ausmaß, als es die Erfindung des Buchdrucks mit beweglichen Lettern an der Schwelle zur Neuzeit gewesen ist, die ja wiederum die äußere Voraussetzung für die Ausbreitung der Reformation und die Verbreitung der Bibel als ein in Massenproduktion hergestelltes Buch gewesen ist.

Gegenüber der Inanspruchnahme des Buchinthronisationsritus als Argument für die Aufwertung der Bibel oder gar der Zuordnung des Christentums zur religionsgeschichtlichen Kategorie „Buchreligion" ruft Henri de Lubac in Erinnerung: Die Zeremonie „ist nicht immer ganz verstanden worden. Mehrere sahen darin nur ein Zeichen der Verehrung, das die Kirche des Zweiten Vatikanums damit der Bibel erweisen wollte. Wenn dies auch nicht ganz falsch ist, so ist es doch sehr unvollständig […]. Der wahre Sinn des Ritus wird damit nicht erfasst. Das Evangelienbuch wurde nach einer feierlichen Prozession nicht auf ein Lesepult gelegt, sondern wirklich auf einen Thron gestellt. Denn es repräsentierte Christus in Person. So wie Christus wirklich selbst das Reich Gottes ist"[39].

Im Evangelium des Ostermontags, das uns den Emmausgang der zunächst verzweifelten Jesus-Jünger schildert, der dann aber durch

38 Vgl. Joseph Ratzinger, Kirche – Zeichen unter den Völkern (= JRGS 8) Freiburg 2010, darin besonders ders., Vom Ursprung und vom Wesen der Kirche, 140–156, hier 154f. und passim.

39 Henri de Lubac, Die göttliche Offenbarung, Freiburg 2001, 240, mit zahlreichen Belegen auf die Geschichte des Ritus und seine Bedeutung.

Abb. 1: Zweites Vatikanisches Konzil, „Inthronisierung" des Evangelienbuchs

das Mitgehen des Auferstandenen eine so überraschende Wende nimmt, weil ER, das Wort in allen Worten, ihnen den Sinn der Bibel erklärt und sich schließlich beim Brechen des Brotes zu erkennen gibt, da sagen die Jünger am Schluss: „Brannte uns nicht das Herz, als er mit uns ging und uns den Sinn der Schrift erschloss?" (Lk 24,32). Ich wünsche vor allem den Studienanfängern, aber auch den Absolventen und nicht zuletzt uns Lehrenden dieses Feuer im Herzen bei der Begegnung mit dem Herrn in seinem Wort.

Bibel und Koran

Christliches und islamisches Offenbarungsverständnis im Vergleich

Judentum, Christentum und Islam verstehen sich als Antwort auf eine göttliche Offenbarung. Darin unterscheiden sie sich von den eher weisheitlich orientierten Religionssystemen östlicher Provenienz. Der Buddhismus beispielsweise gründet in der asketischen Erfahrung des Buddha Siddharta Gautama, die sich in der Lehre vom achtfachen Pfad als Weisung zum Leben in Freiheit von jeglichem Lebensdurst verdichtet. Im Bereich der so genannten Offenbarungsreligionen besteht die menschliche Antwort im Akt des Glaubens als persönlicher Annahme der Offenbarung und Hingabe an den sich in seiner Offenbarung dem Menschen mitteilenden Gott. Hinsichtlich der näheren Bestimmung dieser Offenbarung, ihrem Inhalt, der Art und Weise ihrer Weitergabe sowie auch ihres Zieles bestehen zwischen den Offenbarungsreligionen nun allerdings Unterschiede.

In seiner Antwort auf Josef van Ess' Darlegung islamischer Perspektiven zum Thema „Prophetie und Offenbarung" hat Hans Küng schon 1984 zu bedenken gegeben, dass Muslime und Christen an diesem „schwierigen, aber grundlegenden Punkt des Offenbarungsverständnisses"[1] weiterreden müssten. Weil mit dem Offenbarungsverständnis untrennbar das Verständnis der jeweiligen Heiligen Bücher und die Prinzipien von deren Auslegung verbunden sind, kann Küng darüber hinaus konstatieren: „Wir werden im christlich-islamischen Dialog nicht wirklich weiterkommen, wenn wir uns nicht über das für die Anwendung historisch-kritischer Instrumentarien erforderliche *Wahrheitsverständnis* Rechenschaft geben"[2].

1 Hans Küng / Josef van Ess / Heinrich von Stietencron / Heinz Bechert, Christentum und Weltreligionen. Hinführung und Dialog mit Islam, Hinduismus und Buddhismus, München 1984, 71.

2 Küng (wie in Anm. 1), 71.

1. Der Koran als unmittelbares „Wort Gottes"

Nach islamischem Verständnis ist der Koran (von Qur'an = die „Rezitation", „das Vorzulesende") die Niederschrift der dem Propheten Muhammad in den Jahren 610 bis 632 von Allah unmittelbar zukommenden Offenbarungen. Nach seiner Auswanderung von Mekka nach Medina im Jahre 622 beauftragte Muhammad Schreiber damit, die ihm von Gott her diktierte Botschaft der Offenbarung schriftlich zu fixieren. Über den Prozess der redaktionellen Zusammenstellung der einzelnen Suren zur heute vorliegenden Endform gehen mittlerweile die Urteile der Historiker weit auseinander. Sie reichen von der Annahme, dass die Konstitution des Buches auf Muhammad selbst zurückgeht, bis hin zu der Auffassung, der Buchwerdung des Koran liege ein 200 Jahre dauernder Überlieferungsprozess zugrunde[3]. Wenn der Koran auch erst nach dem Tod Mohammeds zusammengestellt worden sein sollte, geht die islamische Tradition doch einhellig von der Annahme aus, bei den Suren handle es sich um unmittelbares Gotteswort. Bei dem Prozess der Überlieferung handelt es sich nach islamischer Auffassung nicht um einen „theologisch produktiven Vorgang"[4], sondern um eine bloße Sammlung und Sicherung. „Um den göttlichen Ursprung der koranischen Offenbarung und die unmittelbare Übermittlung dieser Offenbarung durch den Engel Gabriel abzusichern,

3 „Lange Zeit schien die Forschung bei aller kritischen Distanz gegenüber islamischen Überlieferungen doch deren Sicht der geschichtlichen Komposition des Buchs in den Grundzügen zu bestätigen: daß seine Partien insgesamt von Mohammed vorgetragen, bald nach seinem Tod aufgezeichnet, redaktionell zusammengefügt und gegenüber umlaufenden Textvarianten gesichert wurden, ein Vorgang, den man im wesentlichen mit einer ‚Sammlung' unter dem Kalifen Uthman (644–656) für abgeschlossen hielt. Diese Sicht wird in neueren traditions- und redaktionsgeschichtlichen Theorien grundlegend in Frage gestellt. Im einen Extrem, repräsentiert v. a. durch John Wansbrough, vertritt man die Theorie, dass der Koran erst in einem etwa 200 Jahre währenden Prozess aus Stücken unterschiedlicher Herkunft komponiert und der Verkündigung Mohammeds zugeschrieben wurde. Im anderen Extrem, vertreten durch John Burton, soll entgegen der muslimischen Überlieferung schon die Konstitution des Koran als Buch auf Mohammed selbst zurückgehen" (Hans Zirker, Rez. zu Encyclopaedia of the Qur'ân, hg. v. Jane Dammen McAuliffe, Bd. 1: A–D, Leiden 2001, in: ThRv 98 [2002] 201–204, hier 201).

4 Hans Zirker, Christentum und Islam. Theologische Verwandtschaft und Konkurrenz, Düsseldorf 1989, 91. „Für eine deutende Vermittlung des Wortes Gottes durch den Menschen ist nach dieser theologischen Auffassung *innerhalb* des Korans kein Raum" (ebd.; Hervorhebung im Original).

betonen die muslimischen Kommentatoren, daß Muhammad nicht lesen und nicht schreiben konnte"[5]. Jeder menschliche Beitrag ist damit von vorne herein ausgeschlossen.

Aufgrund gewisser Koranstellen gehen einige islamische Kommentatoren sogar davon aus, dass der Koran die Abschrift eines himmlischen Originals, der Urnorm des Buches, ist. Weil das Original und dementsprechend auch die Abschrift in arabischer Sprache abgefasst sind, ist im Grunde auch keine wirkliche Übersetzung möglich. Hans Zirker, einer der besten Kenner des Koran auf christlicher Seite und führender Theologe im christlich-islamischen Dialog, sagt in Bezug auf das islamische Selbstverständnis des Koran, er beinhalte nach muslimischer Überzeugung „das Wort, wie es der eine Prophet verkündete und seinem Anspruch nach unmittelbar von Gott erhielt"[6].

Die neuere Fundamentaltheologie hat in Bezug auf die unterschiedlichen Weisen, den Begriff „Offenbarung" aufzufassen, die Differenzierung in instruktions- oder informationstheoretisches einerseits und kommunikationstheoretisches Offenbarungsverständnis andererseits eingeführt[7]. Wendet man diese Kategorien auf den Koran an, so ergibt sich, dass der Islam ein extrem instruktionstheoretisches Offenbarungsverständnis voraussetzt.

In Anlehnung an den christlichen Begriff der „Inkarnation" hat man im Blick auf den Islam und sein Verständnis des Koran als unmittelbares Wort Gottes auch schon den Begriff der „Inlibration", Buchwerdung, geprägt: Gottes Wort ist Buch geworden[8].

Mit diesem Verständnis seines Heiligen Buches als unmittelbare Offenbarung stellt sich der Islam in die Reihe von Juden und Christen, die im Koran mehrfach „die Leute der Schrift" genannt werden. Der Koran erscheint dabei als die Erfüllung von Altem und Neuem Testament analog der christlichen Überzeugung von der Erfüllung des Alten Testaments durch Christus und seine Bezeugung im Neuen Testament. Die Bezeichnung der Juden und Chris-

---

5 A. Theodor Khoury, Art. Koran, in: Theodor Khoury / Ludwig Hagemann / Peter Heine, Islam-Lexikon. Geschichte. Ideen. Gestalten, Freiburg 1991, Band 2, 453–451, hier 454.

6 Hans Zirker, Der Koran. Zugänge und Lesarten, Darmstadt 1999, 24.

7 Gerhard Ludwig Müller, Katholische Dogmatik. Für Studium und Praxis der Theologie, Freiburg, 4. Auflage 2001, 45–47.

8 Vgl. Martin Bauschke, Jesus – Stein des Anstoßes. Die Christologie des Koran und die deutschsprachige Theologie, Köln / Weimar / Wien 2000, 437.

ten als „Schriftbesitzer“, verbunden mit dem protestantischen Prinzip „allein die Schrift“ dürfte im 19. Jahrhundert im Bereich der Religionswissenschaft zur Prägung des Begriffs „Buchreligion“[9] beigetragen haben, unter dem man dann Judentum, Christentum und Islam sowie andere Religionen, bei denen Heilige Bücher als Glaubensnorm betrachtet werden, zusammenfasst.

Doch die hiermit aufgestellte Parallele mit dem Christentum basiert auf einem fundamentalen Missverständnis.

2. Die Nichtidentität von Offenbarung und christlicher Bibel

Das Christentum ist keine „Buchreligion“, wenn darunter verstanden werden soll, dass die Bibel unmittelbar das Wort Gottes enthält[10]. Im Unterschied zum Koran finden sich im Neuen Testament mehrfach Aussagen, die über diesen Sachverhalt reflektieren. Das Wort des Apostels Paulus ist „Gottes Wort im Menschenwort“ (1 Thess 2,13). Die johanneischen Schriften präsentieren sich als schriftliches Zeugnis eines Augen- und Ohrenzeugen, der das Offenbarungsgeschehen in Christus bezeugt. Der Evangelist Lukas gewährt seinen Lesern gleich zu Beginn Einblick in seine Arbeitsweise, indem er dem Evangelium vorausschickt, auch er habe sich nun entschlossen, alle umlaufenden Traditionen über Jesus zu sammeln und zum Erweis der Glaubwürdigkeit der Verkündigung zusammenzustellen (Lk 1,1–4). Das Neue Testament in seiner Spannungseinheit mit dem Alten Testament ist ein Buch der Kirche, das aus einem umfassenden Überlieferungsprozess hervorgegangen ist. Sein Umfang wurde von der Kirche festgelegt, sein Charakter als Offenbarungszeugnis wird von der Kirche verbürgt. Das kirchliche Lehramt wacht dementsprechend über die rechte Schriftauslegung, die nicht in Widerspruch geraten darf zur Tradition, aus der die Schrift hervorgegangen ist.

Darin besteht die vielleicht bedeutendste Einsicht des Zweiten Vatikanischen Konzils, das die Lehre der Kirche bezüglich der Offenbarung und der Heiligen Schrift mit neuer Klarheit formuliert

9 Vgl. Arij A. Roest Crollius, Art. Buchreligionen, in: LThK³, Bd. 2 [1994] 753–754.
10 Vgl. hierzu oben S. 46f., Anm. 35.

hat[11]. Maßgeblich ist die dogmatische Konstitution über die göttliche Offenbarung „Dei Verbum": Die Offenbarung Gottes ist gerade nicht die Überlassung eines Buches, sondern „Offenbarung" ist die Gesamtheit des geschichtlichen Heilshandelns Gottes an seinem Volk Israel, das in der Menschwerdung des göttlichen Wortes seinen Höhepunkt und seine Vollendung findet. In dieser Offenbarung erweist sich Gott als Gott der Liebe in der Einheit und Unterschiedenheit von Vater, Sohn und Geist. Mit den Anfangsworten „Dei Verbum", „Wort Gottes", die der Offenbarungskonstitution ihren programmatischen Titel geben, ist zunächst nicht die Bibel, sondern das fleischgewordene WORT, die Person des Logos gemeint, in der nach der Vorbereitung des Alten Bundes Gott den Menschen als Mensch begegnen wollte. Offenbarung ist mehr als die Mitteilung von Wahrheiten über Gott und seinen Willen. Offenbarung ist Gottes Selbstmitteilung im Medium der geschichtlich-konkreten menschlichen Natur Jesu Christi[12]. Die Propheten des Alten Testamentes waren Überbringer einer Botschaft. Auch Mohammed ist nur Überbringer, Sprachrohr. In Jesus Christus aber sind Botschaft und Botschafter identisch. Er ist das Reich Gottes in Person. Offenbarung ist ein personales Geschehen. Und diese Mitteilung kann, wie jede personale Selbsterschließung, nur im Glauben angenommen und bezeugt werden. Sie zielt ab auf die Gemeinschaft der Menschen mit dem dreifaltigen Gott und untereinander, wie es im Ersten Johannesbrief einleitend heißt (1 Joh 1,1–3). Diese Offenbarung zum Heil der Menschen wird weitervermittelt in den Medien von Tradition und Schrift, wobei das Zweite Vatikanum die Tradition zuerst nennt, da sie den Prozess der Weitergabe einer lebendigen Wirklichkeit meint. Christus als Person ist die eine Quelle der Offenbarung im strengen Sinn des Wortes. Daraus folgt für das Wesen der Heiligen Schrift die alles entscheidende Einsicht, dass sie nicht unmittelbar selbst Offenbarung ist, sondern als Buch der Kirche ist die Heilige Schrift Offenbarungs*zeugnis*. Das Christentum ist, wenn der Begriff „Religion" überhaupt angewandt werden

---

11 Döring spricht gar von einem „Paradigmenwechsel": Heinrich Döring, Paradigmenwechsel im Verständnis von Offenbarung, in: MThZ 35 (1985) 20–35.

12 Diese Unterscheidung kommt bei Küng (wie in Anm. 1) nicht hinreichend deutlich zur Sprache, wenn unter Offenbarung stets nur ebenfalls das historisch-kritisch zu erforschende, in der Bibel Buch gewordene Wort der Heiligen Schrift gemeint ist.

soll, nicht eine Buchreligion, auch nicht die biblische Religion, sondern die Religion Jesu Christi[13].

Auch Martin Bauschke, der auf der Basis der pluralistischen Religionstheorie auf eine Annäherung von Christentum und Islam hinarbeitet, räumt ein, dass „der Gottes- bzw. der Offenbarungsbegriff (und damit korrespondierend: die Anthropologie) den womöglich entscheidenden Differenzpunkt zwischen christlicher und islamischer Theologie darstellt"[14].

Die Nichtidentität von Schrift und geschichtlich verstandener Offenbarung als personaler Selbsterschließung Gottes hat nun auch erhebliche Konsequenzen für die Möglichkeit und Notwendigkeit einer historischen Erforschung der biblischen Schriften.

3. Offenbarung und historische Bibelexegese

Weil die Bibel Gotteswort im Menschenwort ist (1 Thess 2,13) und als geschichtliches Zeugnis der geschichtlichen Offenbarung Gottes auch ganz Teil der Geschichte ist, darf, ja muss sie sogar mit den Methoden der modernen Geschichtswissenschaften untersucht werden. Dies beinhaltet unter anderem die Bestimmung verschiedener literarischer Gattungen, die Beachtung der Zeitumstände und vieles mehr, was durch den 12. Artikel von „Dei Verbum" als notwendige Momente im Gesamtprozess der Schriftauslegung genannt wird. Dass das geschichtliche Offenbarungsverständnis die Voraussetzung für die Anerkennung der historisch-kritischen Methoden der Exegese ist, hat Henri de Lubac in seinem Kommentar zur Offenbarungskonstitution „Dei Verbum" herausgearbeitet[15].

Die vorbehaltlose Anerkennung der Methoden der so genannten modernen „historisch-kritischen" Exegese war in der katholischen Kirche erst dadurch möglich geworden, dass die Engführung des instruktionstheoretischen Offenbarungsverständnisses der neu-

---

13 Vgl. Henri de Lubac, Typologie – Allegorie – Geistiger Sinn. Studien zur Geschichte der christlichen Schriftauslegung, Freiburg 1999, 217.

14 Bauschke, Jesus – Stein des Anstoßes (wie in Anm. 8), 437.

15 Henri de Lubac, Die Göttliche Offenbarung. Kommentar zum Vorwort und zum Ersten Kapitel der dogmatischen Konstitution „Dei Verbum" des Zweiten Vatikanischen Konzils (= Theologia Romanica 26), Freiburg 2001.

scholastischen Schultheologie überwunden wurde[16]. Denn solange man die Schrift, ähnlich wie im Islam den Koran, als Offenbarungsquelle, d.h. als unmittelbares, Wort für Wort vom Heiligen Geist diktiertes, Offenbarungswort betrachtete, konnte die historische Dimension nur als störendes Moment oder gar als Quelle der Relativierung der überzeitlichen Wahrheit Gottes betrachtet werden. Sobald aber wieder deutlich wurde, dass die Offenbarung selbst geschichtlichen Charakter hat, kann die Anwendung von Methoden der Geschichtswissenschaft zu ihrer tieferen Erforschung nicht von vorne herein als illegitim oder gar irreführend betrachtet werden.

Der französische Oratorianerpriester Richard Simon (1638–1712), ein genialer Historiker, Philosoph und Theologe, hatte diese Zusammenhänge schon im 17. Jahrhundert klar erkannt[17]. Ihm ging es darum, mit Hilfe der Ergebnisse historischer Forschung die Überlegenheit des katholischen Verständnisses von Schrift und Tradition, wie es auf dem Konzil von Trient formuliert worden war, gegen das protestantische „Sola scriptura“ zu erweisen[18]. Doch seine Zeit war nicht reif für diese Einsichten. Der angesehene Bischof und Theologe am Hof Ludwigs XIV., Jacques-Bénigne Bossuet, ließ 1678 die gesamte Erstauflage von Simons „Histoire critique du Vieux Testament“ vernichten, nur weil Simon bezweifelte, dass Mose der Autor des gesamten Pentateuch sei. Nachdem die auf der Grundlage des kirchlichen Bekenntnisses arbeitende historische Exegese in der katholischen Kirche somit unterdrückt war, übernahm die von England herkommende, offenbarungskritische, deistisch geprägte kritische Exegese die Führerschaft.

Die Vorbehalte der katholischen Kirche gegen diese historisch-kritische Exegese waren vollkommen berechtigt. Doch richteten sie sich nicht eigentlich gegen die Anwendung der historischen Methoden, sondern gegen die von den Exegeten zumeist unreflektiert

---

16 Dass noch das Mittelalter hier anders dachte und die Schrift nicht einfachhin mit der Offenbarung identifizierte, hat Joseph Ratzinger gezeigt: Offenbarung – Schrift – Überlieferung. Ein Text des hl. Bonaventura und seine Bedeutung für die gegenwärtige Theologie, in: TThZ 67 (1958) 13–27 (= JRGS 1, 693–711). Vgl. ders., Aus meinem Leben. Erinnerungen (1927–1977), Stuttgart 1998, 83f.

17 Zu Richard Simon vgl. Jean Steinmann, Richard Simon et les origines de l'exégèse biblique, Paris 1959. Paul Auvray, Richard Simon (1638–1712), Paris 1974. Richard Schaeffler, Glaubensreflexion und Wissenschaftslehre (= QD 82), Freiburg 1980, 78–84.

18 Vgl. Joachim Gnilka, Methodik und Hermeneutik. Gedanken zur Situation der Exegese, in: Ders. (Hg.), Neues Testament und Kirche. FS Rudolf Schnackenburg, Freiburg 1974, 458–475, hier 462.

vorausgesetzten antidogmatischen Vorurteile. Denn die vermeintlich wissenschaftlichen offenbarungskritischen und religionskritischen Ergebnisse dieser Forschung verdankten sich nicht der Anwendung historischer Exegese selbst, sondern wurden sozusagen dogmatisch schon vorausgesetzt: die Unmöglichkeit eines geschichtlichen Handelns Gottes, die Unmöglichkeit vor allem seiner Menschwerdung, die Unmöglichkeit der Auferstehung. All die von der Schrift bezeugten Glaubenstatsachen wurden dann in oft geradezu abenteuerlichem Missbrauch der historischen Methoden und gegen das eindeutige Zeugnis der Quellen weginterpretiert. Mit einer „Hermeneutik des Verdachtes", welche die Botschaft der Auferstehungszeugen als Betrug meinte entlarven zu können, kehrte beispielsweise Hermann Samuel Reimarus (1694–1768) die einzig vorhandenen Quellen gegen sich selbst. Die Autorität der historischen Methode aber deckte all dies nicht. Dahinter steckte eine antimetaphysische, eine göttliche Offenbarung a priori für unmöglich haltende Philosophie. Es darf als eine der bedeutendsten Errungenschaften der neueren Theologie gewertet werden, dies wieder klar unterscheiden zu können. Und das kirchliche Lehramt hat diesen Fortschritt auf dem Konzil auch lehramtlich aufgegriffen[19].

4. Zur Möglichkeit einer historisch-kritischen Koranexegese

Blicken wir von hier aus noch einmal auf das heilige Buch des Islam, den Koran. Der Autor des Artikels „Koran" in der dritten Auflage des Lexikons für Theologie und Kirche schreibt: „Eine historisch-kritische Interpretation des Koran scheint derzeit nicht möglich"[20]. Diese Einschätzung scheint vor dem Hintergrund des skizzierten extrem instruktionstheoretischen Offenbarungsverständnisses im Sinne einer unmittelbaren Mitteilung des göttlichen Willens im Koran insofern ungenau, als nach islamischem Verständnis eine solche historisch-kritische Erforschung prinzipiell ausgeschlossen ist. Denn wenn der Koran, und dies ist das islamische Selbstverständnis, dem Propheten Muhammad vom Engel Gabriel diktiert wurde und unmittelbar Gottes Wort enthält, dann ist eine histo-

19 Vgl. de Lubac, Die Göttliche Offenbarung (wie in Anm. 15), 199–241.
20 Hartmut Bobzin, Art. Koran, in: LThK³ Bd. 6 [1997] 369–371, hier 371.

risch-kritische Untersuchung des Koran, die sich ja nur auf die menschliche Seite der Vermittlung der Offenbarung beziehen könnte, grundsätzlich nicht möglich. Hans Zirker macht mit Recht darauf aufmerksam, dass die von Seiten der Religionswissenschaft vorgebrachten traditionsgeschichtlichen Erklärungsmodelle möglicher Irrtümer und Missverständnisse im Koran von Voraussetzungen ausgehen, die dem islamischen Glauben entgegenstehen[21]. Wenn etwa der frühere Professor für islamische Ideen- und Kulturgeschichte und heutige Berater der französischen Regierung für islamische Angelegenheiten, Mohammed Arkoun, eine bewusste „Entmythologisierung" und „Entmystifizierung" des Buches / der Bücher propagiert[22], hat er damit offenkundig einen Standpunkt außerhalb der islamischen Glaubensüberzeugung von der Identität zwischen Wort Gottes und Koran eingenommen.

Das Ernstnehmen des islamischen Selbstverständnisses von der Göttlichkeit des Koran im Sinne einer Wort-für-Wort-Instruktion des Propheten entspricht nun zwar den Regeln des interreligiösen Dialogs[23] besser als die apologetisch motivierte Entlarvung vermeintlicher Irrtümer im Koran, wie sie in der christlichen Korandeutung gang und gäbe war. Doch ist damit die von christlicher Seite inakzeptable Verzerrung des christlichen Selbstverständnisses im Koran nicht geklärt. Eine der aus christlicher Sicht dringend der Beantwortung bedürftigen Fragen ist das Zustandekommen des im Koran enthaltenen Missverständnisses der Dreifaltigkeit, als gehörten nach kirchlichem Glauben zur Trinität Gott Vater, Jesus Christus und Maria (vgl. Sure 5,116f.)! Die von der religionswissenschaftlichen Forschung angebotene Erklärung, es handle sich um einen Reflex Muhammads auf die christlichen Sekten der Kollyridianer oder Philomarianiten[24], deren Auffassungen mit dem Glau-

21 Zirker, Der Koran (wie in Anm. 6), 13.

22 Mohammed Arkoun, Der Islam. Annäherung an eine Religion, Heidelberg 1999, 77.

23 Vgl. Rudolf Voderholzer, Fundamentaltheologie / Ökumenische Theologie (= Theologie betreiben – Glaube ins Gespräch bringen), Paderborn 2001, 83.

24 Der von Bauschke, Jesus – Stein des Anstoßes (wie in Anm. 8), 335f., gemachte Versuch, die im Koran vorausgesetzte Mariologie als die allgemein verbreitete Glaubenseinstellung der orientalischen Christenheit und demgemäß den Koran als geradezu notwendiges Korrektiv einer die biblischen Grundlagen längst hinter sich gelassen habenden christlichen Theologie auszugeben, scheitert an den historischen Tatsachen. Die Mariologie stand immer im Dienst der Christologie. Der Konzilsort Ephesus verdankt seinen Ruhm nicht der angeblichen Ablösung des heidnischen

ben der Kirche identifiziert werden, unterstellt bereits wieder das Eindringen eines sehr menschlichen Elementes in den Koran, was im Widerspruch zur Grundannahme seiner unmittelbaren Göttlichkeit steht.

Martin Bauschke stellt zu Recht fest, dass sich Christentum und Islam vor allem hinsichtlich ihres Offenbarungsverständnisses unterscheiden. Nicht zuzustimmen ist Bauschke allerdings, wenn er Offenbarungsverständnis und Christologie voneinander trennt[25]. Der Glaube an die Inkarnation und die damit zusammenhängende Zweinaturenlehre ist ebensowenig ein christliches Randphänomen wie die Lehre von der göttlichen Dreifaltigkeit. Mit diesen Glaubensaussagen, die die Mitte des neutestamentlichen Offenbarungszeugnisses bilden, steht und fällt der christliche Glaube.

5. Offenbarung und Christologie

Der Glaube an die Inkarnation des Gottessohnes[26] und die darin erkannte göttliche Dreifaltigkeit sind Grundlage und Voraussetzung des christlichen Offenbarungsverständnisses (Christus ist der Offenbarer des Vaters) und damit zugleich die Hauptdifferenz zwischen Christentum und Islam, während umgekehrt gerade deren Ablehnung für den Islam konstitutiv ist.

Die innergöttliche Unterschiedenheit[27] von Vater, Sohn und Geist, von Sprechen und Wort, von Liebendem und Geliebtem, von Denken und Gedachtem in Gott usw. ist die Voraussetzung dafür, dass Gott sich wahrhaft ganz selbst mitteilen kann, ohne seine Transzendenz preiszugeben und ganz Teil der Welt zu werden. Nur auf der Grundlage der Dreifaltigkeit Gottes lässt sich die göttliche Offenbarung als Selbstmitteilung widerspruchsfrei denken.

Artemis-Kultes durch den christlichen Marienkult, sondern seiner Lage zwischen Alexandrien und Konstantinopel. Der Theotokos-Titel für Maria, mit dem 431 die Personeinheit Christi theologisch gesichert wurde, hat seine sachliche Grundlage in Lk 1,43 und stammt aus der Gebetssprache Alexandriens.

25 Vgl. Martin Bauschke, Jesus im Koran, Köln 2001, 147f.

26 Vgl. Hartmut Stegemann, Gedanken zum Johannesprolog (Joh 1,1–18), in: Hans-Martin Barth / Christoph Elsas (Hg.), Hermeneutik in Islam und Christentum. Beiträge zum interreligiösen Dialog (= Rudolf-Otto-Symposion 1996), Hamburg 1997, 174–179, hier 178f.

27 Vgl. Reinhard Leuze, Christentum und Islam, Tübingen 1994, 133f.

Das nicht-trinitarische Gottesverständnis des Islam wirkt sich nicht nur auf das Offenbarungsverständnis aus, sondern prägt auch die Jenseitsvorstellung. Das ewige Leben des Menschen hat mit Allah letztlich nur äußerlich zu tun, besteht in der Gewährung von zur Fülle gesteigerten irdischen Genüssen. Allah bleibt auch im Jenseits der ganz Andere. Nach christlichem Verständnis aber ist das ewige Leben die definitive, durch den Gott-Menschen Jesus Christus vermittelte, Gemeinschaft mit dem dreifaltigen Gott der Liebe und die beseligende Anschauung Gottes, wie er ist.

Dogmatik im Geiste des Konzils

Die Dynamisierung der Lehre von den Loci theologici durch die Offenbarungskonstitution „Dei Verbum"*

1. Eine beinahe gescheiterte Habilitation und ein früher Aufsatz in der Trierer Theologischen Zeitschrift

Versetzen wir uns für einen Augenblick im Geiste an den Beginn des Jahres 1958. Der 82-jährige Papst Pius XII. (1876–1958) geht ins 20. Jahr seines Pontifikates. Niemand kann noch wissen, dass er am 9. Oktober jenes Jahres heimgerufen werden wird. Noch viel weniger kann jemand ahnen, dass sein Nachfolger, Johannes XXIII., etwa ein Jahr später, am 25. Januar 1959 die Weltöffentlichkeit mit der Ankündigung der Einberufung eines Konzils überraschen würde.

Im ersten Quartal jenes Jahres 1958 erscheint im ersten Heft des 67. Jahrgangs der Trierer Theologischen Zeitschrift ein bemerkenswerter Aufsatz. Autor ist der gerade einmal 30-jährige Dozent für Fundamentaltheologie und Dogmatik an der Philosophisch-Theologischen Hochschule in Freising bei München mit Namen Joseph Ratzinger. Thema des 14-seitigen Beitrags ist „Offenbarung – Schrift – Überlieferung. Ein Text des hl. Bonaventura und seine Bedeutung für die gegenwärtige Theologie"[1].

Diese Publikation ist, ganz abgesehen davon, dass sie in Trier und nicht etwa in der Münchener Theologischen Zeitschrift erschien, in

---

* Bei dem folgenden Beitrag handelt es sich um die öffentliche Antrittsvorlesung von Prof. Dr. Rudolf Voderholzer als Inhaber des Lehrstuhls für Dogmatik und Dogmengeschichte I an der Theologischen Fakultät Trier vom 14. 12. 2005. Der Vortragsstil wurde weitgehend beibehalten.

1 Joseph Ratzinger, Offenbarung – Schrift – Überlieferung. Ein Text des hl. Bonaventura und seine Bedeutung für die gegenwärtige Theologie, in: TThZ 67 (1958) 13–27 (= JRGS 2, 693–711).

mehrfacher Hinsicht bemerkenswert. Der Autor hatte nämlich im Februar des vorausgegangenen Jahres 1957 in München nach heftigen Auseinandersetzungen innerhalb der Fakultät sein Habilitationsverfahren abgeschlossen[2]. Thema der Habilitationsschrift war ursprünglich gewesen „Das Offenbarungsverständnis und die Geschichtstheologie des mittelalterlichen Theologen Bonaventura". Sie wurde allerdings von der Münchener Fakultät erst angenommen, nachdem sie dem Autor zur Überarbeitung zurückgegeben worden war; Ratzinger war nur knapp der Katastrophe eines Scheiterns seiner Habilitation entronnen. Der junge Dozent hatte sich dieser Auflage der Bearbeitung, wie wir seinen Lebenserinnerungen entnehmen können, dadurch entledigt, dass er den ersten, vom Zweitgutachter Michael Schmaus am heftigsten kritisierten Teil über die Offenbarungslehre des hl. Bonaventura kurzerhand wegließ, und nur den zweiten, nicht beanstandeten Teil, nach Tilgung der formalen Mängel, nochmals vorlegte[3].

Während es Ratzinger auf diese Weise gelang, seine Habilitation zu retten, wartete die Fachwelt bis ins Jahr 2009 auf die Veröffentlichung des ersten Teils seiner Habilitationsschrift, zu deren Inhalt er sich in seinen Lebenserinnerungen ausdrücklich bekannt hat. Es sprach jedoch einiges dafür, dass es sich bei dem genannten Aufsatz um eine Teilveröffentlichung handelte. Nach der Veröffentlichung des ersten Teils der Habilitation im zweiten Band der JRGS (Joseph Ratzinger Gesammelte Schriften) im Jahr 2009 konnte diese Vermutung bestätigt werden.[4] Der Aufsatz in der Trierer Theologischen Zeitschrift enthält die Hauptthese des ersten Teils der Habilitationsschrift. Sie ist zugleich der andere Grund, weswegen der Aufsatz von größter Bedeutung ist: Ratzinger zeigt, dass es den mittelalterlichen Autoren nicht in den Sinn gekommen wäre, die Heilige Schrift einfach mit „Offenbarung" gleichzusetzen. Offenbarung ist für Bonaventura beispielsweise ein Geschehen, das Ereignis der Selbsterschließung Gottes, das sich im Glau-

2 Ratzinger selbst schildert die Vorgänge in seinen Memoiren: Joseph Ratzinger: Aus meinem Leben. Erinnerungen (1927–1977), Stuttgart 1998, 82–89. Vgl. Joseph Kardinal Ratzinger, Die Krise der Katechese und ihre Überwindung. Rede in Frankreich, Einsiedeln 1983, 29, Anm. 1.

3 Joseph Ratzinger, Die Geschichtstheologie des heiligen Bonaventura, München / Zürich 1959. St. Ottilien ²1992.

4 Vgl. Joseph Ratzinger, Offenbarungsverständnis und Geschichtstheologie. Habilitationsschrift und Bonaventura-Studien (= JRGS 2) Freiburg / Basel / Wien 2009, 53–417.

ben der Kirche vollendet, im Glauben der apostolischen Kirche und je neu im Glauben der Kirche auf ihrem Weg durch die Geschichte. Die gläubige Annahme der Offenbarung ist konstitutiv für die Offenbarung, da ohne Glaube niemandem etwas wirklich offenbar geworden ist.

In seinen autobiographischen Aufzeichnungen schreibt Ratzinger im Rückblick: „Denn wenn es so ist, dann liegt Offenbarung der Schrift voraus und schlägt sich in ihr nieder, ist aber nicht einfach mit ihr identisch. Das aber heißt dann, daß Offenbarung immer größer ist als das bloß Geschriebene. Und das wieder bedeutet, daß es ein reines ‚Sola scriptura' (‚durch die Schrift allein') nicht geben kann, daß zur Schrift das verstehende Subjekt Kirche gehört, womit auch schon der wesentliche Sinn von Überlieferung gegeben ist"[5]. Und Ratzinger betont zugleich: „Diese bei der Lektüre Bonaventuras gewonnenen Einsichten sind mir später, beim konziliaren Disput über Offenbarung, Schrift, Überlieferung sehr wichtig geworden."[6]

Dieser Disput entsponn sich um das von der Vorbereitungskommission erarbeitete Schema „De fontibus revelationis", aus dem schließlich nach einem alle Konzilsphasen begleitenden und den Prozess des Konzils insgesamt getreu widerspiegelnden Überarbeitungsvorgang die Offenbarungskonstitution „Dei Verbum" (abgekürzt: DV) hervorgegangen ist.

---

5 Ratzinger, Aus meinem Leben (wie in Anm. 2), 84. Die exakte Bestimmung des Begriffs Tradition, die nicht nur mit dem Aspekt der Weitergabe der Offenbarung, sondern bereits mit ihrer Annahme beim menschlichen Adressaten unauflöslich verquickt ist, wurde Gegenstand einer heftigen Kontroverse zwischen Joseph Ratzinger und dem Tübinger Dogmatiker Josef Rupert Geiselmann.

6 Ratzinger, Aus meinem Leben (wie in Anm. 2), 84. Die Einsicht in die Nichtidentität von Offenbarung und Schrift und in den Mehrwert der geschichtlich-ereignishaften Selbstmitteilung Gottes in Jesus Christus war vor allem von den Vertretern der so genannten „Nouvelle Théologie" in Frankreich vorbereitet. Vgl. Jean Daniélou, La théologie et ses sources, in: RSR 33 (1946) 385–401, hier 396: „Il peut y avoir, en théologie, un certain intellectualisme contre lequel nous n'hésiterons point à prendre position. C'est celui qui tendrait à faire de la révélation chrétienne la communication d'un système d'idées, alors qu'elle est d'abord – et qu'elle reste à jamais – la manifestation d'une Personne, de la Vérité en Personne. Le Christ est en même temps le porteur et l'objet du message divin. La Parole de Dieu, en sa plénitude unique et définitive, c'est le Verbe fait chair […]." Ähnlich Henri de Lubac, Le problème du développement du dogme, in: RSR 35 (1948) 130–160, hier 155f.

2. Vom Schema „De fontibus revelationis" zur Offenbarungskonstitution „Dei Verbum"

a) Das Schema „De fontibus" als Ausdruck der neuscholastisch-kontroverstheologischen Sicht von Schrift, Tradition und Lehramt im Sinne der Loci-theologici-Lehre

Die Offenbarungskonstitution DV stand weder in den Jahren des Konzils selbst noch auch in den Zeiten des Konzilsjubiläums im Zentrum einer auch von den Massenmedien gesteuerten Aufmerksamkeit. Die darin verhandelte Thematik sperrt sich gegen eine vorschnelle Popularisierung und taugt nicht zur Umsetzung in Schlagzeilen für eine nach Sensationen und dem jeweils neuesten Schrei gierenden Öffentlichkeit. So war im Zusammenhang mit dem DV-Kongress im September 2005 in Rom immer wieder von DV als „Bibeldokument"[7] die Rede und dass das Konzil darin die historisch-kritische Exegese gutgeheißen und das kirchliche Leben auf das Fundament der Bibel gestellt habe. Das ist nicht ganz falsch, verschweigt aber gerade die entscheidenden Aussagen dieser dogmatischen Konstitution. Dass von DV insgesamt vergleichsweise wenig, und dies oft noch verzerrt und einseitig, Notiz genommen wird, ist umso bedauerlicher, als sich darin tatsächlich ein theologisches Erdbeben niederschlägt und die Weichen für ein vertieftes Verständnis von Glauben und Theologie gestellt werden.

Die Vorgeschichte von DV ist gekennzeichnet von zwei gegenläufigen Erwartungen. Die erste betrifft die Heilige Schrift und ihre Auslegung: Nachdem sich das Lehramt der Kirche 1893 mit der Enzyklika „Providentissimus Deus" und 1920 mit der Hieronymusenzyklika „Spiritus Paraclitus" zur Bibelauslegung geäußert und Pius XII. in der Bibelenzyklika „Divino afflante Spiritu" 1943 die Methoden der historischen Exegese prinzipiell gutgeheißen hatte, erhofften manche vom Konzil ein „Bibeldokument". Darin, so die Erwartung, sollte nicht nur die Anerkennung der Exegese bekräftigt werden. Im Hinblick auf den protestantischen Grundsatz „Sola scriptura" hätten einige gerne die alte Kontroverse überwunden

---

7 Das 40-jährige DV-Jubiläum unter das Motto „Die Heilige Schrift im Leben der Kirche" (vgl. http://www.deiverbum2005.org) zu stellen, ist legitim, darf aber nicht vergessen machen, dass DV gerade keine Bibel-, sondern, umfassender, eine Offenbarungskonstitution ist.

und das Bekenntnis der katholischen Kirche zur Schrift als vermeintlich alleiniger Glaubensquelle formuliert gesehen[8].

Von der noch ganz von der neuscholastischen Schultheologie dominierten Theologischen Vorbereitungskommission war hingegen ein Schema erarbeitet worden, in dem gemäß katholischer Lehre Schrift *und* Tradition[9] als (vermeintliche) „Offenbarungsquellen" dargestellt wurden[10]. Auch wenn das Schema „De fontibus" nicht die Darlegung der theologischen Erkenntnislehre beabsichtigte, kann man es doch als Ausdruck der klassischen Lehre von den Loci theologici verstehen, die von dem spanischen Theologen Melchior Cano wohl in Systematisierung der Maßgaben des Trienter Konzils als Grundlage einer dogmatischen Erkenntnislehre formuliert und 1563 postum veröffentlicht worden war[11]. Cano unterscheidet bekanntlich sieben eigentliche und drei fremde theologische „Fundorte", man könnte sagen: Argumentationsebenen, Autoritätsinstanzen, Prinzipien, deren Anrufung einem theologischen Argument Gewicht und Überzeugungskraft verleihen. Die ersten drei der eigentlichen theologischen Erkenntnisprinzipien sind Schrift, Tradition und Lehramt.

Es wird sich zeigen, dass das Konzil mit „Dei Verbum" in Bezug auf das nähere Verständnis dieser Grundlagen der dogmatischen Prinzipienlehre Einsichten formuliert hat, die ich als deren „Dynamisierung" bezeichne, was für die Präsentation der dogmatischen Theologie einschneidende Konsequenzen hat. Doch zunächst musste das Schema „De fontibus" in seiner Einseitigkeit

---

8 Vgl. Josef Rupert Geiselmanns Theorie von der „materialen Vollständigkeit der Heiligen Schrift" in: Ders., Die Heilige Schrift und die Tradition (= QD 18), Freiburg 1962.

9 Das Schema „De fontibus revelationis" wurde von den Konzilsvätern mehrheitlich abgelehnt. Vgl. den Kommentar zum Vorwort und Ersten Kapitel der Offenbarungskonstitution „Dei Verbum" von Henri de Lubac: Die Göttliche Offenbarung (= Theologia Romanica 26), Freiburg 2001.

10 Bernhard Körner, Melchior Cano De locis theologicis. Ein Beitrag zur theologischen Erkenntnislehre, Graz 1994, 362f.: DV mit der Prinzipienlehre Canos zusammenzudenken, erweist sich für Körner unter anderem auch dadurch als legitim, „insoferne (sic) der erste Entwurf des Schemas mit dem Titel ‚De fontibus revelationis' der herkömmlichen theologischen Erkenntnislehre zugeordnet werden kann. Schließlich zeigt bereits ein erster Blick auf die Diskussionen des Konzils und ihr Ergebnis, daß man bei der Behandlung dieser Thematik wirklich bis an den Nerv der Sache, was in diesem Fall heißt: bis zu jenen grundlegenden Optionen vorgedrungen ist, die mit dem Schritt von der herkömmlichen Schultheologie zu einer erneuerten Theologie verbunden sind."

11 Körner, Melchior Cano (wie in Anm. 10), 86f.

kritisiert und eine grundsätzliche Neubearbeitung in die Wege geleitet werden.

b) Die inhaltliche Kritik am Schema „De fontibus"

Es war nun vor allem der Kölner Erzbischof Kardinal Frings, dem der junge Theologe Ratzinger zur Seite stand, der mit seiner Wortmeldung am 14. November 1962 in der Konzilsaula das Schema „De fontibus revelationis" maßgeblich mit zu Fall brachte. In der vom bereits fast erblindeten Kölner Kardinal auswendig vorgetragenen Rede lässt sich unschwer die Handschrift Ratzingers ausmachen, begegnen einem doch tatsächlich wieder die bei den Bonaventura-Studien gewonnenen Einsichten[12]. Hauptargument in der Rede von Frings ist die Unterscheidung von „revelatio ipsa" als „unica fons essendi revelationis" einerseits und Schrift und Tradition als fontes cognoscendi andererseits[13]. Die Rede von den zwei

12 Ratzinger selbst berichtet, dass er im Auftrag von Frings am Abend des 10. Oktober 1962 vor den deutschen und österreichischen Konzilsvätern im großen Saal der Anima in Rom ein Referat über die theologischen Schemata, besonders über „De fontibus revelationis" gehalten habe: Joseph Ratzinger, Stimme des Vertrauens. Kardinal Josef Frings auf dem Zweiten Vaticanum, in: Norbert Trippen / Wilhelm Mogge (Hg.), Ortskirche im Dienst der Weltkirche. Festgabe für die Kölner Kardinäle Erzbischof Joseph Höffner und Alt-Erzbischof Josef Frings, Köln 1976, 183–190, hier 187f. (= JRGS 7, 610). Den Aufzeichnungen von Kardinal Julius Döpfner zu diesem Referat ist zu entnehmen, dass Ratzinger genau die Überlegungen vorgetragen hat, die Frings dann in der Konzilsaula nannte. Döpfners Notizen lauten: „Ratzinger: über die Schemata. [...] De fontibus [...]: Nicht das problematischste, aber auch nicht das unbedenklichste. 3 Fragekreise: (in einem Mindestvorschlag!) 1. Schrift und Überlieferung. Schon: Überschrift! duplex fons! Hinter ihr steht eine Verengung des Offenbarungsbegriffs. Unus fons: revelatio ipsa, ex quo duo rivuli. Modus cognoscendi et essendi wird verwechselt [...]." In: Guido Treffer (Bearb.): Julius Kardinal Döpfner. Konzilstagebücher, Briefe und Notizen zum Zweiten Vatikanischen Konzil (= Schriften des Archivs des Erzbistums München und Freising, Bd. 9), Regensburg 2006, 282f. Vgl. auch Joseph Ratzinger, Buchstabe und Geist des Zweiten Vatikanischen Konzils in den Konzilsreden von Kardinal Frings, in: IKaZ 16 (1987) 251–265 (= JRGS 7, 616–638).

13 „Prima doctrina est de duobus fontibus revelationis [...]. Hic modus loquendi de duobus fontibus revelationis non est antiquus. Alienus erat a Sanctis Patribus, alienus a scholasticis et etiam a S. Thoma, alienus ab omnibus Conciliis Oecumenicis. Introductus videtur esse saeculo elapso, temporibus historicismi. Nec profunda est haec locutio de duobus fontibus revelationis. Potest quidem verificari in ordine cognoscendi pro nobis hominibus; sed in ordine essendi unus et unicus fons, scilicet ipsa revelatio, verbum Dei. Et valde dolendum est, de hac re nihil, fere nihil dici in schemate" (ASCOV I/3, 35). Henri de Lubac hat in seinem Kommentar zu „Dei Verbum" auf die richtungweisende Bedeutung dieser Unterscheidung hingewiesen: Die göttliche Offenbarung (wie in Anm. 9), 256f.

Offenbarungsquellen sei nicht traditionell, sondern entstamme dem Zeitalter des Historismus. Und sie sei oberflächlich, da sie sich nur auf die Ebene der Erkenntnis für uns Menschen beziehe. Schrift und Tradition könne man als „fontes cognoscendi" bezeichnen, auf der Ebene des Seins gebe es aber nur eine einzige Quelle („fons essendi") der Offenbarung. Von ihr, der Offenbarung als solcher, sei aber bedauerlicherweise in diesem Schema nicht oder fast gar nicht die Rede. Mit dieser Kritik ist der weitere Verlauf der Entstehung der späteren Offenbarungskonstitution „Dei Verbum" und auch schon ihre Lösung vorgezeichnet.

c) Die „Lösung" von „Dei Verbum"

Die nach einer Reihe von Umarbeitungen, die nachzuzeichnen hier nicht nötig ist, am 18. November 1965 verabschiedete Endfassung[14] wird beginnen mit einem Proömium und einem Ersten Kapitel „De ipsa revelatione", welches die beiden Themen Tradition und Schrift als Weisen ihrer Weitergabe der Offenbarung als solcher nach- und unterordnet. Die programmatischen, in der offiziellen Version in Kapitälchen gesetzten Anfangsworte der Offenbarungskonstitution DEI VERBUM bringen darüber hinaus die christologische Zentrierung des konziliaren Redens von Offenbarung deutlich zum Ausdruck[15].

Die Konzilsväter haben somit die in den oben skizzierten Erwartungshaltungen zum Ausdruck kommenden falschen Alternativen überwunden. Weder kam es zu einem katholischen Sola-Scriptura-Bekenntnis, noch zu einer Zementierung der kontroverstheologischen „Schrift-Tradition"-Lehre. Ergebnis der Beratungen in den Kommissionen und den Generalkongregationen war nicht eine „Bibel-Konstitution", sondern die „Offenbarungs-Konstitution", zitiert nach den Anfangsworten „Dei Verbum". Diese Initialen sind zugleich Programm. Im Original in Kapitälchen geschrieben, meinen sie zuerst das Fleisch gewordene WORT, den Sohn des

---

14 Vgl. neuerdings: Helmut Hoping, Theologischer Kommentar zur Dogmatischen Konstitution über die göttliche Offenbarung Dei Verbum, in: Peter Hünermann / Bernd Jochen Hilberath (Hg.), Herders Theologischer Kommentar zum Zweiten Vatikanischen Konzil, Bd. 3, Freiburg 2005, 695–831.

15 Schreibt man den Titel der Offenbarungskonstitution in Normalschrift, empfiehlt es sich nach de Lubac, Die göttliche Offenbarung (wie in Anm. 9), 42, wegen des christologischen Sinngehaltes, „Verbum" groß zu schreiben.

Vaters, der in den vielen vom Geist inspirierten Worten der Schrift bezeugt ist. „Offenbarung" ist ein geschichtlich-personales Geschehen, das im Christusereignis seinen Höhepunkt hat. Als das Fleisch gewordene WORT ist Christus und sein Evangelium die eine Quelle der Offenbarung im strengen Sinn. Kirchliche Überlieferung und die Heiligen Schriften sind nicht selbst „Offenbarungsquellen", sondern Vermittlungsformen. Nur im Koordinatensystem von Offenbarung, Tradition und Kirche sind Ort und Bedeutung der Heiligen Schrift und die Prinzipien ihrer Auslegung sachgerecht zu bestimmen.

Es ist in der Fundamentaltheologie hinlänglich herausgearbeitet worden, dass der Übergang vom Schema „De fontibus" zur Offenbarungskonstitution „Dei Verbum" dem Schritt von einem „instruktionstheoretischen Offenbarungsverständnis" hin zu einem „kommunikationstheoretisch-partizipativen Offenbarungsverständnis" gleichkommt[16]. Zu wenig ist dabei allerdings bislang berücksichtigt worden, dass mit dem vom Konzil überwundenen instruktionstheoretischen Offenbarungsverständnis eine letztlich defiziente Sicht der Bedeutung Jesu Christi im Offenbarungsvorgang selbst verknüpft war. Die klassische Fundamentaltheologie hatte unter dem Titel „De Christo legato" die Bedeutung Jesu auf die Überbringerschaft göttlicher Botschaften reduziert und den eschatologischen Heilsbringer letztlich nur quantitativ, aber nicht qualitativ von den alttestamentlichen Propheten unterschieden. Im Zusammenhang damit stand auch eine verkürzte Sicht des Auferstehungsereignisses, insofern die Auferstehung (wie auch die übrigen Wunder und Zeichen Jesu) nur als (apologetische) Bestätigung des Offenbarungsanspruchs, nicht aber als Inhalt der Offenbarung selbst, näherhin als Zeichen der anbrechenden Gottesherrschaft bzw. als Offenbarung der absoluten Lebensmacht des dreifaltigen Gottes gesehen wurde.

Ebenfalls wenig Beachtung fand gerade in diesen Jubiläumstagen eine Aussage aus der Pastoralkonstitution „Gaudium et spes", die mit der Christozentrik der Offenbarungskonstitution korrespondiert und die innere Verwiesenheit von Anthropologie und Christologie betrifft. Denn nach „Gaudium et spes" 22 ist Christus nicht nur die Vollendung der Offenbarung als Selbstmitteilung

16 Max Seckler, Der Begriff der Offenbarung, in: HFTh IV, 60–83, hier 64f.

Gottes, sondern auch die Vollendung der Offenbarung des Geheimnisses des Menschen:

> „Tatsächlich klärt sich nur im Geheimnis des fleischgewordenen Wortes das Geheimnis des Menschen wahrhaft auf. Denn Adam, der erste Mensch, war das Vorausbild des zukünftigen (vgl. Röm 5,14, [...]), nämlich Christi des Herrn. Christus, der neue Adam, macht eben in der Offenbarung des Geheimnisses des Vaters und seiner Liebe dem Menschen den Menschen selbst voll kund und erschließt ihm seine höchste Berufung."

Insofern geht mit dem kommunikationstheoretischen Offenbarungsmodell in DV unauflöslich eine Christozentrierung des Glaubensverständnisses einher, verbunden mit einer umfassend trinitarischen Sicht der Heilsgeschichte. So paradox es klingt, aber der Aussage von René Latourelle ist zuzustimmen, dass das Konzil der Kirche die volle Bedeutung Jesu als desjenigen wieder ins Bewusstsein gerufen hat, in dem Offenbarung und Offenbarer personal identisch geworden sind[17]. In dieser Christozentrik des Konzils und verbunden damit der ausdrücklichen Wiedergewinnung einer trinitarischen Perspektive dürfte wohl auch der langfristig ertragreichste Fortschritt des Konzils im Hinblick auf die ökumenische Bewegung hin zur Wiedererlangung der sichtbaren Einheit der Kirche Jesu Christi liegen. Mit dieser Christozentrik sperrt sich das Konzil zugleich gegen alle Versuche der Relativierung der Einzigkeit der Heilsmittlerschaft Jesu Christi mit dem Ziel, das Christentum pluralismusfähig zu machen.

In dem mittlerweile in 32. Auflage erschienenen Kleinen Konzilskompendium von Rahner / Vorgrimler steht – von der ersten bis zur letzten Auflage unverändert – der verhängnisvolle Satz: „Das Konzil war ein Konzil der Kirche über die Kirche."[18] Diese Behauptung widerspricht nicht nur ausdrücklich den Maßgaben des das Konzil einberufenden Johannes XXIII. und des das Konzil zum Abschluss bringenden Paul VI., sondern wird auch schon von

---

17 René Latourelle, Das II. Vatikanum – Eine Herausforderung an die Fundamentaltheologie, in: Elmar Klinger / Klaus Wittstadt (Hg.), Glaube im Prozeß. Christsein nach dem II. Vatikanum. FS Karl Rahner, Freiburg 1984, 597–614, hier 603. Vgl. umfassend zur Entwicklung des Offenbarungsbegriffs: René Latourelle, Théologie de la Révélation, Paris 1963. ^{3}1969.

18 Karl Rahner / Herbert Vorgrimler, Kleines Konzilskompendium, Freiburg 1966. ^{32}2005, 24.

einer ersten Sicht auf die Texte selbst in Frage gestellt. Hauptanliegen des Konzils war die zeitgemäße, nicht zeitangepasste, wohl aber die Zeitfragen aufgreifende Verkündigung des Evangeliums, das letztlich Jesus Christus selbst ist. Aggiornamento, Verheutigung, war das Anliegen, nicht Kreisen um sich selbst, schon gar nicht Verwässerung oder Preisgabe fundamentaler Glaubenswahrheiten.

Ich widerspreche damit allen Theorien, die behaupten, das Thema „Kirche" stehe im Mittelpunkt des Konzils. Gewiss hat das Zweite Vatikanische Konzil erstmals in der Geschichte der Lehrverkündigung mit der dogmatischen Konstitution über die Kirche „Lumen gentium" umfassend das eigene Selbstverständnis formuliert. Es ist jedoch mehr als bezeichnend, dass der erste Satz dieser kirchlichen Selbstdefinition lautet: „Christus ist das Licht der Völker" *(Lumen gentium cum sit Christus)*. Ihn zu verkünden und sein Heil bis an die Grenzen der Erde gegenwärtig zu machen, ist erster und entscheidender Daseinszweck der Kirche, und alle Reformen in Struktur und Administration haben der besseren Verwirklichung dieser der Kirche von ihrem Herrn und Stifter aufgetragenen Sendung zu dienen. Von einer Relativierung des Wahrheitsanspruches der kirchlichen Verkündigung oder der Bedeutung Jesu Christi kann keine Rede sein. Die beiden wichtigsten Dokumente des Konzils, die beiden dogmatischen Konstitutionen, DV und LG, geben bereits in ihren programmatischen Anfangsworten ihre christozentrische Ausrichtung zu erkennen.

Das „Verbum Dei" ist nicht in erster Linie das Schriftwort, auch nicht das kirchlich vermittelte Schriftwort, sondern das Fleisch gewordene Wort, das der Sohn des ewigen Vaters ist. In Jesus Christus vollendet sich die mit Abraham beginnende heilsgeschichtliche Offenbarung. Dieser Offenbarung antwortet der Glaube der Kirche, von dem ebenfalls bereits im Kapitel über die Offenbarung selbst die Rede ist, womit die Einsicht eingeholt ist, dass zur Offenbarung konstitutiv das gläubige Subjekt der Kirche gehört.

Die Vorschaltung des Kapitels „De ipsa revelatione" als „Prinzip der Prinzipien"[19] der Theologie charakterisiert die Endfassung von DV im Vergleich zum Schema „De fontibus". Die Offenbarung, verstanden als geschichtliches Ereignis und personal-dialogisches

19 Vgl. Peter Eicher, Offenbarung. Prinzip neuzeitlicher Theologie, München 1977.

Geschehen, führt zu einer dynamisierenden Neubestimmung[20] der ersten Loci theologici.

3. Die Dynamisierung des Verständnisses von Tradition, Schrift und Lehramt durch die Neubestimmung und Vorschaltung der „Offenbarung als solcher"

a) Die Tradition als Medium der Weitergabe der Offenbarung

Dem ersten Kapitel „De ipsa revelatione" folgt als zweites „De transmissione revelationis", die Weitergabe der Offenbarung. Schrift und Tradition sind nicht Offenbarungsquellen, sondern Weitergabemedien im umfassenden Kontext des kirchlichen Glaubens.

DV nennt dabei „Die Heilige Überlieferung" sowohl in Art. 9 als auch 10 ausdrücklich vor der Schrift. Die Überlieferung des Sohnes vom Vater her an die Menschen wird im Namen Jesu fortgesetzt in der lebendigen Überlieferung der Kirche, aus der, gruppiert um das Urdogma der Kirche „Jesus ist der Herr" (Röm 10,9), in apostolischer Zeit und unter der Führung des Geistes das Neue Testament als schriftliches Offenbarungszeugnis entsteht.

Dieses organische Verständnis von Tradition entspricht bereits der Vorstellung der katholischen Tübinger Theologen des 19. Jahrhunderts und war auch von John Henry Newman und Maurice Blondel schon herausgearbeitet worden. Zu den bemerkenswerten Ereignissen der Theologiegeschichte gehört darüber hinaus, dass sie gerade durch die moderne Exegese Bestätigung findet. Historischer Forschung zeigt sich, „daß Tradition als Prozeß der Weitergabe des Glaubens so alt ist wie der Glaube selbst, und damit älter als die Schrift. Man hat zunächst die Psalmen gebetet, sie gelernt, weitergesagt, bevor sie als Texte aufgeschrieben oder gar gedruckt wurden. Am Anfang stand die Praxis, die Verkündigung, die mündliche Weitergabe, und erst später kam die Festlegung in einem heiligen Buch. Diese Erkenntnis, daß vor der schriftlichen Fassung eine mündliche

20 Peter Hünermann spricht von der Notwendigkeit einerseits der „Affirmation", andererseits der „Profilierung" bzw. „Fortschreibung" der Lehre von den Loci theologici im Licht der Offenbarungskonstitution: Peter Hünermann, Dogmatische Prinzipienlehre. Glaube – Überlieferung – Theologie als Sprach- und Wahrheitsgeschehen, Münster 2003, 207 und 209.

Tradition steht, läßt sich besonders im Neuen Testament, insbesondere in den Evangelien festmachen."[21] Jesus hat nichts Schriftliches hinterlassen, am Anfang steht seine Botschaft, sein öffentliches Wirken, seine in Tod und Auferstehung gipfelnde Soteriopraxis, die nach Ostern in der lebendigen Verkündigung dieses Jesus als Kyrios und Sohn Gottes mündete. Die schriftliche Fixierung folgte erst später. Sie sammelte sich um die von Heinrich Schlier „Praesymbola" (Vorformen des Dogmas) genannten Bekenntnissätze. Tradition ist ein Prozess, der vor der Schrift liegt und den die Schrift aus sich selbst wiederum entlässt. Peter Neuner verweist auf den paradoxen Umstand, dass die katholische Theologie diese die kontroverstheologischen Probleme entschärfende und dem ökumenischen Gespräch neue Perspektiven eröffnende Erkenntnis zunächst weithin der evangelischen Exegese verdankt[22], die nun ihrerseits das protestantische Schriftprinzip in eine Krise stürzte.

Tradition ist demnach auch mehr und anderes als ein Bestand nur mündlich überlieferter Offenbarungsinhalte, sondern der umfassende Prozess der Annahme, Deutung und Weitergabe der Offenbarung vor, neben und mit der Schrift. Schon die Frage nach einer vermeintlichen Suffizienz der Schrift im Gegenüber zur Tradition erweist sich als unsachgemäß, weil vom herkömmlichen Denkmodell abhängig, wie Ratzinger im Rahmen der parallel zur Konzilszeit mit Geiselmann geführten Kontroverse herausstellte.

b) Die Heilige Schrift als Offenbarungszeugnis

Die Einsicht in den Mehrwert der Offenbarung gegenüber ihren Vermittlungsinstanzen führt auch zu einer sachgerechten fundamentaltheologischen Bestimmung des Wesens der Heiligen Schrift. Die Bibel in ihrer Spannungseinheit von Altem und Neuem Testament ist nicht selbst die Offenbarung, sondern vom Geist inspiriertes Offenbarungszeugnis. Die Bibel ist kein vom Himmel gefallenes Buch, sondern sie geht aus dem umfassenden Überlieferungsprozess der die Offenbarung im Glauben annehmenden und bezeugenden Kirche hervor. Das Christentum ist deswegen auch keine

21 Peter Neuner, Das Schriftverständnis in der katholischen Theologie. Erinnerungen und Anfragen, in: Richard Ziegert (Hg.), Die Zukunft des Schriftprinzips (= Bibel im Gespräch 2), Stuttgart 1994, 115–131, 127.

22 Neuner, Das Schriftverständnis (wie in Anm. 21), 127.

„Buchreligion“[23]. Hier liegt, fundamentaltheologisch, der entscheidende Unterschied zum Islam. Während der Koran nach islamischem Selbstverständnis als unmittelbar von Gott diktiertes Gotteswort unter Ausschluss jedes menschlichen Elementes gilt[24], ist die Bibel Gotteswort im Menschenwort (1 Thess 2,13). Dies hat enorme Konsequenzen für die Erforschung von Genese und Interpretation der Schrift. Denn weil die Bibel nicht selbst Offenbarung ist, sondern die Offenbarung des dreifaltigen Gottes bezeugt, ist die gesamte Schrift auf die Mitte der Offenbarung hin auszulegen.

Vom Inhalt von DV ist oft nur bekannt, dass darin die historische Exegese endlich anerkannt wurde. Unerwähnt bleibt dabei meist, welches die Gründe für die Vorbehalte gegen diese Exegese waren, und warum nun plötzlich eine andere Sichtweise zur Geltung kam.

Wenn Gott aber durch Jesus Christus nicht nur göttliche Wahrheiten *über* sich, sondern tatsächlich *sich selbst* definitiv unter den geschichtlichen Bedingungen von Raum und Zeit in der menschlichen Natur des Jesus von Nazareth mitgeteilt hat als Wahrheit und Leben der Menschen, dann kann auch die seriöse Anwendung der historischen Methoden, zu deren Wesen es gehört, „kritisch“ zu sein, nicht von vorneherein als inadäquat zur Erforschung dieses Geschehens angesehen werden. Ratzinger spricht in seinem eingangs erwähnten Aufsatz von 1958 von der Notwendigkeit einer offenbarungsgemäßen Auslegung der Schrift, die aus der Einsicht in die Nicht-Identität von Offenbarung und Schrift folgt.

Das Problem, das sich bei der Anwendung der historischen Methoden auf die Heilige Schrift stellt, liegt denn auch nicht in der Anwendung dieser Methoden selbst, sondern in den oft unreflektiert vorausgesetzten philosophisch-theologischen Implikationen, die sich seit ihrer Entstehungszeit im Kontext der radikalen Aufklärung mit ihr verbinden. „Sobald diese mit im Spiel sind“, so Jürgen Roloff, „kommt es zu einer Spannung zwischen der historischen Kritik und der Grundintention des biblischen Zeugnisses. Dies gilt vor allem im Blick auf die von E. Troeltsch entwickelten Kategorien von *Kritik, Analogie* und *Korrelation*. Dahinter stehen als Postulate die *grundsätzliche Gleichartigkeit und Relativität allen*

---

23 Vgl. Katechismus der Katholischen Kirche Nr. 108. Vgl. dazu oben S. 37–49.

24 Vgl. Rudolf Voderholzer, Bibel und Koran. Christliches und islamisches Offenbarungsverständnis im Vergleich, in: Rivista Teologica di Lugano 7 (2002) 313–322. Vgl. oben S. 50–60.

Geschehens sowie die Allgemeingültigkeit des Weltverständnisses des modernen Menschen, das der Möglichkeit eines direkten Wirkens Gottes in der Geschichte keinen Raum läßt. Das biblische Zeugnis widerspricht beidem, indem es von einem die Gleichartigkeit allen Geschehens durchbrechenden Handelns Gottes in der Geschichte berichtet, das als solches der Relativität alles Geschichtlichen entnommen ist"[25].

Die Vorbehalte des kirchlichen Lehramtes gegen die historische Kritik und die restriktiven Maßnahmen der Bibelkommission kann man aus heutiger Sicht nur beklagen. Sie entsprangen jedoch nicht Böswilligkeit oder Engstirnigkeit. Sie hingen vielmehr einerseits mit den offenkundig dem Glauben widersprechenden Ergebnissen einer sich als objektive Wissenschaft tarnenden, in Wirklichkeit aber nur einer ihre deistischen Vorurteile in die Texte hineinlesenden radikalen Kritik, andererseits mit dem ungeschichtlichen Offenbarungsverständnis der Neuscholastik zusammen, die auch die berechtigten Anliegen der historischen Kritik nicht einzuholen vermochte. Der mühsame und lang andauernde Kampf um die Anerkennung der Legitimität der Anwendung der historischen Methoden auf die Heilige Schrift geht zurück bis auf Richard Simon (1638–1712) zu Ende des 17. Jahrhunderts. Er war sowohl historisch umfassend gebildet, als auch theologisch und philosophisch außerordentlich versiert. Mit Hilfe der historischen Forschungserkenntnisse wollte er aufzeigen, dass das katholische Verständnis von Heiliger Schrift und Tradition, welches auf dem Trienter Konzil dem protestantischen „Sola scriptura"-Prinzip entgegengestellt wurde, der Sache, nämlich der göttlichen Offenbarung, besser gerecht wird.[26] Sascha Müller hat

25 Jürgen Roloff, Schriftauslegung als theologische Aufgabe. Thesen zur Biblischen Hermeneutik, in: Johannes Joachim Degenhardt (Hg.), Die Freude an Gott, Stuttgart 1991, 221–227. Vgl. ebd.: „Für die Interpretation biblischer Texte gilt dieselbe Regel wie für jede Auslegung schriftlicher Äußerungen in der Vergangenheit: Sie vollzieht sich in einem hermeneutischen Zirkel, der einerseits bestimmt ist durch den Standort des Textes, seinem ‚Horizont' (H. G. Gadamer), dazu gehören seine geschichtliche Situation, seine formale Struktur und seine Aussageintention. Der Standort des Interpreten wird durch geschichtliche Situation, historische und methodische Kenntnisse, sowie durch das Vorverständnis in bezug auf die vom Text vertretene Sache bestimmt. […] Die biblischen Schriften haben, unbeschadet der Unterschiedlichkeit ihrer geschichtlichen Entstehungsverhältnisse und formalen Struktur, eine übergreifende Gemeinsamkeit ihrer theologischen Grundintention: Sie wollen Gottes Handeln in der Geschichte bezeugen."

dies in seinen Arbeiten über Richard Simon herausgearbeitet.[27] Doch das 17. Jahrhundert war nicht reif für diese Einsichten. Wäre man ihm seinerzeit gefolgt, und hätte nicht Bossuet die ganze Auflage der „Histoire critique du Vieux Testament" (1678) einstampfen lassen, nur weil er darin die These fand, Mose könne nicht der Verfasser aller ihm zugeschriebenen fünf Bücher des Pentateuch sein, hätte sich die Theologie manchen Umweg erspart. Die Suche nach einem Ausgleich zwischen Exegese und Dogmatik fand nach der epochalen Enzyklika „Divino afflante Spiritu" (1943) erst in der Offenbarungskonstitution des Zweiten Vatikanischen Konzils nicht nur ihren definitiven Abschluss, sondern auch – fundamentaltheologisch gesprochen – die Überwindung der ihr zugrunde liegenden Blockadesituation. Erst die Formulierung eines geschichtlich-personalen Offenbarungsbegriffes, der auch mit einschließt, dass die Annahme und Weitergabe der Offenbarung geschichtlichen Charakter tragen muss, welcher wiederum einer geschichtlichen Forschung prinzipiell offen steht, ließ die zunächst nur zögernd eingeräumte Erlaubnis der historischen Forschung in eine dringende Empfehlung in DV 12 und in die Rede ihrer theologischen Unverzichtbarkeit sich wandeln[28].

Der zweite Absatz von DV 12 ruft die traditionellen Auslegungsprinzipien Einheit der Schrift, analogia fidei, Auslegungsgeschichte etc. in Erinnerung. Was wie ein nachträglich eingeschobenes Korrektiv oder ein Moment der von außen diktierten Relativierung aussehen mag, erwies sich in der theologischen Forschung seit dem Konzil als inneres Moment der historischen Exegese selbst. In seinem Beitrag über DV in „Herder Korrespondenz spezial" schreibt der Alttestamentler Georg Steins, die hermeneutische Großwetterlage habe sich in den letzten 30 Jahren völlig verändert: „Viele Konflikte im Umfeld des Konzils erscheinen in einem neuen Licht, auch die Forderungen einer spezifisch kirchlichen Auslegung wirken nicht mehr wissenschaftsfremd: Die neuere Literaturtheorie stellt die *Offenheit des Textes* und die *Unabschließbarkeit der Lektüre* heraus"[29].

---

26 Vgl. Joachim Gnilka, Methodik und Hermeneutik. Gedanken zur Situation der Exegese, in: Ders. (Hg.), Neues Testament und Kirche. FS Rudolf Schnackenburg, Freiburg 1974, 458–475, hier 462.

27 Vgl. Sascha Müller, Richard Simon (1638–1712). Exeget, Theologe, Philosoph und Historiker. Eine Biographie, Würzburg 2005.

28 Vgl. Gerhard Ludwig Müller, Art. Exegese V. Exegese und Systematische Theologie, in: LthK^3, Bd. 3, 1102.

29 Georg Steins, Bibel im Gespräch. Die verkannte Offenbarungskonstitution Dei Verbum, in: HerKorr spezial, Oktober 2005, 17–21, hier 19.

Dies betrifft vor allem die Einheit der Schrift, jene Besonderheit der christlichen Bibel im Miteinander von Altem und Neuem Testament. Die innere Hinordnung des gesamten Alten Testaments auf Christus und die christologische Deutung aller Schriften des Alten Testaments – Grundlage der gesamten Väterexegese beispielsweise – erfährt durch die von der Literaturwissenschaft neuerdings stark ins Bewusstsein gehobene Rezeptionsästhetik eine ungeahnte Plausibilität. Voraussetzung dafür ist das geschichtliche Offenbarungsverständnis, das von der Nichtidentität von Offenbarung und Schrift ausgeht und gerade insofern Raum lässt für eine fortschreitende und je vertiefte Neudeutung der überlieferten Schriften angesichts neuer heilsgeschichtlicher Kontexte. Ich habe in meiner Münchener Habilitationsvorlesung diese Zusammenhänge dargestellt und dabei von der Offenbarung in Christus als eschatologischer Neukontextualisierung gesprochen[30], die auch eine christologische relecture des Alten Testaments plausibel macht.

Diese Neubestimmung des Verhältnisses von Offenbarung, Tradition und Schrift gibt nun auch der Kirche und mit ihr dem kirchlichen Lehramt eine neue Grundlage.

c) Das Lehramt

Georg Steins schreibt in dem schon erwähnten Artikel in „Herder Korrespondenz spezial": „Die Heilige Schrift hat gewissermaßen einen sozialen Leib; sie ist Ausdruck der Glaubensgemeinschaft, und sie stellt dieser Gemeinschaft stets ihre Gründungsgeschichte kritisch und wegweisend vor Augen. Genau deshalb lassen sich Schrift, Tradition und Kirche niemals trennen; sie sind eigentlich nur verschiedene Aspekte ein und desselben Phänomens der göttlichen Selbstmitteilung"[31].

Mit Kirche ist aber immer schon die konkrete Gestalt der Kirche mit ihrem Lehramt mitgesetzt. Ihm kommt die Aufgabe zu, die Auslegung der Schrift in dem Geist zu gewährleisten, aus dem sie überhaupt erst hervorgegangen ist. Heinrich Schlier kommt auf der Basis historischer Forschung zu dem Ergebnis, dass die von ihm

30 Vgl. Rudolf Voderholzer, „Die Heilige Schrift wächst irgendwie mit den Lesern" (Gregor der Große). Dogmatik und Rezeptionsästhetik, in: MThZ 56 (2005) 162–175. Siehe unten S. 151–169.

31 Steins, Bibel im Gespräch (wie in Anm. 29), 19.

„Praesymbola“ genannten Glaubensformeln (letztlich das „Dogma“) als „regula fidei“ des kirchlichen Traditionsprozesses der Schriftwerdung der Schrift sachlich und sogar zeitlich vorausgehen[32]. Das den Traditionsprozess der Kirche innerlich strukturierende Bekenntnis, das sich in der „regula fidei“ Ausdruck gab, bildete schließlich auch das Kriterium für den Kanonisierungsprozess des Neuen Testamentes. Denn keine der neutestamentlichen Schriften gibt ausdrücklich den Legitimierungsgrund für ihre Zugehörigkeit zum glaubensverbindlichen Kanon an. Die Aufnahme in den Kanon und seine lehramtliche Rezeption erfolgte ausschließlich aufgrund der inneren Kriterien, unter denen die Übereinstimmung mit der „regula fidei“ herausragt.

Insofern ist der Anspruch des kirchlichen Lehramtes, dass die Auslegung der Schrift letztlich seinem Urteil unterliegt, wie DV mit der althergebrachten Tradition in Artikel 12 unterstreicht, keine äußerliche, sachfremde Instanz, sondern steht mit dem Wesen der Schrift als Offenbarungszeugnis im Raum der kirchlichen Tradition in engster Verbindung. Damit ist nicht zuletzt auch gesagt, dass die Orientierung am kirchlichen Glauben keine Behinderung der Wissenschaftlichkeit der Theologie darstellt, sondern deren Voraussetzung bildet.

Das Zweite Vatikanische Konzil war von Papst Johannes XXIII. ausdrücklich als pastorales Konzil angekündigt worden. Es hat kein neues Dogma verabschiedet, sein Ziel war die Verheutigung, das Aggiornamento der Glaubensverkündigung der Kirche. Dennoch haben seine Beschlüsse die Rahmenbedingungen für die dogmatische Theologie erheblich verändert. Und zwar im Sinne einer Dynamisierung des Verständnisses von Tradition, Schrift und kirchlichem Lehramt durch die vertiefte Sicht von Offenbarung als eines geschichtlichen, personal-dialogischen Geschehens.

Daraus ergeben sich einige Konsequenzen für die Darstellung der Dogmatik.

---

32 Heinrich Schlier, Kerygma und Sophia, in: Ders., Die Zeit der Kirche. Exegetische Aufsätze und Vorträge, Freiburg 1955. ^{3}1962, 206–232, hier 216.

4. Konsequenzen für eine Dogmatik im Geiste des Konzils

a) Heilsgeschichtliche Ausrichtung (vgl. OT 16)

Wenn Offenbarung als entscheidender Bezugspunkt christlichen Glaubens und der darauf reflektierenden systematischen Theologie nicht satzhaft formulierte Mitteilungen über Gott sind, sondern die heilsgeschichtliche Selbstmitteilung Gottes, die im Glauben der Kirche und ihrem Bekenntnis zu ihrer Vollendung kommt, dann muss sich dies auch auf die Gestalt und Durchführung der Dogmatik auswirken.

In einem der wenigen ausdrücklich das Theologiestudium, speziell die Dogmatik, betreffenden Passus schreibt das Konzil im Dekret über die Priesterausbildung:

„Mit besonderer Sorgfalt sollen sie im Studium der Heiligen Schrift, die die Seele der ganzen Theologie sein muß, gefördert werden. […] Die dogmatische Theologie soll so angeordnet werden, daß zuerst die biblischen Themen selbst vorgelegt werden; dann erschließe man den Alumnen, was die Väter der östlichen und westlichen Kirche zur treuen Überlieferung und zur Entfaltung der einzelnen Offenbarungswahrheiten beigetragen haben, ebenso die weitere Dogmengeschichte […].“ (OT 16).

Wenn das Studium der Heiligen Schrift die Seele der Theologie genannt wird, dann ist dabei vorausgesetzt, dass sich dieses Studium nicht in der Anwendung historisch-kritischer Methoden erschöpft. Es weiß sich vielmehr der in DV insgesamt vorausgesetzten Bestimmung der Heiligen Schrift als kirchlichem Offenbarungszeugnis sowie den in DV 12 vorgelegten hermeneutischen Prinzipien verpflichtet, und berücksichtigt die Einheit der Schrift und ihre Auslegungsgeschichte.

b) Grunddogmen „Inkarnation“ und „Trinität“ als Dimensionen der gesamten Dogmatik und Gipfel der „Hierarchie der Wahrheiten“

Eine Analyse der dogmatischen Konstitutionen DV und LG sowie auch der Pastoralkonstitution GS ergibt als innere Ausrichtung der dem Konzil zugrunde liegenden theologischen Position eine deutliche Christozentrik im Kontext eines trinitarischen Gottes- und Glaubensverständnisses.

Dem entsprechen zwei weitere die Gestalt und Struktur der Dogmatik betreffende Aussagen im Ökumenismusdekret „Unitatis redintegratio“. Dort ist im 11. Artikel von einer „Hierarchie der Wahrheiten“ die Rede, sowie in Artikel 14 von den beiden „Grunddogmen“.

> „[…] Beim Vergleich der Lehren miteinander soll man nicht vergessen, daß es eine Rangordnung oder „Hierarchie“ der Wahrheiten innerhalb der katholischen Lehre gibt, je nach der verschiedenen Art ihres Zusammenhangs mit dem Fundament des christlichen Glaubens. So wird der Weg bereitet werden, auf dem alle in diesem brüderlichen Wettbewerb zur tieferen Erkenntnis und deutlicheren Darstellung der unerforschlichen Reichtümer Christi angeregt werden.“ (UR 11)
>
> „[…] Auch das darf in seiner Bedeutung nicht unterschätzt werden, daß die Grunddogmen des christlichen Glaubens von der Dreifaltigkeit und von dem Wort Gottes, das aus der Jungfrau Maria Fleisch angenommen hat, auf ökumenischen Konzilien definiert worden sind, die im Orient stattgefunden haben. Jene Kirchen haben für die Bewahrung dieses Glaubens viel gelitten und leiden noch heute.“ (UR 14)

Diese Worte sind nicht nur eine Verneigung vor der Theologie der Ostkirche, sondern die Rede von den Hauptdogmen gibt auch der Struktur der Dogmatik eine präzise Vorgabe. Eine dem Geist des Konzils entsprechende Dogmatik wird also Christologie und Trinitätslehre nicht nur als isoliert für sich betrachtete Traktate präsentieren, sondern sie als Dimensionen aller dogmatischen Themen ernst nehmen und die einzelnen dogmatischen Themenbereiche, angefangen von der Theologischen Erkenntnislehre, über die Schöpfungslehre, Theologische Anthropologie / Mariologie, Ekklesiologie, Sakramentenlehre bis hin zu Gnadenlehre und Eschatologie unter dieses christologische und trinitätstheologische Vorzeichen stellen. Gerhard Ludwig Müllers „Katholische Dogmatik“[33] und Gisbert Greshakes „Trinitarische Theologie“[34] sind konsequente Versuche einer solchen Umsetzung der konziliaren Vorgaben und geben somit einer künftigen Dogmatik wichtige Orientierung.

---

33 Gerhard Ludwig Müller, Katholische Dogmatik. Für Studium und Praxis der Theologie, Freiburg 1995 (Neuauflagen).

34 Gisbert Greshake, Der dreieine Gott. Eine trinitarische Theologie, Freiburg 1997 (Neuauflagen).

Diese die Hierarchie der Wahrheiten ordnenden Grunddogmen sind darüber hinaus die Basis ökumenischer Offenheit und der spezifisch christliche Beitrag im interreligiösen Dialog.

c) Christozentrik und Trinität als Basis ökumenischer Offenheit und spezifisch christlicher Beitrag zum interreligiösen Dialog

Mit Recht werden die Bejahung der ökumenischen Bewegung wie auch eine Öffnung zur Welt und die erneuerte Bereitschaft zum Dialog als weitere Kennzeichen der Konzilstexte genannt. Die Reaktionen von Seiten reformatorischer Beobachter des Konzilsgeschehens auf „Dei Verbum" im Besonderen berechtigen zu der Hoffnung, dass in der vertieften Hinkehr zu Christus als der einen Quelle der Offenbarung und in der die historischen Zusammenhänge berücksichtigenden neuen Sicht auf das Zueinander von Tradition, Schrift und Kirche die gerade über diesen Fragestellungen in die Brüche gegangene sichtbare Einheit der Kirche wieder erlangt werden kann.

Was den interreligiösen Dialog anbelangt, lässt „Nostra aetate" keinen Zweifel daran, dass das Christusbekenntnis und der Glaube an den dreifaltigen Gott den entscheidenden Beitrag darstellen, den Christen in diesen interreligiösen Dialog einzubringen haben. Es kann bei diesem Dialog auch und gerade im Geiste des Konzils nicht um das verschämte Verschweigen des Eigenen gehen, das man dem Gesprächspartner möglicherweise nicht meint zumuten zu können, sondern vielmehr um die Erschließung des aus den eigenen Grundsätzen und Glaubensquellen erarbeiteten Selbstverständnisses.

5. Die Bereicherung der Dogmatik durch zwei weitere Loci theologici

Der heutige 14. Dezember, der im liturgischen Kalender dem Gedenken eines bedeutenden heiligen Theologen gewidmet ist, gibt mir die Gelegenheit, abschließend auf zwei weitere Theologische Fundorte zu verweisen und auch gleich anzuwenden, wovon bei Melchior Cano nur einer ausdrücklich Berücksichtigung fand, nämlich die Autorität der Heiligen. Hans Urs von Balthasar hat im Hinblick auf die Sendung der Heiligen von den Loci theologici kat'exochen gesprochen[35]. Das andere ist der Grundsatz „Lex orandi lex credendi", das Gebet der Kirche ist Norm ihres Glaubens, ein Grundsatz, der bei Cano nur implizit im Rahmen der Autorität der Tradition vorkommt, im Geiste des II. Vatikanischen Konzils (vgl. SC 2) aber die Loci-theologici-Lehre ergänzen und bereichern muss[36].

Der heilige Johannes vom Kreuz setzt sich in seinem Werk „Aufstieg zum Berge Karmel" mit der ihm des Öfteren begegnenden neugierigen Erwartung von Privatoffenbarungen und außergewöhnlichen mystischen Erfahrungen auseinander. Was er darauf entgegnet, liest sich wie ein vorweggenommener Kommentar zur Offenbarungskonstitution „Dei Verbum" und hat von seiner Aktualität nichts verloren:

> „Wer [...] jetzt noch Gott befragen oder von ihm Visionen oder Offenbarungen haben wollte, der würde nicht bloß unvernünftig handeln, sondern er würde Gott geradezu beleidigen, weil er seine Augen nicht einzig auf Christus richtet [...]. Gott könnte zu einem solchen Menschen sagen: Ich habe dir ja schon alles geoffenbart in meinem Wort, d. h. in meinem Sohn; ich habe also nichts mehr, was ich dir noch offenbaren oder kundtun könnte, das mehr wäre als dieses (mein Wort); richte also deine Augen einzig auf ihn, denn in ihm habe ich dir alles vorgestellt und gesagt und geoffenbart."[37]

---

35 Vgl. Hans Urs von Balthasar, Schwestern im Geist, Einsiedeln 1973, 21f.

36 Vgl. Gerhard Ludwig Müller, Die Liturgie als Quelle des Glaubens, in: Ders., Mit der Kirche denken. Bausteine und Skizzen zu einer Ekklesiologie der Gegenwart, Würzburg ²2002, 55–62. Müller sieht im „Vergessen" der Liturgie als Glaubensquelle sogar ein Symptom für eine verhängnisvolle Umkehrung des Verhältnisses von glaubendem Selbstvollzug der Kirche und theologischer Reflexion. Ihr sei nicht einfach mit einer bloßen Hinzufügung der Liturgie als eines weiteren Fundortes zu begegnen, sondern nur mit einer Neubesinnung auf die Tatsache, dass die Praxis des Glaubens als bejahender Mitvollzug des Bekenntnisses der Theologie (als Glaubensreflexion) vorangeht. Vgl. Hünermann, Dogmatische Prinzipienlehre (wie in Anm. 20), 212.

37 Johannes vom Kreuz, Aufstieg zum Berge Karmel (= SW I), München, ⁹1990, 203–205.

Offenbarung, Schrift und Kirche

Eine relecture von „Dei Verbum" im Licht vorbereitender und rezipierender Texte Joseph Ratzingers

1. „Dei Verbum" – das „Meisterstück des Konzils"

Die Offenbarungskonstitution „Dei Verbum“ entstand, so einer ihrer kundigsten Kommentatoren, in einem „Klima der Polemik“, und es fehlte nicht viel, dass sie gar nicht das Licht der Welt erblickt hätte.[1] Erst durch das entschiedene Eintreten Papst Pauls VI., der die Thematik in der Schlussansprache der zweiten Sessio am 4. Dezember 1963 wieder auf die Tagesordnung setzte, wurde der Ausformulierung eines der bedeutendsten Texte des Zweiten Vatikanischen Konzils der Weg bereitet. Umso erstaunlicher ist, dass, um das Urteil des Exegeten Pierre Grelot zu zitieren, das Konzil mit „Dei Verbum“ so etwas wie sein „Meisterstück“[2] vorgelegt hat. In einem Entstehungsprozess, der alle vier Sessionen begleitet und die Konzilsentwicklung insgesamt widerspiegelt, ist ein kurzer und

1 Henri de Lubac, Die Göttliche Offenbarung. Kommentar zum Vorwort und zum Ersten Kapitel der Dogmatischen Konstitution „Dei Verbum“ des Zweiten Vatikanischen Konzils (= Theologia Romanica 26), Freiburg 2001, 212.

2 Zitiert nach de Lubac, Die Göttliche Offenbarung (wie in Anm. 1) 245. Eine Zusammenstellung weiterer geradezu rühmender Urteile auch bei Helmut Hoping, Theologischer Kommentar zur Dogmatischen Konstitution über die Göttliche Offenbarung Dei Verbum, in: Peter Hünermann / Bernd Jochen Hilberath (Hg.), Herders Theologischer Kommentar zum Zweiten Vatikanischen Konzil, Band 3, Freiburg 2005, 695–831, hier 701. Für Walter Kasper etwa gehört die Offenbarungskonstitution „zu den ausgereiftesten und aufgeschlossensten Dokumenten des Konzils“. Das Urteil von Otto Hermann Pesch, DV sei „wohl der am meisten unausgeglichene Text des Konzils“ (in: Das Zweite Vatikanische Konzil. Vorgeschichte – Verlauf – Ergebnisse – Nachgeschichte, Neuausgabe: Würzburg 2001, 272), fällt damit aus dem Rahmen und ist begründet in einer Erwartungshaltung, der zufolge sich die katholische Lehre weitgehend der protestantischen anzugleichen habe.

schlüssiger Text entstanden von außerordentlicher Dichte und Prägnanz. Den Konzilsvätern gelang es, beraten von den renommiertesten Theologen der Zeit, aus einem ganz der nachtridentinischen Kontroverstheologie und ihrer neuscholastischen Ausprägung entstammenden Schema „De fontibus revelationis“[3] eine Konstitution zu formen, die das fundamentaltheologische Ringen der zurückliegenden Jahrzehnte positiv rezipierte. Das Offenbarungsdenken wird aus einer rationalistischen und intellektualistischen Verengung heraus- und einem biblisch angemessenen personalen Verständnis von Offenbarung als Selbstmitteilung Gottes zugeführt; die historisch-kritische Exegese wird nicht nur nolens volens zugelassen, sondern auf der Basis eines historischen Verständnisses von Offenbarung als unabdingbares Moment der Schriftdeutung integriert; nicht zuletzt wird durch das klare Bekenntnis zur überragenden Bedeutung der Heiligen Schrift im Leben der Kirche auch ein bedeutendes ökumenisches Signal gesetzt.

Schon ein erster Vergleich zwischen Titel und Struktur von vorbereitetem Schema „De fontibus revelationis“ mit dem Endtext „Dei Verbum“ zeigt den Fortschritt, der durch die Offenbarungskonstitution errungen wurde. Indem der Konzilstext mit einem Proömium und einem Ersten Kapitel „De ipsa revelatione“ eröffnet und darin das geschichtlich-personale Verständnis von Offenbarung und, ihr korrespondierend, von Glauben entfaltet, erhalten die im Schema „De fontibus revelationis“ noch als Offenbarungsquellen titulierten und interpretierten Größen Schrift und Tradition ihre sachgemäße Einordnung als Vermittlungsweisen (DV II: „De divinae revelationis transmissione“) der sowohl der Tradition als auch der Schrift vorausliegenden und sie transzendierenden Offenbarung selbst. Nicht nur der Themenkomplex „Schrift und Tradition“ erfährt durch die Vorordnung der „Offenbarung selbst“ eine Vertiefung, auch die in den weiteren Kapiteln drei bis fünf verhandelten Themen Inspiration, Irrtumslosigkeit und Auslegung der Schrift (DV III, 11–13), Altes Testament (DV IV, 14–16) und Neues Testament (DV V,17–20), werden durch das Vorzeichen der alles bestimmenden Revelatio ipsa in ein neues Licht gerückt und tiefer verstanden.[4] Kapitel VI

3 Der Text ist veröffentlicht u. a. in: ASCOV I/3, 14–26.

4 Vgl. Rudolf Voderholzer, Dogmatik im Geiste des Konzils. Die Dynamisierung der Lehre von den Loci theologici durch die Offenbarungskonstitution „Dei Verbum“, in: TThZ 115 (2006) 149–166. Siehe oben S. 61–81).

schließt mit sechs Artikeln über die Bedeutung der Heiligen Schrift im Leben der Kirche die Offenbarungskonstitution ab.

2. Joseph Ratzinger als Wegbereiter und Kommentator von „Dei Verbum"

Am Entstehen der Offenbarungskonstitution hat Joseph Ratzinger, seit dem Jahr 2005 Papst Benedikt XVI., maßgeblichen Anteil. Als Berater des Erzbischofs von Köln Josef Kardinal Frings arbeitete er mit diesem zusammen eine Reihe folgenreicher Wortmeldungen in der Konzilsaula aus, insbesondere diejenige vom 14. November 1962.[5] Professor Ratzinger hatte zusammen mit Karl Rahner einen Alternativentwurf zu De fontibus verfasst.[6] Ratzinger war Peritus der am 7. März 1964 gegründeten Subkommission der Theologischen Kommission, die die von Papst Paul VI. in der Schlussversammlung der zweiten Sessio geforderte Wiederaufnahme der Beratungen über das Offenbarungsschema aufgriff und den Endtext erarbeitete.[7] Joseph Ratzinger ist es auch, der den lange Zeit maßgeblichen und nach wie vor nicht überholten deutschen Kommentar zu den ersten beiden und zum sechsten Kapitel von „Dei Verbum" im Ergänzungsband 2 des Lexikons für Theologie und Kirche (Freiburg 1967) verfasste. Seit Kurzem ist nun auch der vollständige Wortlaut des Vortrags bekannt, den Joseph Ratzinger auf Bitten[8] des

5 ASCOV I/3, 34–36. Darin wird klar der Wunsch ausgesprochen, der Rede über Schrift und Tradition eine Darlegung über die „Offenbarung selbst" vorauszuschicken. Auch die Analyse des Begriffs fons/fontes ist sehr erhellend. Schrift und Tradition werden als fontes cognoscendi, die Offenbarung selbst als fons essendi qualifiziert. Ein Vergleich mit dem Vortragstext Joseph Ratzingers vom 10. Oktober 1962 zeigt die Quelle, aus der Frings schöpfte.

6 Yves Congar, Erinnerungen an eine Episode auf dem II. Vatikanischen Konzil (mit dem Anhang: Zwei Schema-Entwürfe), in: Elmar Klinger / Klaus Wittstadt (Hg.), Glaube im Prozeß. Christsein nach dem II. Vatikanum, FS für Karl Rahner, Freiburg 1984, 22–64; der Entwurf von Karl Rahner unter Mitarbeit von Joseph Ratzinger 33–50 (= JRGS 7, 183–209). Das Konzilstagebuch von Yves Congar, aus dem er einige Passagen für diesen Festschriftbeitrag vorab veröffentlicht hat, ist nunmehr vollständig publiziert: Yves Congar, Mon Journal du Concile, 2 vol., présenté et annoté par Éric Mahieu, Paris 2002.

7 Vgl. Joseph Ratzinger, Einleitung zu DV, in: LThK^2 Ergänzungs-Band 2, Freiburg 1967, 498–503, hier 501 (= JRGS 7, 725).

8 Frings hatte Ratzinger alle vorbereiteten Texte systematisch-theologischen Inhalts zur Begutachtung gegeben mit der Bitte, die jeweiligen Änderungen zu den vorher-

Kölner Erzbischofs am Vorabend der Konzilseröffnung am 10. Oktober 1962 im Saal der Anima in Rom vor den deutschsprachigen Bischöfen gehalten hat.[9] Doch damit nicht genug der neuen Quellenlage: Seit September 2009 liegt endlich auch der Teil der von Joseph Ratzinger 1955 bei der Theologischen Fakultät der Ludwig-Maximilians-Universität eingereichten Habilitationsschrift vor,[10] den er aufgrund der erheblichen Kritikpunkte des Zweitgutachters Michael Schmaus zurückgezogen und bislang nicht veröffentlicht hatte. Von dieser Habilitationsschrift sagt Ratzinger in seinen Lebenserinnerungen, dass ihm die dabei gewonnenen Erkenntnisse bezüglich des Zueinanders von Offenbarung, Schrift und Überlieferung bei den Konzilsdebatten zu dieser Fragestellung wertvolle Dienste geleistet haben.[11]

Im Folgenden soll eine relecture der Aussagen von „Dei Verbum" bezüglich Offenbarung, Schrift, Tradition und Kanon vorgenommen werden im Licht der vorbereitenden und kommentierenden Texte Joseph Ratzingers.

3. Kontexte des Entstehens: „Bibelstreit" und Neubestimmung des Traditionsbegriffs

Es waren vor allem zwei kritische Kontexte, die das Zustandekommen der Offenbarungskonstitution überschatteten, wenn nicht überhaupt gefährdeten. Da ist zunächst die als „Bibelstreit" am Vorabend des Konzils in die Theologiegeschichte eingegangene Debatte um die richtige Schriftauslegung zwischen Vertretern der

---

gehenden Fassungen festzustellen, anzugeben, was absolut abzulehnen sei und gegebenenfalls Verbesserungsvorschläge zu machen. Der Brief an Ratzinger vom 29. 8. 2009 als Faksimile in: Mitteilungen. Institut Papst Benedikt XVI. 2 (2009) 177.

9 Der Text des Vortrags Bemerkungen zum Schema „De fontibus revelationis" vom 10.10.1962 wurde erstmals publiziert von Jared Wicks, Six texts by Prof. Joseph Ratzinger as peritus before and during Vatican Council II, in: Gregorianum 89 (2/2008) 233–311, hier 296–309. Grundlage dieser Edition ist eine Kopie des Textes, wie sie sich im Nachlass von Piet Smulders SJ befand. Der Text wurde nach derselben Vorlage wieder gedruckt in: Mitteilungen. Institut Papst Benedikt XVI. 2 (2009) 36–48. Im Folgenden wird nach der letztgenannten Edition zitiert.

10 Joseph Ratzinger, Offenbarungsverständnis und Geschichtstheologie Bonaventuras (= JRGS 2), Freiburg 2009; der bislang unveröffentlichte Text Offenbarung und Heilsgeschichte nach der Lehre des heiligen Bonaventura, 52–417.

11 Joseph Ratzinger, Aus meinem Leben. Erinnerungen (1927–1977), Stuttgart 1998, 84.

Lateran-Universität und den beiden Exegeten des Päpstlichen Bibelinstituts Max Zerwick und Stanislaus Lyonnet.[12] Als Zweites ist die Auseinandersetzung um den Traditionsbegriff in seinem Verhältnis zur Schrift und zur Offenbarung zu nennen. Anlass für eine vertiefte Reflexion auf das Zueinander dieser Größen war nicht zuletzt die Dogmatisierung der Assumptio Mariae vom 1. November 1950 gewesen.[13] Die Frage, auf die sich letztlich das theologische Interesse konzentrierte, lautet: Wie muss das Verhältnis von Offenbarung, Schrift, Überlieferung und Lehramt bestimmt werden, wenn auch vom neuen Dogma gelten muss, dass es in der Offenbarung enthalten ist, andererseits weder ein Schriftwort im Literalsinn als Begründung herangezogen werden noch bezweifelt werden kann, dass es bis ins fünfte Jahrhundert hinein auch keine „nur mündliche" oder eben wie auch immer zu denkende „ungeschriebene Überlieferung" dazu gibt?

Die in Rom in den 1950er-Jahren noch bestimmende neuscholastische Schultheologie meinte diese Frage nur durch das Insistieren auf der Zwei-Quellen-Theorie befriedigend lösen zu können und brachte ihren Einfluss in der Vorbereitung des Konzils entspre-

12 Vgl. dazu Anthony Dupont / Karim Schelkens, Katholische Exegese vor dem Zweiten Vatikanischen Konzil (1960–1961), in: ZkTh 132 (2010) 1–24; die beiden Autoren kommen zu dem Schluss, dass die Wiedereinsetzung der beiden von Seiten exegesekritischer Systematiker verdächtigten Bibelwissenschaftler Lyonnet und Zerwick letztlich der Diplomatie der Konzilspäpste Johannes XXIII. und Pauls VI. und dem von ihnen gewiesenen „moderaten Mittelweg" der behutsamen Integration der historisch-kritischen Exegese in die katholische Theologie zu verdanken sei. Michael Karger, Aus den Zeitschriften, in: DT Nr. 26 vom 4. März 2010, 6, weist mit Recht darauf hin, dass diese der gängigen Konzilsrezeption entsprechende Deutung der ganzen und wahren Tragweite der gerade im Entstehen begriffenen Offenbarungskonstitution nicht gerecht werde. Nicht aufgrund bloß von diplomatischem Geschick, sondern aufgrund vor allem der sich mehr und mehr durchsetzenden Neubestimmung von Offenbarung als geschichtlicher Selbstmitteilung ist die Anwendung des historischen Methodenapparates nicht nur tolerabel, sondern zwingend geboten. Vgl. Ratzinger, Einleitung (wie in Anm. 7), 499 (= JRGS 7, 719): An der historisch-kritischen Exegese gibt es deswegen keinen Weg vorbei, weil „sie gerade als solche einem Anspruch der Sache der Theologie selbst entspricht". Vgl. schon Henri de Lubac, Catholicisme. Les aspects sociaux du dogme (= UnSa 3), Paris 1938, 119: „Dieu agit dans l'histoire. Dieu se révèle par l'histoire. Bien plus, Dieu s'insère dans l'histoire, lui conférant ainsi une ‚consécration religieuse' qui oblige de la prendre au sérieux" (dt. Glauben aus der Liebe. „Catholicisme", Freiburg ^{2}1992, 145).

13 Vgl. Heinrich Bacht, Tradition und Lehramt in der Diskussion um das Assumpta-Dogma, in: Michael Schmaus (Hg.), Die mündliche Überlieferung. Beiträge zum Begriff der Tradition, München 1957, 1–62.

chend zur Geltung. Der Tübinger Dogmatiker Josef Rupert Geiselmann versuchte nachzuweisen, dass die Theorie von den zwei Quellen die Lehre des Konzils von Trient missverstanden habe. In der Tat spricht Trient nur von dem einen „fons" (DS 1501 „tamquam fontem"), welches das Evangeliums ist. Die Rede von den „zwei Quellen der Offenbarung" ist letztlich einer (bis zur 30. Auflage 1955 nachzuweisenden, in DS mittlerweile weggelassenen) redaktionellen Klammer in Denzingers Enchiridion symbolorum zu D 1787 (= DS 3006) verdankt.[14] Geiselmann entwickelte demgegenüber ein Verständnis von Tradition als „Kirchenbindung" der Schrift, die aber alles für den Glauben Grundlegende enthält.

Die Konzilsdiskussion zum Verhältnis von Schrift und Überlieferung stand denn auch ganz wesentlich „im Schatten" der Studien, die Geiselmann als Frucht seiner Beschäftigung mit den katholischen Tübinger Theologen des 19. Jahrhunderts und vor dem Hintergrund der durch die Dogmatisierung von 1950 neu entstandenen Herausforderungen vorgelegt hatte.[15]

Joseph Ratzinger nun schließt sich in seiner Habilitationsschrift zumindest soweit Geiselmann an, als er ein Verständnis von „Tradition" als ungeschriebene Überlieferung neben der schriftlichen der Bibel als unangemessen infrage stellt.[16] In seinem Vortrag vom Vor-

---

14 Darauf macht Josef Rupert Geiselmann aufmerksam in: Schrift und Tradition. Welche Funktion haben Schrift und Tradition mit Bezug auf das geoffenbarte Wort Gottes, in: LebZeug 19 (1964) 59–90, hier 59.

15 Vgl. Josef Rupert Geiselmann, Die Heilige Schrift und die Tradition. Zu den neueren Kontroversen über das Verhältnis der Heiligen Schrift zu den nichtgeschriebenen Traditionen (= QD 18), Freiburg 1962. Diesem von Ratzinger als „Summa de traditione" gewürdigten – freilich in seiner entscheidenden Aussage schließlich vernichtend kritisierten – Buch (Joseph Ratzinger, Rez. Geiselmann, Die Heilige Schrift und die Tradition, in: ThPQ 111 [1963] 224–227, hier 224) gingen voraus: Josef Rupert Geiselmann, Marienglauben und Marienmythos, in: Maria in Glaube und Frömmigkeit, hg. vom Bischöflichen Seelsorgeamt Rottenburg, Stuttgart 1954, 39–91; ders., Das Konzil von Trient über das Verhältnis der Heiligen Schrift und der nicht geschriebenen Traditionen. Sein Missverständnis in der nachtridentinischen Theologie und die Überwindung dieses Missverständnisses, in: Michael Schmaus (Hg.), Die mündliche Überlieferung, München 1957, 123–206; ders., Die Tradition, in: Johannes Feiner / Josef Tütsch / Franz Böckle (Hg.), Fragen der Theologie heute, Einsiedeln / Zürich / Köln 1957, 69–108; ders., Schrift – Tradition – Kirche. Ein ökumenisches Problem, in: Maximilian Roesle / Oscar Cullmann (Hg.), Begegnung der Christen, Festschrift für Otto Karrer, Stuttgart / Frankfurt 1959, 131–159. Geiselmann konnte sich auf Vorarbeiten stützen von Edmond Ortigues, Écritures apostoliques au concile de Trente, in: RSR 36 (1949) 271–299.

16 Ratzinger, Offenbarung und Heilsgeschichte nach der Lehre des heiligen Bonaventura [1955], in: JRGS 2, 66.

abend der Konzilseröffnung nennt Ratzinger Geiselmann namentlich, wenn er die angehenden Konzilsväter deutscher Sprache vor den verheerenden Konsequenzen warnt, die eine Verabschiedung des Schemas De fontibus durch das Konzil mit sich bringen würde: „Es ist klar, dass diese Lehre [von Schrift und Tradition als zwei „Fontes revelationis"], die zweifellos eine starke Mehrheit theologischer Lehrbücher hinter sich hat, hier zunächst weniger gegen die reformatorischen Bekenntnisse selbst gerichtet ist, sondern dass die unmittelbare Frontrichtung anderswohin zielt. Es handelt sich um jene Versuche einer Neubesinnung auf das Wesen der Tradition, die in Deutschland vor allem durch die Arbeiten des Tübinger Dogmatikers Geiselmann in Gang gekommen ist. [...] Die weiteren Überlegungen Geiselmanns stehen hier nicht zur Debatte; dass Trient einen Spielraum lassen wollte, kann tatsächlich kaum in Zweifel gezogen werden. Das bedeutet, dass bis zur Stunde in der Kirche sowohl die Meinung derjenigen ein Recht hat, die an die Existenz besonderer, nur in der Überlieferung enthaltenen Wahrheiten glauben, wie auch die Meinung derjenigen, die an eine materiale Vollständigkeit der Schrift denken. Die wörtliche Annahme des gegenwärtigen Schemas würde zur Folge haben, dass es mit dieser Offenheit von jetzt an zu Ende wäre und dass das partim-partim der Sache nach jetzt doch noch zu einem späten Siege käme. Für einen solchen Schritt gibt es keine neuen Gründe, wohl aber neue Gegeninstanzen."[17] Ratzinger fährt fort, indem er die Versuche ad absurdum führt, bestimmte Inhalte des Glaubens mit einer vermeintlichen mündlichen apostolischen Tradition zu begründen: „Die Geschichte kann praktisch keinen Satz nennen, der einerseits nicht in der Schrift enthalten ist und andererseits auch nur mit einiger historischer Wahrscheinlichkeit bis auf die Apostel zurückgeführt werden könnte. Gerade die drei klassischen Lehrbuchbeispiele – Kanon der Schrift, Siebenzahl der Sakramente, Kindertaufe – bestehen diese Probe nicht. Wer die Kanongeschichte kennt, der weiß auch, welch mühsames Ringen um die Abgrenzung dessen sie einschließt, was die Kirche als Kanon, als regula ihrer selbst anerkennen will und was nicht. Nein, die Kirche hatte keine fertig formulierte Mitteilung des letzten Apostels zur Verfügung, der testamentarisch hinterließ, welche Bücher zusammen die Schrift

17 Ratzinger, Bemerkungen zum Schema „De fontibus revelationis" (wie in Anm. 9), 39 (= JRGS 7, 161).

ausmachen sollten."[18] Seine eigene Position erläutert der junge Berater von Kardinal Frings dann wie folgt: Die Kirche „musste in der Selbstbesinnung auf den in ihr wirksamen Heiligen Geist in der Mühsal menschlicher Geschichte sich fragen, in welchen Büchern sie diesen Geist erkannte und welchen nicht, ehe sie scheiden konnte, was ihr Wesensgesetz ausdrückte und was nicht. Und dieses lebendige Ringen im Heiligen Geist, das ist der Vorgang des ‚tradere', das ist das über die Schrift und ihren Buchstaben hinausgreifende Plus der Tradition, nicht aber ein fertiger material zu tradierender Satz."[19] Dieses hier von Ratzinger zumindest angedeutete Verständnis von Tradition ist mit „Kirchenbindung" der Schrift, wie bei Geiselmann, noch zu schwach beschrieben. Überlieferung ist für Ratzinger der vom Heiligen Geist ermöglichte und getragene Prozess der je neuen Aneignung und des vertieften Verstehens des in der Schrift bezeugten Offenbarungsgeschehens im Glaubensbewusstsein der Kirche.

Die von Geiselmann vorbereiteten und von Ratzinger und natürlich auch vielen anderen vorgebrachten Einwände gegen das Schema De fontibus verfehlten ihre Wirkung nicht.

4. Zur Verhältnisbestimmung von Schrift und Überlieferung in „Dei Verbum"

Der erste und grundlegende Schritt zur Neubestimmung des Schrift-Tradition-Verhältnisses in „Dei Verbum" besteht in der Nach- und Unterordnung der beiden Größen unter die „Revelatio ipsa", so dass deutlich wird, dass scriptura und traditio nicht Fontes revelationis, wie der Titel des Schemas insinuierte, sondern „Modi transmissionis revelationis" sind. Ihr Wesen und ihre Zuordnung wird im zweiten Kapitel von DV dargelegt. Bemerkenswert ist, dass sodann zunächst von der traditio gehandelt wird, was dem historischen Sachverhalt entspricht, dass die Schrift selbst aus der Tradition hervorgeht. DV 8 folgert aus dem spezifischen Wesen der Überlieferung als Modus der Weitergabe der Offenbarung die

---

18 Ratzinger, Bemerkungen zum Schema „De fontibus revelationis" (wie in Anm. 9), 39 (= JRGS 7, 161).

19 Ratzinger, Bemerkungen zum Schema „De fontibus revelationis" (wie in Anm. 9), 39f (= JRGS 7, 162).

Möglichkeit und Tatsächlichkeit eines Fortschritts in der Offenbarungserkenntnis (mit Hinweis auf die marianische Typologie Lk 2,19 und 51). DV 9 unterstreicht die gegenseitige Verwiesenheit von Schrift und Überlieferung, die nur zusammen bestehen können, weswegen in diesem Artikel das protestantische Sola scriptura implizit zurückgewiesen wird: „quo fit ut Ecclesia certitudinem suam de omnibus revelatis non per solam Sacram Scripturam hauriat." Am stärksten der traditionellen Sprechweise verpflichtet ist der letzte Satz von DV 9, der eine Formulierung von Trient aufgreifend dazu auffordert, Schrift und Überlieferung „pari pietatis affectu ac reverentia" zu verehren.[20]

DV 10 schließt mit einer die verschiedenen Größen harmonisch aufeinander beziehenden Formulierung: „Es zeigt sich also, dass die Heilige Überlieferung, die Heilige Schrift und das Lehramt der Kirche gemäß dem weisen Ratschluss Gottes so miteinander verknüpft und einander zugesellt sind, dass keines ohne die anderen besteht und dass alle zusammen, jedes auf seine Art, durch das Tun des einen Heiligen Geistes wirksam dem Heil der Seelen dienen."

Über das Kapitel II hinaus kommt „Dei Verbum" allerdings noch mehrfach auf das Verhältnis von Schrift und Überlieferung zu sprechen. Zunächst werden in DV 12 nach der positiven Bestimmung der Methoden der historisch-kritischen Exegese auch die Prinzipien der „traditionellen" Hermeneutik in Erinnerung gerufen: „Analogia fidei" und Beachtung der „Einheit der Schrift" im Sinne geistiger Schriftauslegung. Es wird damit offenkundig vorausgesetzt, dass die modernen Methoden der Exegese und die traditionelle Hermeneutik sich nicht ausschließen, sondern einander ergänzen und gegenseitig befruchten.[21] Die darin sich ausdrückende Vision war für viele zeitge-

20 Das Konzil verweist in der Fußnote auf Trient, und Trient griff auf eine Formel Basilius' des Großen zurück. Es ist freilich zu beachten, dass weder Basilius noch Trient das spezifische Schrift-Tradition-Verhältnis im Blick haben. Vielmehr leitet sie die Sorge „um die Treue zur liturgischen Überlieferung. Im Konzil von Trient ging es vor allem um den Kanon der römischen Messe" (Hoping, Theologischer Kommentar zu DV [wie in Anm. 2], 762).

21 Der auf der Lehre des Konzils, insbesondere auch auf „Dei Verbum", aufbauende und unter der Regie der Kongregation für die Glaubenslehre erarbeitete „Katechismus der Katholischen Kirche" (1992/93) wird die von Henri de Lubac erforschte und ihrer ganzen Tragweite wieder erschlossene Lehre vom vierfachen Schriftsinn als ganzheitlichen Zugang zur Heiligen Schrift empfehlen (Nr. 115–119). In der Tat ist die Lehre vom vierfachen Schriftsinn geeignet, historische und theologische Exegese aufeinander zu beziehen. Auch auf Seiten protestantischer Theologie werden Stimmen

nössische Beobachter das Musterbeispiel eines (schlechten) Kompromisses. Einige Zeit später sollte sich auf überraschende Weise zeigen, dass gerade in dieser Hinsicht „Dei Verbum“ eine ungeahnte Aktualität besitzt, worauf später noch näher eingegangen wird.

DV 21 schließlich greift die Thematik nochmals auf und spricht davon, dass die Kirche die Heilige Schrift immer „una cum Sacra Traditione“ als „höchste Richtschnur ihres Glaubens“ (supremam fidei suae regulam) angesehen habe. Ratzinger spricht von einer glücklichen Ergänzung der Formulierung von DV 9, insofern einerseits der „spezifische Normcharakter“ der Schrift für die Kirche festgehalten worden sei, andererseits durch den Verzicht auf die noch in der Textfassung F enthaltenen Begriffe „norma“ und „auctoritas“ vermieden wurde, in die theologischen Schuldebatten um diese Terminologien einzugreifen.

Ratzingers Resümee zu DV im Hinblick auf die Schrift-Tradition-Problematik im Kommentar von 1967 ist zurückhaltend. Rückblickend, so stellt er fest, war die durch die Geiselmann-Debatte vorgegebene Fragestellung einer wirklich sachgemäßen Durchdringung des Problems nicht förderlich. Immerhin sei es ein Fortschritt gewesen, durch die neue Zuordnung von Schrift und Tradition zur Offenbarung selbst die Fragestellung transzendiert und auf eine neue Ebene geführt zu haben. Das vom Konzil Erreichte ist nach Ratzingers Kommentar von 1967 eher als ein „notwendiges Durchgangsstadium“, nicht schon als eine wirkliche Lösung anzusehen.[22] Wie aber hätte eine solche Lösung nach Auffassung Ratzingers aussehen können? Seinen Texten, angefangen von der Habilitationsschrift von 1955, über die Auseinandersetzung mit Geiselmann ab dem Jahr 1962[23] bis hin zum grundlegenden Artikel

---

laut, die von „Wahrheitsmomenten“ dieser Lehre sprechen. Vgl. Rudolf Voderholzer, Die Einheit der Schrift und ihr geistiger Sinn. Der Beitrag Henri de Lubacs zur Erforschung von Geschichte und Systematik christlicher Bibelhermeneutik (= Sammlung Horizonte N.F. 31), Freiburg 1998, 483f. Vgl. auch Norbert Lohfink, Bibelauslegung im Wandel, Frankfurt 1967, 23: „Die uns heute so fremdartig anmutende Hermeneutik des vierfachen Schriftsinns war nichts als ein genialer und durch viele Jahrhunderte hindurch praktizierter Versuch, jeden einzelnen Text der Bibel immer vom Ganzen her und auf das Ganze hin zu lesen und dabei nicht loszulassen, bis der Text so durchsichtig geworden war, dass er seine Bedeutung für die eigene Glaubensexistenz aufleuchten ließ.“

22 Ratzinger, Einleitung (wie in Anm. 7), 499 (= JRGS 7, 718).

23 Besonders in der Besprechung von Geiselmanns Buch Die Heilige Schrift und die Tradition, Freiburg 1962, in: ThPQ 111 (1963) 224–227, sowie dann in der Münste-

„Tradition" im Lexikon für Theologie und Kirche[24] ist die Antwort darauf zu entnehmen.

5. Kirche als Subjekt der Offenbarungsannahme im Glauben

Nachdem Ratzinger anfangs Geiselmann zumindest partiell zugestimmt hatte, kam es ab 1962 zu einer heftigen Auseinandersetzung mit dem Tübinger Kollegen um die nähere Bestimmung des Begriffs von „Tradition", die für Ratzinger nicht nur mit dem Aspekt der Weitergabe der Offenbarung, sondern bereits mit ihrer Annahme beim menschlichen Adressaten unauflöslich verbunden ist. „Zur Offenbarung gehört vom Begriff selbst her ein Jemand, der ihrer inne wird",[25] auf diese von ihm selbst in seinen Lebenserinnerungen geprägte Kurzformel, die dem Band 2 der JRGS denn auch als Motto dient, lässt sich Ratzingers eigener Ansatz auf den Punkt bringen. Schon in der Habilitationsschrift hatte Ratzinger formuliert: „Der Satz: Neben der Schrift ist die heilige Überlieferung Quelle der ‚Offenbarung' (= Offenbarungserkenntnis) besagt also demnach *erstlich* nicht, dass es da über die Schrift hinaus noch einen Vorrat von ‚Offenbarungswahrheiten' gibt, die neben der Schrift einher weiterüberliefert werden, er besagt vielmehr, dass

---

raner Antrittsvorlesung vom 28. Juni 1963, die unter dem Titel Ein Versuch zur Frage des Traditionsbegriffs in die mit Karl Rahner zusammen veröffentlichte QD 25, Freiburg 1965, 25–69, eingegangen ist.

24 Joseph Ratzinger, Art. Tradition. III. Systematisch, in: LThK² 10, 293–299. Vgl. die einleitend gegebene Situierung des Phänomens Tradition: „Das *Phänomen* der Tradition im umfassenden Sinn des Wortes resultiert im Christlichen zunächst einfach aus der wesentlichen Geschichtlichkeit des Glaubens, der den Einzelnen seinem Einzelsein entreißt und ihn einfügt in den von Christus her kommenden Geschichtszusammenhang. Die Bindung an das einmalige Christusereignis als an die rettende Verwandlung der menschlichen Existenz geschieht ja nicht anders als in der Einbeziehung in jene Geschichte, die aus diesem Ursprung hervorgewachsen ist und die Weise seiner bleibenden Anwesenheit unter den Menschen darstellt." In diesem Artikel betont Ratzinger auch das immer schon gegebene traditionskritische Moment des christlichen Glaubens, wenn er etwa auf Tertullians Wort verweist, Christus habe sich die Wahrheit, nicht die Gewohnheit genannt (De virginibus velandis 1,1). Das Gegenüber von (traditionskritischer) Schrift und Kirche wird nach Ratzinger jedoch immer nur ein „relatives" sein können, insofern dieses Gegenüber von einer „tieferen Untrennbarkeit beider unterfangen" (ebd. 297) ist.

25 Ratzinger, Aus meinem Leben (wie in Anm. 11), 84.

die Schrift nicht einfach als totes historisches Buch schon ‚Offenbarung' Gottes ist, die demnach jedem, auch dem profanen Leser hier zugänglich und ‚verfügbar' (!) wäre, sondern dass sie vielmehr nur in den Händen der lebendigen Kirche in ihrer Verkündigung zur Offenbarung wird."[26] Im Gespräch mit Bonaventura entwickelt Ratzinger eine Sicht von Tradition, die sie mit dem Empfang der Offenbarung verknüpft und somit konstitutiv sein lässt für die Offenbarung selbst.[27] Das gläubige Subjekt Kirche, geschichtlich gesprochen: die Tradition, ist nicht nur für die Weitergabe der Offenbarung verantwortlich, so als könne man die „Offenbarung" – objektiv in der Schrift gefasst, wie oft noch vorausgesetzt ist – als solche noch einmal unabhängig vom Glaubenssubjekt der Kirche „haben".[28] Joseph Ratzinger kann Geiselmann in dem Moment

26 Joseph Ratzinger, Offenbarung und Heilsgeschichte nach der Lehre des heiligen Bonaventura [1955] (wie in Anm. 10), 66f. Eine Selbstinterpretation seiner Habilitationsschrift gibt Ratzinger beispielsweise auch in seinem Vortrag zur Katechese in Frankreich: Glaubensvermittlung und Glaubensquellen, in: Ders., Die Krise der Katechese und ihre Überwindung. Rede in Frankreich, Einsiedeln 1983, 13–39, hier 28: „Als ich vor rund 30 Jahren eine Untersuchung über das Verständnis von Offenbarung in der Theologie des 13. Jahrhunderts zu schreiben versuchte, stieß ich auf den unerwarteten Tatbestand, dass damals niemand auf die Idee gekommen wäre, die Bibel als ‚die Offenbarung' zu bezeichnen. Auch das Wort ‚Quelle' wurde nicht auf sie angewandt. Nicht als ob die Einschätzung der Bibel damals geringer gewesen wäre als heute. Ganz im Gegenteil, der Respekt vor ihr war viel unbedingter, und es war klar, dass Theologie rechtens nichts anderes als Schriftauslegung sein kann und darf. Aber die Vorstellung von dem Zusammenklang zwischen Geschriebenem und Lebendigem war anders als heute. Deshalb wandte man das Wort Offenbarung nur einerseits auf den in Menschenworten nie einholbaren Akt an, in dem Gott sich seinem Geschöpf kundmacht, und andererseits auf den Akt des Empfangens, in dem dem Menschen diese Zuwendung Gottes aufgeht und zur Offenbarung wird. Alles in Worten Festzuhaltende, also auch die Schrift, ist dann Zeugnis von Offenbarung, aber nicht die Offenbarung selbst." De Lubac hat einen Auszug aus diesem Vortrag als Kommentar zu „Dei Verbum" der dritten Auflage seines eigenen Kommentars angefügt: Die Göttliche Offenbarung (wie in Anm. 1), Anhang V, 270–272.

27 Ausführlicher dazu: Rudolf Voderholzer, Offenbarung und Kirche. Ein Grundgedanke des Habilitationsprojektes Joseph Ratzingers (1955/2009) und seine theologische Tragweite, in: Marianne Schlosser / Franz-Xaver Heibl (Hg.), Gegenwart der Offenbarung. Zu den Bonaventura-Forschungen Joseph Ratzingers (= Ratzinger-Studien 2), Regensburg 2011, 50–73.

28 Im Vortrag vom 10. Oktober 1962 führte er in demselben Sinne aus, die Kirchenväter hätten unter Paradosis nicht Einzelsätze verstanden, „die neben der Schrift einherlaufen (sie haben vielmehr die Existenz solcher Sätze entschieden bestritten), sondern sie verstehen darunter die Einfügung der Schrift in den lebendigen Organismus der Kirche und das Eigentumsrecht der Kirche auf die Schrift, wie es Tertullian in seiner Praescriptio haereticorum klassisch formuliert hat. Tradition – das heißt für sie

nicht mehr zustimmen, als dieser aus der unbestreitbaren Tatsache, dass Überlieferung nicht eine Sammlung materialer Sätze darstellt, die neben der Schrift als „ungeschriebene" Inhalte überliefert werden, schlussfolgert, die Heilige Schrift sei deshalb suffizient und man könne von Seiten der katholischen Theologie dem protestantischen Sola scriptura entgegenkommen.[29] Ratzinger hält dieser Konzeption Geiselmanns vor, letztlich gegen die eigene Absicht doch wieder in die Historisierung, Objektivierung und Intellektualisierung des Offenbarungsbegriffs zurückgefallen zu sein, insofern in seiner Konzeption Offenbarung lediglich als Schatz von „‚suffizient' mitteilbaren Wahrheiten"[30] verstanden werde. Somit aber erweist sich Geiselmanns vermeintlich neue Lösung als noch immer der alten Fragestellung verhaftet. Ratzinger nahm den prominenten Ort seiner Münsteraner Antrittsvorlesung zum Anlass, seine Geiselmann-Kritik auszuführen, sie mit einer positiven Darstellung des Zusammenhangs von Offenbarung, Tradition und Schrift zu verbinden und Geiselmann mit einer eigenen Interpretation des Trienter Dekretes „Über die Annahme der Heiligen Bücher und der Überlieferungen" zu entkräften. Zunächst wird die Rede von der Schriftsuffizienz im Rahmen der katholischen Theologie problematisiert: „Was heißt eigentlich ‚Suffizienz der Schrift'? Auch Geiselmann kommt als katholischer Theologe nicht daran vorbei, die katholischen Dogmen als solche festzuhalten, und keines darunter ist sola scriptura zu gewinnen, die großen altchristlichen Dogmen des einstigen consensus quinquesaecularis nicht und die neuen von 1854 und 1950 noch weniger. Was hat dann aber die Rede von der Suffizienz der Schrift noch für einen Sinn? Droht sie nicht, zu einem gefährlichen Selbstbetrug zu werden, mit dem wir zunächst uns, dann aber auch die anderen täuschen (oder sie vielleicht gerade nicht täuschen!)? Mindestens muß man, um einer-

einfach ‚scriptura in ecclesia', Schrift lebt in der lebendigen Aneignung durch die geisterfüllte Kirche und nur so ist sie sie selbst" (Ratzinger, Bemerkungen zum Schema „De fontibus revelationis" [wie in Anm. 9], 40f. [= JRGS 7, 163]).

29 Geiselmann spricht ausdrücklich von der „Suffizienz der Schrift", was den Glauben betrifft, in: Die Heilige Schrift und die Tradition (wie in Anm. 15), 257–273, wenngleich er ebd. 271f. sagt, er habe bereits bei der Dogmatikertagung von 1956 dieselbe Position vertreten.

30 Joseph Ratzinger, Rez. Geiselmann, Die Heilige Schrift und die Tradition, in: ThPQ 111 (1963) 224–227, hier 225. Vgl. auch ders., Zur Katechismuslehre von Schrift und Tradition, in: ThRv 60 (1964) 217–224.

seits dabei zu bleiben, daß die Schrift alle Offenbarungswahrheit enthält und andererseits etwa das Dogma von 1950 eine Offenbarungswahrheit ist, zu einem so weit gedachten Suffizienzbegriff Zuflucht nehmen, daß das Wort ‚Suffizienz' jede ernsthafte Bedeutung verliert"[31]. Das Problem kann nach Ratzinger nur gelöst werden, wenn man die Fragestellung auf die Verhältnisbestimmung von Offenbarung und Tradition hin ausweitet, so wie er es in der Bonaventura-Studie bereits getan hatte: Offenbarung transzendiert nicht nur die Schrift, insofern sie mit der Wirklichkeit des geschichtlich sich mitteilenden Gottes selbst zu tun hat. Offenbarung überschreitet das Phänomen der Schrift allein auch insofern, als sie das gläubige Subjekt voraussetzt, denn ohne die im Glauben angenommene Offenbarung ist nichts wirklich offenbar. Aus der Inkongruenz von Offenbarung und Schrift und der konstitutiven Bedeutung des Offenbarungsempfangs für die Offenbarung sowie einer Sicht von Überlieferung als geschichtlicher Gestalt der Offenbarungsannahme folgt für Ratzinger, dass es für eine katholische Theologie kein Sola scriptura geben kann. Tradition ist die in die Zeit erstreckte Kirche als Subjekt des Offenbarungsempfangs. Die „Subjektivität" der Kirche als Empfängerin der Offenbarung ist nicht nur in der Ursprungssituation konstitutiv, sondern dies gilt auch für ihre gesamte geschichtliche Existenz. In dieser Richtung ist nach Ratzinger auch das Konzil von Trient zu interpretieren:[32] In den Trienter Debatten ließen sich vier Schichten des Überlieferungsbegriffs feststellen: „1. das Eingeschriebensein der Offenbarung = des Evangeliums nicht bloß in der Bibel, sondern im Herzen; 2. das Sprechen des Heiligen Geistes die ganze Zeit der Kirche hindurch; 3. die konziliare Aktivität der Kirche; 4. die gottesdienstliche Überlieferung und die gesamte Lebensüberlieferung der Kirche."[33] Von dieser differenzierten, die existentielle und personale (im Herzen!) Aneignung der Offenbarung durch die Kirche, die vom Heiligen Geist getragen ist und nicht nur für die Gründungssituation der Kirche sondern für jede Phase ihrer geschichtlichen Existenz relevant ist, und die nicht nur die konziliare Lehrverkündigung, sondern auch (anders als dann die Auflistung des Melchior Cano) die Liturgie als Locus theologicus mit einbezieht, erhofft sich

31 Ratzinger, Ein Versuch zur Frage des Traditionsbegriffs (wie in Anm. 23), 32.
32 Siehe Ratzinger, Ein Versuch zur Frage des Traditionsbegriffs (wie in Anm. 23), 66–68.
33 Ratzinger, Ein Versuch zur Frage des Traditionsbegriffs (wie in Anm. 23), 67.

der gerade in Münster antretende Professor für Dogmatik auch und gerade für die noch im Entstehen begriffene Offenbarungskonstitution entscheidende Impulse. In diesen Schichten nämlich drücke sich „die eine Realität des christlichen Präsens aus, in welchem freilich auch die ganze nachapostolische (und freilich auch schon mitten in die apostolische Zeit zurückreichende) Vergangenheit der Kirche mit gegenwärtig ist als das Ganze des kirchlichen Lebens, in dem die Schrift ein zentrales, aber niemals das einzige Element ist".[34]

Wenn Ratzinger in seinem Resümee zu DV 9 von einem „Durchgangsstadium" sprach, so sollte sich dies, blickt man auf die Rezeptionsgeschichte von „Dei Verbum", bewahrheiten, allerdings in einem anderen Sinne als in dem von Ratzinger erhofften. Während Ratzinger zufolge der „Zwischenstation" ein Stadium hätte folgen sollen, in dem sich die oben skizzierte pneumatologische Sicht durchsetzt, führte der „Durchgang" in der populärtheologischen Wahrnehmung des Konzils jedoch oft zu Engführungen oder Verzerrungen der Perspektive,[35] wenn nicht gar zu der Auffassung, die katholische Kirche habe sich in vollem Umfang der protestantischen Sichtweise angeschlossen, und nur theologische Borniertheit halte wider besseres Wissen an den überholten Positionen der nachtridentinischen Kontroverstheologie fest. Symptomatisch für diese Deutung ist Hermann Häring, der unter Berufung auf Geiselmann behauptet, die katholische Theologie habe im 20. Jahrhundert wiederentdeckt, dass die Bibel die einzige „Offenbarungsquelle" sei und dass das Konzil dies auch so rezipiert habe.[36] Allerdings sei „Dei Verbum" insgesamt halbherzig geblieben, inso-

34 Ratzinger, Ein Versuch zur Frage des Traditionsbegriffs (wie in Anm. 23), 68.

35 Am Ende seines LThK²-Artikels „Tradition" (wie in Anm. 24) prognostizierte Ratzinger (das Manuskript dürfte noch vor Abschluss des Konzils abgeschlossen worden sein), die Offenbarungskonstitution werde vermutlich „eine weiterführende Auslegung von Trient und I. Vaticanum eröffnen, in der das besondere Gewicht der Schrift im Gesamtaufbau der Tradition wie auch die Bedeutung des pneumatologischen Elements stärker hervortreten wird" (298). Henri de Lubac konstatierte bereits 1968, viele sähen in „Dei Verbum" fälschlich eine „Bibel-Konstitution", und nicht, wie es der Wahrheit entspricht, eine „Offenbarungs-Konstitution", ein Unterschied von erheblicher Tragweite, ist doch für das Konzil die Offenbarung etwas Umfassenderes und Grundlegenderes als die Schrift: Die Göttliche Offenbarung (wie in Anm. 1), 210f.

36 Hermann Häring, Theologie und Ideologie bei Joseph Ratzinger, Düsseldorf 2001, 77. Ähnlich zuvor schon Hans Küng, Theologie im Aufbruch. Eine ökumenische Besinnung, München / Zürich 1987, 67–71.

fern auch der Tradition und dem kirchlichen Lehramt bleibende Geltung eingeräumt werde, weswegen sich Ratzinger auch auf („den Buchstaben von“ – wäre wohl zu ergänzen) „Dei Verbum“ berufen könne. Dass die Verhältnisbestimmung von Schrift und Tradition[37] in „Dei Verbum“ noch unter der durch die Geiselmann-Debatte bestimmten Ausgangslage gelitten und insofern nicht als restlos befriedigend zu bezeichnen ist, räumt auch der mittlerweile zu Papst Benedikt XVI. gewordene Kommentator von „Dei Verbum“ im Ergänzungsband 2 des LThK² ein. Joseph Ratzinger aber gegen einen vermeintlichen „Geist des Konzils“ auszuspielen, stellt die geschichtliche Logik auf den Kopf.

Bevor abschließend die wichtigste Veränderung des Rezeptionskontextes von „Dei Verbum“ in der Gegenwart in den Blick genommen wird, sei, wiederum mit Joseph Ratzinger, kurz auf eine Entwicklung in der Verwendung des Begriffs „Tradition“ hingewiesen, deren Bedenklichkeit jedem sofort einleuchten wird, der in ökumenischen Arbeitskreisen um die Wiedergewinnung der Einheit ringt und den sich dort mehr und mehr einbürgernden Sprachgebrauch kennengelernt hat. Es fällt auf, dass seit einiger Zeit „Tradition“ einfach gleichbedeutend mit „Konfession“ genommen wird im Sinne der faktisch vorfindlichen konkreten Gestaltung des jeweils Christlichen: die „evangelisch-lutherische Tradition“ oder eben die „katholische Tradition“. „Dabei ist die Frage völlig unwichtig, wann und wie eine Tradition entstanden ist. Dass sie kirchliches Leben tragen konnte und kann, gibt ihr Recht im ökumenischen Suchen. So erhält das Faktische – das Dasein und das Sich-Durchhalten einer Übung – ein bisher unbekanntes Gewicht.“[38] So sehr damit die Möglichkeit gewonnen ist, alte Vorurteile zu überwinden und eine neue Unbefangenheit im Umgang miteinander zu erzielen, muss doch auch die Grenze einer solchen terminologischen Verschiebung bedacht werden: „Denn wenn man sich vollends darauf einigen würde, alle Konfessionen schlicht als Traditionen zu betrachten, dann hätte man sich von der Frage der Wahrheit vollends

---

37 Vgl. zur Frage der Deutung der entsprechenden Konzilsaussagen umfassend Achim Buckenmaier, „Schrift und Tradition“ seit dem Vatikanum II. Vorgeschichte und Rezeption (= Konfessionskundliche und kontroverstheologische Studien LXII), Paderborn 1996.

38 Joseph Ratzinger, Probleme und Hoffnungen des anglikanisch-katholischen Dialogs, in: Ders., Kirche, Ökumene und Politik. Neue Versuche zur Ekklesiologie, Einsiedeln 1987, 67–96, hier 93f. (= JRGS 8, 1015f.).

abgeschnitten, und Theologie wäre nur noch eine Form von Diplomatie, von Politik."[39] Abgesehen von der damit angesprochenen relativistischen Tendenz eines solchen Sprachgebrauchs ist zu bedenken, dass man sich dadurch auch um die Früchte einer wichtigen Differenzierung bringt, die im ökumenischen Gespräch allgemeine Zustimmung erfahren hat, dass nämlich die Traditio im Singular (und groß geschrieben) die Vermittlungsweise der Offenbarung bezeichnet, wovon die traditiones als die menschlichen Bräuche und Überlieferungen (im Plural, klein geschrieben) zu unterscheiden sind.

Während hinsichtlich der Rezeption des vom Konzil formulierten Verhältnisses von Offenbarung, Schrift und Lehramt eher eine verengte Sicht zu dominieren scheint, so als habe sich die katholische Kirche auf das protestantische Schriftprinzip zubewegt, die wahre Leistung von „Dei Verbum", der „verkannten Offenbarungskonstitution" (Georg Steins), also im Grunde noch immer ihrer Entdeckung und angemessenen Würdigung harrt, hat die Entwicklung in der Biblischen Hermeneutik mittlerweile zu einer Situation geführt, die ein ganz neues Licht auf die Aussagen der Offenbarungskonstitution zur Schriftauslegung werfen.

6. „Die veränderte hermeneutische Großwetterlage" – Kanon-gemäße Auslegung der Schrift

„Konservativ zu sein, bedeutet manchmal, an der vordersten Front der Entwicklung zu stehen."[40] Mit diesen Worten eröffnet Manfred Oeming das Vorwort zum zweiten Band der deutschen Übersetzung von Brevard S. Childs' „Theologie der einen Bibel". Oeming rechtfertigt die Vorlage dieses Hauptwerkes des prominentesten Vertreters des canonical approach in deutscher Sprache, indem er zu bedenken gibt, ob nicht „in der auf hohem Niveau vollzogenen Einholung der Tradition in den Horizont der Gegenwart die Zukunft der Wissenschaft und der Kirche" liege. Ludger Schwienhorst-Schönberger hat längst einen Paradigmenwechsel in der Alttestamentlichen Theologie ausgemacht, in der die traditionellen

39 Ebd., 95 (= JRGS 8, 1017).

40 Manfred Oeming, Vorwort, in: Brevard S. Childs, Die Theologie der einen Bibel, Bd. 2: Hauptthemen, Freiburg 1996, 9–12, hier 9.

Methoden der Exegese wie typologische Schriftauslegung und christologische relecture nicht mehr als sachfremde Überformung abgetan, sondern als der Dynamik der Schriftwerdung der Schrift als Zeugnis der Glaubensgemeinschaft Israels und der Kirche angemessene Hermeneutik betrachtet werden.[41] Georg Steins schließlich spricht von einer erheblich veränderten „hermeneutischen Großwetterlage"[42] aufgrund neuerer literaturwissenschaftlicher Einsichten (Offenheit des Textes, Unabschließbarkeit der Lektüre, Rezeptionsästhetik). Vor diesem Hintergrund ist die Aktualität der in den traditionellen Worten[43] von DV 12 eher unbeholfen ausgedrückten Vision der gegenseitigen Ergänzung und Bereicherung von moderner Exegese und traditionell theologischer Schriftauslegung ganz neu in den Blick geraten. Steins spricht nicht nur davon, dass die Forderung nach Integration der spezifisch kirchlichen Auslegung mittlerweile durchaus „nicht mehr wissenschaftsfremd" wirke, sondern dass Schrift, Tradition und Kirche sich niemals trennen lassen, ja „eigentlich nur verschiedene Aspekte ein und desselben Phänomens der göttlichen Selbstmitteilung"[44] seien.

Sichtet man das Schrifttum Joseph Ratzingers unter dieser Fragestellung, wird man wiederum feststellen, dass er oftmals seiner Zeit weit voraus ist und diesen Aspekt der Konzilsrezeption auf seine Weise mit befördert hat. Erneut erweist sich das in Ratzingers Habilitationsschrift entdeckte und vertiefte Offenbarungsdenken mit seinem spezifischen Zueinander von Offenbarung, Kirche und Schrift als Schlüssel zum Verständnis. Ratzinger rezipiert beispielsweise früh die in der französischen Theologie geformte und auch für die kanonische Exegese relevante Denkfigur der „relecture".[45]

---

41 Ludger Schwienhorst-Schönberger, Einheit statt Eindeutigkeit. Paradigmenwechsel in der Bibelwissenschaft, in: HerKorr 57 (2003) 412–417.

42 Georg Steins, Bibel im Gespräch. Die verkannte Offenbarungskonstitution Dei Verbum, in: HerKorr Spezial, Oktober 2005, 17–21, 19. Vgl. auch Helmut Hoping, Wahrnehmung der Diachronie. Die Option des Konzils für die Geschichtswissenschaft, historisch-kritische Exegese und Glaubenshermeneutik, in: Hünermann / Hilberath, Herders Theologischer Kommentar (wie in Anm. 2), Bd. 5, 424–429.

43 Vgl. Steins, Bibel im Gespräch (wie in Anm. 42), 19.

44 Ebd.

45 So in dem auf einen Vortrag von 1964 zurückgehenden Aufsatz Primat und Episkopat, eingegangen in Das neue Volk Gottes, Düsseldorf 1969, 121–146, hier 140, Anm. 44 (= JRGS 8, 652). Dort der Hinweis (mit Heinrich Gross, Motivtransposition als Form- und Traditionsprinzip, in: Herbert Vorgrimler [Hg.], Exegese und Dogmatik, Mainz 1962, 134–152, hier 151) auf die französischen Exegeten Albert Gelin, Emmanuel

Mit ihr wird der Sachverhalt prägnant auf den Begriff gebracht, dass die biblischen Schriften selbst in einem Prozess ständiger Fortschreibungen und Selbstinterpretationen im Licht neuer heilsgeschichtlicher Phasen im Raum einer Glaubensgemeinschaft gewachsen und in der Rezeption durch die Glaubensgemeinschaft zur „Heiligen" Schrift geworden sind. In seinem Vortrag am Vorabend der Konzilseröffnung zeigt Joseph Ratzinger auf, zu welchen Konsequenzen ein ungeschichtliches, diese Einsichten missachtendes informationstheoretisches Offenbarungsverständnis im Hinblick auf die Geltung des Alten Testaments führt, wenn im Schema „De fontibus revelationis" ausgeführt wird, dass (nur) die Aspekte des Alten Testaments ihre Autorität behielten, die sich auf die Grundlegung des Christentums beziehen: „Das ist zu wenig und zu viel in einem. Denn mit einer solchen Formulierung wird der Eindruck erweckt, als ob bestimmte Teile des Alten Testaments sich nicht auf die Grundlegung der christlichen Religion bezögen und daher einfachhin vergangen seien, als ob andere Dinge dagegen gleichsam schon direkt christlich seien und so als solche weiterbestehen würden. Die paulinische und überhaupt neutestamentliche Sicht des Alten Testaments ist eine andere; sie klingt in dem Zitat an, das der Text des Schemas selbst bietet: *Quaecumque* enim scripta sunt, ad nostram doctrinam scripta sunt […] (Röm 15,4) – das ganze Alte Testament redet von Christus, ist christologisch gemeint und ist als solches Grundlegung, Fundament der christlichen Religion, nicht bloß einzelne Stücke daraus. Aber auch das ganze Alte Testament muss gleichsam durch die christologische Verwandlung hindurch, gilt nicht aus sich heraus, sondern von Christus her und auf Christus hin, […]."[46] In seinem erstmals 1977 erschienenen Büchlein „Die Tochter Zion" entwickelt er auf gesamtbiblischer Basis eine die Gottesmutter ganz vor dem Israelhorizont des Neuen Testaments deutende Mariologie.[47] In seiner New Yorker Erasmus

Podéchard und Henri Cazelles. Das Christusereignis führt die eschatologische Neukontextualisierung der Heiligen Schriften Israels herauf und begründet die definitive relecture des Alten Testaments auf Christus hin.

46 Ratzinger, Bemerkungen zum Schema „De fontibus revelationis" (wie in Anm. 9), 46 (= JRGS 7, 172).

47 Joseph Ratzinger, Die Tochter Zion, Einsiedeln 1977 (Neuauflagen!). Vgl. aber den „Vorentwurf" dazu schon in ders., Einführung in das Christentum, München 1968, 227f. Wichtige Anregungen dafür erhielt Ratzinger wiederum von der französischen Theologie: Vgl. Lucien Deiss, Maria, Tochter Sion, Mainz 1961.

Lecture zum Thema „Schriftauslegung im Widerstreit", die für weite Teile der Bibelwissenschaft eine heilsame Provokation darstellte und dazu führte, dass sich die Päpstliche Bibelkommission mit der „Interpretation der Bibel in der Kirche" befasste und 1993 ein gleichnamiges Dokument veröffentlichte, sagt der damalige Präfekt für die Glaubenslehre: Die Schrift „als Einheit lesen, heißt daher, sie von der Kirche als ihrem Existenzort her lesen und den Glauben der Kirche als den eigentlichen hermeneutischen Schlüssel ansehen. Das bedeutet zum einen, dass die Tradition den Zugang zu ihr nicht verbaut, sondern öffnet; es heißt zum anderen, dass der Kirche in ihren amtlichen Organen das entscheidende Wort in der Schriftauslegung zukommt."[48] Die Verwiesenheit der Schrift auf die Kirche beschränkt sich jedoch nicht allein darauf, dass nur der Geist, in dem sie verfasst wurde, auch den passenden hermeneutischen Schlüssel zu ihrem Verständnis liefert, sondern, noch grundlegender ist es die Kirche, die letztlich den Charakter der Schrift als „Heiliger" Schrift verbürgt. „‚Die Schrift' ist jünger als ‚die Schriften', aus denen sie sich zusammensetzt."[49] Die Konsequenzen für die Priesterausbildung sowie für das Studium der Theologie und die Schriftauslegung ganz grundsätzlich werden etwa zeitgleich wie folgt gezogen: „Das Wort bloß ins Vergangene einhausen heißt, die Bibel als Bibel leugnen. Tatsächlich führt eine solche bloß historische, bloß auf das Gewesene bedachte Auslegung mit innerer Konsequenz zur Leugnung des Kanon und insofern zur Bestreitung der Bibel als Bibel. Den Kanon annehmen heißt immer schon, das Wort über seinen bloßen Augenblick hinaus zu lesen; es heißt, das Volk Gottes als den bleibenden Träger

48 Joseph Ratzinger, Schriftauslegung im Widerstreit. Zur Frage nach Grundlagen und Weg der Exegese heute, in: Ders. (Hg.), Schriftauslegung im Widerstreit (= QD 117), Freiburg 1989, 15–44, hier 20. Dass für Joseph Ratzinger zum Begriff der Tradition ganz wesentlich das Moment der personalen Zeugenschaft der Bischöfe gehört, kann hier nur angedeutet werden: „Apostolische Überlieferung" und „apostolische Nachfolge" definieren sich gegenseitig. Vgl. Joseph Ratzinger, Primat, Episkopat und Successio apostolica, in: Karl Rahner / Joseph Ratzinger, Episkopat und Primat (= QD 11), Freiburg 1961, 37–59, hier 49 (= JRGS 12, 223): „Die Nachfolge ist die Gestalt der Überlieferung, die Überlieferung ist der Gehalt der Nachfolge." Vgl. auch die erhellende Interpretation bei Peter Hofmann, Benedikt XVI. Einführung in sein theologisches Denken, Paderborn 2009, 87f.

49 Joseph Ratzinger, Primat Petri und Einheit der Kirche, in: Ders., Zur Gemeinschaft gerufen. Kirche heute verstehen, Freiburg 1991, Neuausgabe: 2005, 43–71, hier 66 (= JRGS 8, 625), mit Hinweis auf Adolph von Harnack.

und Autor in den Autoren zu vernehmen. Da kein Volk aus Eigenem Volk Gottes ist, heißt die Annahme dieses Subjekts aber zugleich, in ihm und durch es hindurch Gott als den eigentlichen Inspirator seines Weges und seiner Schrift gewordenen Erinnerung anzuerkennen."[50]

Wenn der christliche Glaube nicht eine von vielen menschlich-philosophischen Weltdeutungen, sondern vom Heiligen Geist getragene Antwort des Menschen auf Gottes Selbsterschließung in seinem Wort ist, dann sind die nähere Bestimmung dieses Wortes sowie die Darlegung der Bedingungen für sein Verstehen sowie sein Gegenwärtig- und Lebendigbleiben in der Geschichte wahrhaft grundlegend für Theologie und kirchliches Leben. Die Offenbarungskonstitution „Dei Verbum" reflektiert auf diese Fundamente und gibt mit höchster lehramtlicher Autorität eine verbindliche Antwort, in der sich zugleich das theologische Ringen der bedeutendsten Theologen der Gegenwart spiegelt. Die relecture des Konzilstextes im Licht der Schriften eines ihrer wichtigsten Mitgestalter und Kommentatoren und vor dem Hintergrund neu entstandener Kontexte bestätigt die schon von verschiedenen Seiten geäußerte Auffassung, dass die Offenbarungskonstitution „Dei Verbum" ihre wirkliche Rezeption noch vor sich habe, und begründet die Hoffnung auf weitere von ihr zu erwartende Früchte.

50 Joseph Ratzinger, Perspektiven der Priesterausbildung heute, in: Ders. / Paul-Werner Scheele, Unser Auftrag. Besinnung auf den priesterlichen Dienst, Würzburg 1990, 11–38, hier 28 (= JRGS 12, 444).

Schriftauslegung

Zum Verständnis von „traditio/paradosis" in der Frühen Kirche

Unter besonderer Berücksichtigung der „Regula fidei"

1. Das theologische Verständnis von „Tradition" als Horizont der Frage

Für das Verständnis von Tradition ist in der katholischen Theologie die Bestimmung maßgeblich, wie sie das Zweite Vatikanische Konzil in der Offenbarungskonstitution „Dei Verbum" (18.11.1965) vorgenommen hat. Diese ist hervorgegangen aus einem Schema, das den bezeichnenden Titel „De fontibus revelationis" (die Quellen der Offenbarung) trug und worin – gemäß der bis dahin führenden kontroverstheologisch-katholischen Lehre – Schrift *und* Tradition als (vermeintliche) „Offenbarungs*quellen*" bezeichnet wurden. Damit hatte die Vorbereitungskommission zugleich einer Tendenz entgegenzutreten versucht, die in der katholischen Theologie der 1950er-Jahre sich immer stärker zu Wort gemeldet hatte und der evangelischen Sichtweise von der Schrift als alleiniger Offenbarungsquelle meinte entgegenkommen zu können.

Die Konzilsväter haben jedoch die Alternative „Entweder ‚Schrift *und* Tradition' als Offenbarungsquellen oder ‚Heilige Schrift als *alleinige* Quelle'" als falsch erkannt und überwunden. Ergebnis ihrer Beratungen in den Kommissionen und Generalkongregationen war nicht eine „Bibel-Konstitution", sondern die „Offenbarungs-Konstitution", zitiert nach den Anfangsworten „Dei Verbum". Zu beachten ist, dass „Verbum" großgeschrieben werden muss, weil der Titel im Original im Unterschied zu den anderen Initialen der Konzilsdokumente in Kapitälchen gesetzt ist. Gemeint ist also zunächst das eine Fleisch gewordene WORT Gottes, nämlich Jesus Christus, der Sohn des Vaters. Damit ist das Christusereignis in einem umfassenden Sinn angesprochen, wie es in den vielen vom Geist inspirierten Worten der Schrift bezeugt ist. Offenbarung wird in der Konstitution beschrieben als ein geschichtlich-personales Geschehen mit dem Christusereignis als Höhepunkt. Diese Offenbarung als Selbstmitteilung Gottes in Wort und geschichtlicher Tat (gestis verbisque: DV I, 2) kommt ans Ziel im Glauben der Kirche (vgl. DV I, 5 und 6). Insofern erst im Glauben als angenommener Offenbarung tatsächlich jemandem etwas offenbar geworden ist, gehört der Glaube der Kirche konstitutiv zum Gesamt des Offenbarungsgeschehens.[1] Für die Bestimmung von Tradition und Schrift heißt dies nun aber: Weder die kirchliche Überlieferung noch die Heiligen Schriften sind selbst „Offenbarungsquellen", sondern Vermittlungsformen. Textgeschichtlich fand dies darin seinen Niederschlag, dass gegenüber dem Schema „De fontibus" der Behandlung von Tradition und Schrift ein Proömium und ein Kapitel „De ipsa revelatione" vorangestellt wurden, und die beiden zunächst im Haupttitel als fontes angezielten scriptura und traditio in Bezug auf die revelatio zu modi transmissionis (vgl. DV II) fortbestimmt wurden. „Dei Verbum" nennt die Überlieferung sodann vor der Schrift. Die Überlieferung des Sohnes vom Vater her an die Menschen wird im Namen Jesu fortgesetzt in der lebendigen Überlieferung der Kirche. Sie besteht nicht einfach in ungeschriebenen Offenbarungsinhalten „parallel" zur Schrift, sondern umfasst das gesamte Leben der Glaubensgemeinschaft in Liturgie, Verkündigung, Diakonie etc.[2] Gruppiert um das Urdogma der Kirche „Jesus

1 Die Bedeutung der Kirche als Subjekt der Offenbarungsannahme und -weitergabe und in diesem Sinne als Trägerin der Tradition herausgearbeitet zu haben, gehört zu den originellsten und zugleich wichtigsten theologischen Einsichten des jungen Professors Joseph Ratzinger, womit er zugleich – vermittelt durch Kardinal Frings – der Offenbarungskonstitution „Dei Verbum" maßgeblich vorgearbeitet hat. Vgl. den erst vor Kurzem im vollen Wortlaut veröffentlichten Vortrag Ratzinger vor den deutschsprachigen Bischöfen am Vorabend der Konzilseröffnung: Jared Wicks, Six texts by Prof. Joseph Ratzinger as peritus before and during Vatican Council II, in: Gregorianum 89 (2008) 233–311. Die deutsche Urfassung des Vortrags vom 10. Oktober 1962, dessen Text Wicks aus dem Nachlass des Konzilstheologen Piet F. Smulders SJ ediert, steht auf den Seiten 295–309. Vgl. schon Joseph Ratzinger, Offenbarung – Schrift – Überlieferung. Ein Text des hl. Bonaventura und seine Bedeutung für die gegenwärtige Theologie, in: TThZ 67 (1958) 13–27 (= JRGS 2, 693–711).

2 Wichtiger Wegbereiter eines in diesem Sinne erneuerten Traditionsverständnisses war der Philosoph Maurice Blondel (1861–1949), dessen Werk Histoire et dogme (1904; dt. Geschichte und Dogma, Mainz 1963; vgl. oben S. 22, Anm. 17) aus der Auseinandersetzung mit dem Historismus Loisys einerseits und einer rationalistisch ungeschicht-

ist der Herr" (Röm 10,9; 1 Kor 12,3) und viele weitere Basissätze des Bekenntnisses entsteht in apostolischer Zeit und unter der Führung des Geistes das Neue Testament als schriftliches Offenbarungszeugnis.[3] Hervorgegangen aus der kirchlichen Überlieferung, ist die Bibel ein Buch der Kirche. Weil aus derselben Quelle der Offenbarung entspringend, sind Schrift und Tradition auf das Engste „miteinander verbunden" (DV II, 9).[4] Die nähere Bestimmung dieses Verhältnisses bleibt Aufgabe der theologischen Reflexion.[5]

Parallel zu den Konzilsberatungen hat auch die Vierte Weltkonferenz für „Glaube und Kirchenverfassung" in Montreal 1963 den Klärungsprozess im Hinblick auf die Rede von Tradition (Traditio) und Traditionen (traditiones) vorangetrieben. Folgende Bedeutungsaspekte sind zu unterscheiden: Tradition im Singular kann einerseits das Evangelium selbst bezeichnen, wie es seit der Zeit der Apostel in der Kirche weitergegeben wird, andererseits den Vorgang der Überlieferung. Unter „Traditionen" im Plural versteht man entweder die verschiedenen Ausdrucksgestalten der Evangeliumsverkündigung, oder die konfessionellen Besonderheiten in der Glaubenspraxis und Frömmigkeit, die freilich nicht mit der „Traditio" im Singular (und groß geschrieben) vermengt werden dürfen. Auf eine problematische Entwicklung im Wortgebrauch von Tradition in neueren ökumenischen Dokumenten macht Joseph

lichen Dogmatik andererseits hervorgegangen ist. Der Blondelschen Philosophie und Theologie liegt als die alles bestimmende Prämisse ein Offenbarungsverständnis zugrunde, das die Offenbarung als Mysterium auffasst, das eine Lebenswirklichkeit darstellt und sich nicht einfach in der Mitteilung satzhaft gefasster Wahrheiten erschöpft. Der Offenbarung als einer lebendigen Wirklichkeit, letztlich der unerschöpflichen Personwirklichkeit Christi, muss auch die Weitergabe und Vergegenwärtigung entsprechen. Avery Dulles hat Blondels Werk als „vielleicht hilfreichsten Kommentar" zum zweiten Kapitel von DV bezeichnet: Das II. Vatikanum und die Wiedergewinnung der Tradition, in: Elmar Klinger / Klaus Wittstadt (Hg.), Glaube im Prozeß. Christsein nach dem II. Vatikanum. FS für Karl Rahner, Freiburg 1984, 546–562, hier 560f.

3 Dies hat im 18. Jahrhundert Gotthold Ephraim Lessing richtig erkannt und gegen das Sola-Scriptura-Prinzip seines Widerparts Goeze in Stellung gebracht: „Diese Regula fidei ist nicht aus den Schriften des Neuen Testaments gezogen. Diese Regula fidei war, ehe noch ein einziges Buch des Neuen Testaments existierte" (Nötige Antwort auf eine sehr unnötige Frage des Hrn. Hauptpastor Goeze in Hamburg, in: Gotthold Ephraim Lessing, Werke, Achter Band: Theologiekritische Schriften III. Philosophische Schriften, hg. von Herbert G. Göpfert, Darmstadt 1979, 309–313, hier 311.

4 Vgl. den Kommentar zu Dei Verbum von Helmut Hoping in Herders Theologischem Kommentar zum Zweiten Vatikanischen Konzil, Band 3, Freiburg 2005, 695–831, hier 760.

5 Vgl. dazu die Studie von Achim Buckenmaier, „Schrift und Tradition" seit dem Vatikanum II (= KKS 62), Paderborn 1995.

Ratzinger aufmerksam, wenn er feststellt, dass häufig mit „Tradition" einfach so viel wie „Konfession" bezeichnet wird im Sinne der faktisch vorfindlichen konkreten Gestaltung des jeweils Christlichen. „Dabei ist die Frage völlig unwichtig, wann und wie eine Tradition entstanden ist. Dass sie kirchliches Leben tragen konnte und kann, gibt ihr Recht im ökumenischen Suchen. So erhält das Faktische – das Dasein und das Sich-Durchhalten einer Übung – ein bisher unbekanntes Gewicht."[6] So sehr damit die Möglichkeit gewonnen ist, alte Vorurteile zu überwinden und eine neue Unbefangenheit im Umgang miteinander zu erzielen, muss doch auch die Grenze einer solchen terminologischen Verschiebung bedacht werden: „Denn wenn man sich vollends darauf einigen würde, alle Konfessionen schlicht als Traditionen zu betrachten, dann hätte man sich von der Frage der Wahrheit vollends abgeschnitten, und Theologie wäre nur noch eine Form von Diplomatie, von Politik."[7]

Bei der Analyse des Traditionsbegriffs und seiner tragenden Elemente ist die Theologie nun aber in besonderer Weise auf die Zeit des Ursprungs verwiesen: die neutestamentliche Zeit und die Patristik. Innerhalb der „Tradition" (im Singular) gilt es wiederum verschiedene Aspekte[8] zu unterscheiden: die Schrift selbst, die bis zum Ende des 2. Jahrhunderts als Teil der Tradition, gewissermaßen als eine Dimension an ihr betrachtet wurde.[9] Erst bei Tertullian gibt

---

6 Joseph Ratzinger, Kirche, Ökumene und Politik. Neue Versuche zur Ekklesiologie, Einsiedeln 1987, 93f. (= JRGS 8, 1017).

7 Ebd., 95 (= JRGS 8, 1019).

8 Vgl. Joseph Ratzinger, Art. Tradition III., in: LThK^2 Bd. 10 [1965] 293–299. Zur grundsätzlichen Bestimmung von Tradition sagt Ratzinger einleitend, ebd., 293: „Das Phänomen der T. im umfassenden Sinn des Wortes resultiert im Christlichen zunächst einfach aus der wesentl. Geschichtlichkeit des Glaubens, der den Einzelnen seinem Einzelsein entreißt u. ihn einfügt in den von Christus her kommenden Geschichtszusammenhang. Die Bindung an das einmalige Christusereignis als an die rettende Verwandlung der menschl. Existenz geschieht ja nicht anders als in der Einbeziehung in jene Geschichte, die aus diesem Ursprung hervorgewachsen ist u. die Weise seiner bleibenden Anwesenheit unter den Menschen darstellt. Insofern ist T. mit dem heilsgeschichtl. Charakter der christl. Wirklichkeit notwendig gegeben."

9 Zum Prozess der Schriftwerdung gehört die Kanonbildung als wesentliches Moment der Tradition. Durch die Rezeption bestimmter apostolischer Schriften, die für inspiriert galten, und deren Unterscheidung von anderen, nicht in derselben Weise inspirierten Schriften, kommt der Beitrag der kirchlichen Überlieferung zum Tragen. Zu beachten ist dabei, dass die Qualifizierung als „nicht-kanonisch" keineswegs gleichbedeutend ist mit der Verwerfung als „häretisch". Der Erste Clemensbrief, die Didache oder der Hirt des Hermas besaßen von Anfang an großes Ansehen, ohne deswegen schon in den Kanon der Heiligen Schriften aufgenommen worden zu sein.

es Ansätze, von einer mündlichen Tradition im Unterschied zur schriftlichen zu sprechen; innerhalb der Schrift sodann der Grundgedanke, dass das neutestamentliche Zeugnis wesenhaft Deutung der Bibel Israels unter christologischem Vorzeichen ist; ferner drittens die personale Konkretisierung der Tradition in der öffentlich nachprüfbaren „successio apostolica", die für Irenäus von Lyon in der Auseinandersetzung mit den sich auf „Geheimtraditionen" berufenden Gnostikern die Treue zum apostolischen Ursprung garantiert. Schließlich gehört in diesen Rahmen das Phänomen der „Regula fidei" oder „Regula veritatis" als theologischer Normbegriff, dem in diesem Beitrag besondere Aufmerksamkeit gewidmet werden soll.

Die Ausprägung des Begriffs Regula fidei führt in die vornizänische Patristik. Die noch nicht im Wortlaut fixierten Formeln werden im 4. Jahrhundert dann durch die konziliaren Symbole ersetzt werden.

2. Begriff der „regula veritatis / kanoon tees aleetheias" oder „Regula fidei/kanoon tees pisteoos"

Der Begriff *kanoon tees aleetheías / regula veritatis* ist, wenn auch wohl nicht von ihm gebildet[10], so doch von Irenäus von Lyon in die theologische Fachsprache eingeführt worden (haer. I 9,4; I 22,1; II 27,1; III 2,1; III 11,1; III 12,6; III 15,1; IV 35,4). Spricht Irenäus von „Wahrheitsregel", so Tertullian, etwas später, von „Regula fidei" (praescr. 12,5; 13,1). Sachlich besteht zwischen den beiden Termini freilich kaum ein Unterschied.[11] Benannt wird damit die objektive Richtschnur für den subjektiven Glauben. Nochmals Irenäus: „Wir haben als Regel die Wahrheit selbst" (haer. II 28,2), und diese Wahrheit ist letztlich die Person des Erlösers und seine von ihm und in

10 Kanon ist ein semitisches Lehnwort. Kanäh bedeutet ursprünglich Messrohr, Richtschnur oder auch Waagebalken. Erstmals wird es in christlicher Literatur in Gal 6,15f. gebraucht: „Denn es kommt nicht darauf an, ob einer beschnitten oder unbeschnitten ist, sondern darauf, dass er eine neue Schöpfung ist. Friede und Erbarmen komme über alle, die sich von diesem Grundsatz *(too kanóni)* leiten lassen." 1 Clem 7,2 spricht dann von *kanoon tees paradoseoos*.

11 Vgl. Heinz Ohme, Art. Kanon I (Begriff), in: RAC XX [2001] 11. Bengt Hägglund, Die Bedeutung der „regula fidei" als Grundlage theologischer Aussagen, in: Studia Theologica 12 (1958) 1–44.

seinem Wirken gegebene Lehre vom Heil: „Wir folgen dem einzigen und allein wahren Herrn als unserem Lehrer und besitzen als Richtschnur der Wahrheit seine Worte" (haer. IV 35,4).

Gleich der ersten Verwendung des Ausdrucks bei Irenäus ist zu entnehmen, dass die regula veritatis mit der Taufe in Verbindung steht: „Ganz genauso geht es dem, der am Kanon (der Regel) der Wahrheit unbeugsam festhält, den er durch die Taufe bekommen hat. [...] Er stellt [angesichts der von den falschen Gnostikern angerichteten Konfusion] jedes Wort wieder an seinen richtigen Platz, passt es dem Leib der Wahrheit an und stellt so ihre Erfindung bloß und beweist, dass sie unhaltbar ist" (haer. I 9,4). Auch in der „Kurzfassung" von Adversus Haereses, der Epideixis (lat. demonstratio) steht der „Kanon unseres Glaubens" in unmittelbarem Zusammenhang mit der Taufe (vgl. dem. 6 und 7). Der Glaubens- oder Wahrheitsregel kommt nach Irenäus entscheidende Bedeutung bei der Auslegung der Heiligen Schrift zu, und zwar zunächst im Sinne eines Ausschlusskriteriums. Was nicht mit der Wahrheitsregel übereinstimmt, kann nicht als richtige Schriftdeutung gelten.[12] Nur im Licht der Regula fidei verspricht das Werk der Schriftdeutung zum Erfolg zu führen.[13]

Michael Fiedrowicz betont, in Absetzung von der in der Literatur bislang zumeist vertretenen Beschränkung der Regula fidei auf ihre Bedeutung als dogmatische Norm und Richtschnur für die Schriftauslegung, deren umfassendere Ausrichtung und die Erstreckung auch auf die christliche Lebensführung und kirchliche Ordnung.[14]

Die Regula fidei in diesem Sinne ist nicht mit einem bestimmten Text oder einer schon quasi lehramtlich fixierten Formel identisch. Es handelt sich nicht schon um allgemein gebräuchliche oder ausdrücklich verbindliche Credo-Texte, sondern zumeist um

---

12 Vgl. dazu Marius Reiser, Bibel und Kirche. Eine Antwort an Ulrich Luz, in: Ders., Bibelkritik und Auslegung der Heiligen Schrift (= WUNT 217), Tübingen 2007, 39–61, hier 44.

13 Für die ohne diese Richtschnur vorgehenden Gnostiker hat Irenäus einen ausdrucksstarken Vergleich parat: „Das ist so, wie wenn man das schöne (Mosaik-)Bild eines Königs vor sich hat, von einem tüchtigen Künstler sorgfältig aus wertvollen Steinchen ausgeführt, und es kommt einer, der die Umrisse der Menschengestalt zerstört und die Steinchen durcheinanderwirft und umändert und die Gestalt von einem Hund oder Fuchs daraus macht [...]" (haer. I 8,1, FC 8/1, übersetzt von Norbert Brox, 175).

14 Michael Fiedrowicz, Theologie der Kirchenväter, Freiburg 2007, 188f.

situationsbedingte, kontextabhängige Verdichtungen der Substanz des zu Glaubenden. Sie war nicht in erster Linie etwas schriftlich Fixiertes, sondern Teil der lebendigen Glaubensverkündigung, womit andererseits auch die lebendige Stimme der Kirche, und das heißt das Lehramt der Kirche im weitesten Sinne, mit eingeschlossen war.[15]

3. Ausdrucksformen

Ein Vergleich dreier „Fassungen" der Regula fidei bei Tertullian (adv. Prax. 2; praescr. 13; virg. vel. 1)[16] zeigt eine erstaunliche Übereinstimmung im Aufbau und in der heilsgeschichtlichen Konzeption. Die Grundzüge liegen fest. Gleichzeitig erkennt man eine große Variationsbreite in der einzelnen Formulierung sogar bei ein und demselben Autor.

Die Mitte bildet jeweils das Bekenntnis zu Jesus Christus: Inkarnation, Geburt aus der Jungfrau Maria, dann aber vor allem die Auferstehung, meist fast wörtlich 1 Kor 15,3–5 zitierend, sind durchgängig Bestandteil der Regula fidei. Damit verbunden ist das Bekenntnis zu Gott dem Vater und Schöpfer, was nicht nur als unumstößlichen Glaubensinhalt der Kirche festschreibt, dass der Gott des Alten und des Neuen Bundes *unus et idem* ist, wie Irenäus gegen die Gnosis und Tertullian gegen Marcion leidenschaftlich darzulegen sich bemühten, sondern der christliche Glaube bekennt sich damit zugleich zur bleibenden Verwurzelung im Alten Testament.[17] Die Verbindung des Bekenntnisses zum einen Gott und zum Herrn Jesus Christus ist neutestamentlich in der ältesten zweigliedrigen

---

15 Vgl. Joseph Ratzinger, Der Bischof – Künder und Hüter des Glaubens, in: IKaZ 31 (2002) 456–467 (= JRGS 12, 332–348), hier 463f. In seinem Art. Tradition in: LThK² 10, 293–299, hier 294f., hatte Ratzinger hinsichtlich des Zusammenhangs von Tradition und personaler Zeugenschaft bereits ausgeführt: „Die primäre Anwesenheitsgestalt des Wortes ist die personale Gegebenheit in der Gestalt des Zeugen […]. T. ist wesentlich verstanden Zeugenschaft, in der das *eine* Wort je gegenwärtig angeeignet u. gerade so getreulich bewahrt wird, wobei freilich die Geschichte die innere (u. unaufhebbare) Spannung zwischen Bewahrung u. Vergegenwärtigung immer deutlicher hervortreten ließ."

16 Vgl. Adolf Martin Ritter, Art. Glaubensbekenntnisse V. Alte Kirche, in: TRE 13 [1984], 399–412, hier 404.

17 Vgl. Wolfgang A. Bienert, Dogmengeschichte, Stuttgart u. a. 1997, 42–46, 102.

Credo-Formel 1 Kor 8,6 vorgebildet.[18] Die meisten Varianten der regula, die man anführen kann, sind allerdings trinitarisch aufgebaut und nehmen somit in wesentlichen Zügen schon die späteren konziliaren Symbola vorweg.

4. Funktion

Die Regula fidei setzt voraus, dass der christliche Glaube nicht Ergebnis menschlicher Spekulation ist, auch nicht inhaltsleere Ergriffenheit, sondern Antwort auf die Selbsterschließung Gottes im Medium der Geschichte. So wie in der Offenbarung Gott selbst in die Geschichte eingeht und sich in der Kontingenz von Welt und Zeit unwiderruflich vernehmbar macht, so partizipiert nun auch die Weitergabe dieser Selbstmitteilung an der geschichtlichen Konkretheit und Kontingenz von Sprache und Denkform.

Was die Funktion der Regula fidei betrifft, so sind zwei Verwendungen auszumachen, wobei diskutiert wird, welcher die Priorität zukommt: Hat sie ihren Sitz eher im Zusammenhang der auf Lehrformeln und Zusammenfassungen des Glaubens angewiesenen Taufvorbereitung (vgl. Irenäus, dem. 6 und 7), oder entspringt sie vornehmlich den Erfordernissen der Abgrenzung und der Zurückweisung häretischer Tendenzen, dient somit primär dem Bedürfnis christlicher Identitätssicherung? Die Antwort von Fiedrowicz impliziert zugleich eine Überwindung dieser falschen Alternative: „Die Herausbildung dürfte sich am ehesten dem theologischen Anliegen verdanken, die wesentlichen Inhalte der kirchlichen Verkündigung bündig zu formulieren, um die Identität der christlichen Wahrheit gegenüber der Irrlehre zu sichern. Diese primär dogmatische Funktion der Glaubensregel empfahl sie dann aber auch für die katechetische Instruktion, spielte doch auch hier die Bewahrung der Katechumenen vor den häretischen Verführungen eine zunehmend wichtige Rolle."[19]

Einer Funktion dürfte die „Regula fidei" wohl nicht gedient haben: Anders als dies im Hinblick auf die so genannten Kurzformeln

---

18 Ferdinand Hahn, Bekenntnisformeln im Neuen Testament. Zur neutestamentlichen Begründung unseres Credo, in: Johannes Brantschen / Pietro Selvatico (Hg.): Unterwegs zur Einheit. FS für H. Stirnimann, Fribourg/Freiburg 1980, 200–214.

19 Fiedrowicz, Theologie der Kirchenväter (wie in Anm. 14), 194.

des Glaubens immer wieder diskutiert wurde und wird,[20] verwandte man die als „Regula fidei" bezeichneten Summarien wohl nicht zur „Werbung für den Glauben" im Sinne einer plakativen Zusammenfassung der Glaubensinhalte zum Zwecke der Missionierung. Sie dienten innerkirchlich der Selbstvergewisserung der Glaubensgemeinschaft im Bezug auf ihre Fundamente. Der doxologische Aspekt stand im Vordergrund.

Einer damit in Verbindung stehenden, jedoch eine neue Dimension eröffnenden Funktion der Glaubensregel begegnen wir bei Origenes. Der Alexandriner beginnt sein systematisches Frühwerk „De principiis", das als das erste „Lehrbuch der Dogmatik" gelten kann, mit der Darlegung einer trinitarischen Glaubensregel und der Benennung der Fragen, die von dieser offen gelassen bzw. gerade gestellt werden.[21] Dies ist der Ursprung der systematischen Theologie, die nach diesem Verständnis den im Glaubensbekenntnis der Kirche vorausgesetzten Glauben reflektiert, ihn in seiner inneren Stimmigkeit und Systematik darzulegen und ihn auch auf vom Glauben nicht beantwortete Fragen und nicht gelöste Probleme anzuwenden hat.

5. Regula fidei und konziliare „Symbole"

Die dogmatischen Auseinandersetzungen des vierten Jahrhunderts führten zur Weiterentwicklung der Regula fidei in den verschiedenen konziliaren und außerkonziliaren Symbola. Diese stellen, wie ein Vergleich mit den verschiedenen Ausformungen der vornizänisch bezeugten regulae zeigt, keine gänzliche Neuformulierung des Glaubens dar, sondern, was das Nicäno-Konstantinopolitanische Credo betrifft, eine Präzisierung des Glaubens in der Abgrenzung zum Arianismus und zu den Pneumatomachen. Gerade die trinitarische Struktur der Regula fidei, die in der trinitarischen Taufformel gründet, liegt der näheren Entfaltung einer Trinitätstheologie im 4. und 5. Jahrhundert voraus.

---

20 Vgl. dazu: Joseph Ratzinger, Kurzformeln des Glaubens?, in: Ders.: Theologische Prinzipienlehre, München 1982, 127–136, 133.

21 Origenes, Vier Bücher von den Prinzipien. Herausgegeben und übersetzt, mit kritischen und erläuternden Anmerkungen versehen von Herwig Görgemanns und Heinrich Karpp (TzF 24), Darmstadt ^{2}1985, 85. 87–91.

Während das Nicäno-Konstantinopolitanische Credo deutliche Spuren der dogmengeschichtlichen Auseinandersetzung aufweist, ist das im Westen gebräuchliche, auf die Taufordnung Roms zurückgehende Apostolicum[22] rein formal schon „harmonischer", und es verdankt seine Entstehung auch nicht der Notwendigkeit antihäretischer Selbstvergewisserung.

Die vor- und nachnizänischen Kirchenväter sind sich jedoch darin einig, dass die Heilige Schrift nur im Licht der Regula fidei angemessen und richtig ausgelegt werden kann. Auf Irenäus von Lyon wurde oben schon hingewiesen. Für die nachnizänischen Väter gilt dies in besonderer Weise für Athanasius und seine Auseinandersetzung mit dem Schrifttum der Arianer. Der Erzbischof von Alexandrien war davon überzeugt, dass die Schrift nur richtig versteht, wer sie in ihrer Gesamtheit sachgemäß erfasst hat. Diesen Gesamtsinn sah er ausgedrückt in der Regula fidei, die ihm dementsprechend auch als der sichere und untrügliche Leitfaden bei der Interpretation strittiger und schwieriger Schriftstellen diente.[23] Als weiteres Beispiel sei aus der lateinischen Tradition Augustinus angeführt mit einer Passage aus seinem „Hermeneutiktraktat" *De doctrina christiana* (III, 2,2). Die Regula fidei dient nach Augustinus bei Auslegungsproblemen doppeldeutiger Schriftworte als Orientierungsnorm. Augustinus bezeichnet sie als „de scripturarum planioribus locis et ecclesiae auctoritate" entnommen. Er bezeugt somit in De doctrina christiana einen in der frühen Kirche sowohl der griechischen wie der lateinischen Tradition geteilten Grundsatz: „Die Schrift ist auszulegen von der regula her und auf die regula hin. Damit wird in gewissem Sinn das ‚scriptura sui ipsius interpres' durchaus bejaht, sofern die regula der Schrift selbst entnommen ist; es wird freilich zugleich entscheidend überschritten, sofern den ‚Kanon im Kanon' niemand anders als die Autorität der Kirche festlegt als Ausdruck ihres Glaubens, der allererst die Schrift erschließt."[24]

---

22 Vgl. Henri de Lubac, Credo. Gestalt und Lebendigkeit unseres Glaubensbekenntnisses, Einsiedeln 1975. Dorothea Sattler, Art. Apostolisches Glaubensbekenntnis I., II., in: LThK^3, Bd. 1 [1993] 878–880.

23 Vgl. Reiser, Bibelkritik (wie in Anm. 12), 43f., der seinerseits für Athanasius verweist auf Frances M. Young, Biblical Exegesis and the Formation of Christian Culture, Cambridge 1997, 29–45, und Manlio Simonetti, Some Observations on the Theological Interpretation of Scripture in the Patristic Period, in: Ders., Biblical Interpretation in the Early Church, Edinburgh 1994, 121–137.

24 Ratzinger, Art. Tradition III. (wie in Anm. 8), 295.

6. Biblische Fundierung

Augustinus hatte die Regula fidei als der Schrift selbst entnommen bezeichnet. Bekanntlich hat sich etwa um die Wende vom 4. auf das 5. Jahrhundert auch die Legende vom Zustandekommen des apostolischen Credo geformt, wonach die 12 (!) Glaubensartikel von den 12 Aposteln stammen, denen der auferstandene Herr jeweils einen Credosatz anvertraute, sodass sie im Verbund ein Kompendium des Glaubens besitzen. Einer historischen Analyse zeigt sich heute, dass Augustinus und auch die Legende in einem viel tieferen Sinne recht haben, als es eine aufgeklärte Kritik lange Zeit wahrhaben wollte.[25] Heinrich Schlier (1900–1978) hat in seinem Aufsatz „Kerygma und Sophia. Zur neutestamentlichen Grundlegung des Dogmas" gezeigt, dass eine Entgegenstellung von Tradition, die sich in der Regula fidei verdichtet, und Heiliger Schrift historisch ganz abwegig ist. Einer historischen Analyse zeigt sich vielmehr, dass die tragenden Elemente der Schrift und sozusagen die Kristallisationskerne der Schriftwerdung die im NT enthaltenen Credo-Formeln sind. Sie gehen der Schrift zeitlich und, wie Schlier ausdrücklich sagt, auch sachlich voraus. Sie sind Ausdruck einer sich gerade „explosionsartig"[26] nach den Ereignissen von Tod und Auferstehung Jesu in der Urkirche ausbildenden expliziten Christologie. Schlier hat für diese Credo-Formeln den Terminus technicus „Praesymbola" geprägt[27]. Das die mündliche Tradition verdichtende christologische Dogma ist nicht die nachträgliche Zusammenfassung einer undogmatischen, nur rein erzählenden Evangelienliteratur, sondern deren inneres Gerüst[28]. In seinem Beitrag für die Quaestio disputata 51, die 1970 der Frühgeschichte des nizänischen Glaubensbekenntnisses gewidmet wurde, hat Schlier alle im Neuen

25 Darauf macht mit Recht aufmerksam Pierre Benoît, Der neutestamentliche Ursprung des apostolischen Glaubensbekenntnisses, in: Ders., Exegese und Theologie. Gesammelte Aufsätze, Düsseldorf 1965, 280–293. Vgl. auch Gerda Riedl, Hermeneutische Grundstrukturen frühchristlicher Bekenntnisbildung (= Theologische Bibliothek Töpelmann 123), Berlin 2004.

26 Vgl. Thomas Söding, Der Gottessohn aus Nazareth. Das Menschsein Jesu im Neuen Testament, Freiburg 2006, 17–19.

27 Heinrich Schlier, Kerygma und Sophia, in: Ders.: Die Zeit der Kirche, Freiburg 1955, 206–232, hier 216, Anm. 17.

28 Vgl. Thomas Söding, Die Schrift als Medium des Glaubens. Zur hermeneutischen Bedeutung von Joh 20,30f., in: Knut Backhaus / Franz Georg Untergassmair (Hg.), Schrift und Tradition. FS für Josef Ernst, Paderborn 1996, 343–371.

Testament herauszupräparierenden Praesymbola vorgestellt[29]. Die wichtigsten sind: 1 Kor 15,3–5; 1 Kor 11,23; Lk 24,34; Röm 10,9; 1 Kor 8,6; 1 Kor 12,3; Phil 2,5–11; usw.

Die Offenbarungskonstitution des Zweiten Vatikanischen Konzils „Dei Verbum" spricht in Art. 12 davon, dass die Heilige Schrift in dem Geist auszulegen ist, aus dem sie hervorgegangen ist. Dieser Geist drückt sich in den Praesymbola aus, und insofern stellt sich einer Grundlegung der Bibelhermeneutik bleibend die Frage nach der Bedeutung der Regula fidei im Auslegungsprozess.

7. Aktuelle Relevanz

Zum Schluss sei der Blick noch kurz auf die Relevanz des Themas „Regula fidei" in der gegenwärtigen theologischen Diskussion gerichtet: Wolfgang Beinert hat in seinem LThK³-Artikel zu „Regula fidei" die Freiheit der Formulierung in den vornizänischen Varianten der Regula fidei aufgegriffen und eine „Rückbesinnung" auf die Struktur der Regula fidei als Beitrag zum ökumenischen Gespräch empfohlen, „da sie als Prinzip der Glaubenseinheit ohne verbale Glaubenseinheitlichkeit versöhnende Kraft freisetzen kann"[30]. Dem hat allerdings Michael Fiedrowicz entgegengehalten, dass die sprachliche Flexibilität der Regula fidei keinesfalls inhaltliche Beliebigkeit bedeutete, und dass ferner die konfessionellen Kontroverspunkte nicht auf bloß sprachliche Varianten reduziert werden können.[31]

Die Thematik ist ferner von höchster Relevanz im Hinblick auf die Erschließungsfunktion der Regula fidei für das Verständnis der Heiligen Schrift. Damit ist eines der entscheidenden hermeneutischen Probleme aufgeworfen, das, wie es scheint, zunehmend auch wieder als solches erkannt wird. Es war beispielsweise Thema bei einer gemeinsamen Tagung orthodoxer und evangelischer Neutestamentler im rumänischen Neamţ im Jahre 1998. In einem Bericht zur Tagung heißt es: „Die orthodoxen Teilnehmer/innen waren in

29 Vgl. Heinrich Schlier, Die Anfänge des christologischen Credo, in: Bernhard Welte (Hg.), Zur Frühgeschichte der Christologie. Ihre biblischen Anfänge und die Lehrformel von Nikaia (= QD 51), Freiburg 1970, 13–58.

30 Wolfgang Beinert, Art. Regula fidei: LThK³ 8 (1999) 977.

31 Fiedrowicz, Theologie der Kirchenväter (wie in Anm. 14), 191, Anm. 14.

der Frage gespalten, ob denn die Aufklärung und die mit ihr eng verbundene historisch-kritische Exegese als Gegenüber zu theologischer Erstarrung und kirchlichen Herrschaftsansprüchen das sei, was die Bibelwissenschaft der Kirche schulde, oder ob die wichtigste Aufgabe orthodoxer Bibelwissenschaft nicht vielmehr darin bestehe, von der eigenen Tradition, vor allem der Christologie des Chalcedonense her die Kirche vor dem Verstummen des lebendigen Bibelwortes im Gefolge der Aufklärung zu bewahren [...]. Die altkirchliche Tradition, vor allem die Christologie der Zweinaturenlehre, erwies sich auch für viele ‚Westler' als in überraschender Weise gegenwärtig und kräftig. [...] Uneinigkeit herrschte am Symposion darüber, wer als ‚Kirchenvater' oder ‚kirchlicher Schriftsteller' zu gelten habe. [...] Während bei Orthodoxen der Gedanke, Origenes zu den Kirchenvätern zu rechnen, im ganzen zustimmungsfähig zu sein schien, löste der Gedanke, auch Marcion, Arius, oder Nestorius als ‚kirchliche Schriftsteller zu betrachten', energisches Kopfschütteln aus [...]."[32]

Der von orthodoxer Seite vorgebrachte Gedanke, dass die sich im Chalcedonense verdichtende altkirchliche Tradition das biblische Offenbarungszeugnis nicht nur nicht im Vergangenen einsperrt, sondern sie im Gegenteil vor dem Verstummen bewahrt und immer neu zur Sprache zu bringen vermag, hat eine erstaunliche Parallele im Denken Joseph Ratzingers, mittlerweile Papst Benedikt XVI.

Was er in den hermeneutischen Vorbemerkungen des Jesus-Buches (2007)[33] schreibt, hat er auch in früheren Veröffentlichungen

32 Vgl. James D.G. Dunn u. a., Konvergenzen und offene Fragen, in: Ders. u. a. (Hg.), Auslegung der Bibel in orthodoxer und westlicher Perspektive. Akten des west-östlichen Neutestamentler/innen-Symposiums von Neamţ vom 4.–11. September 1998, Tübingen 2000, 217–224, hier 218–220.

33 Joseph Ratzinger / Benedikt XVI., Jesus von Nazareth, Freiburg 2007. Einleitend kündigt er den Versuch an, „den Jesus der Evangelien als den wirklichen Jesus, als den ‚historischen Jesus' im eigentlichen Sinn darzustellen. [...] Ich denke, dass gerade dieser Jesus – der der Evangelien – eine historisch sinnvolle und stimmige Figur ist. Nur wenn Außergewöhnliches geschehen war, wenn die Gestalt und Worte Jesu das Durchschnittliche aller Hoffnungen und Erwartungen radikal überschritten, erklärt sich seine Kreuzigung und erklärt sich seine Wirkung" (ebd., 20f.). Dem liegt die Überzeugung zugrunde, der in der kirchlichen Überlieferung lebendige Glaube sei der Schlüssel zum rechten Verständnis der Schrift: „Der Zusammenhang mit dem Subjekt ‚Volk Gottes' ist für die Schrift vital. Einerseits ist dieses Buch – die Schrift – der von Gott herkommende Maßstab und die weisende Kraft für das Volk, andererseits lebt die Schrift doch nur eben in diesem Volk [...]. Das Volk Gottes – die Kirche – ist das lebendige Subjekt der Schrift; in ihr sind die biblischen Worte immer Gegenwart" (ebd., 20).

bereits mehrfach unmissverständlich zum Ausdruck gebracht, beispielsweise in seiner kurzen Antwort auf die Frage „Was bedeutet Jesus für mich?“ aus dem Jahr 1973: „Die kirchliche Tradition, in der die von Jesus gegründete Geschichtsbewegung lebenskräftig geblieben ist bis heute, gibt mir zugleich Vertrauen zur biblischen Tradition, der ich mehr Wirklichkeit zutraue als den Versuchen, einen chemisch reinen historischen Jesus aus der Retorte der historischen Vernunft zu rekonstruieren. Ich vertraue der Tradition in ihrer ganzen Breite. Und je mehr Rekonstruktionen ich kommen und wieder gehen sehe, desto mehr fühle ich mich in diesem Vertrauen bestärkt. Es wird mir immer deutlicher, dass die Hermeneutik von Chalkedon die einzige ist, die nichts weginterpretieren muss, sondern das Ganze annehmen kann.“[34]

Die Diskussion, die das Buch ausgelöst hat,[35] dreht sich in seinem entscheidenden Punkt um die Frage: Inwiefern ist die Regula fidei und (damit letztlich die lebendige Tradition der Kirche) der unverzichtbare und untrügliche hermeneutische Schlüssel zum in der Heiligen Schrift bezeugten Christusgeheimnis? Die zunehmende Wieder-Anerkennung der Erschließungsfunktion der Regula fidei für den Sinn der Schrift dürfte sich letztlich auch positiv auswirken auf alle Bemühungen um die Wiedergewinnung der sichtbaren Einheit der Kirche, deren Daseinszweck letztlich darin besteht, eben dieses Christusgeheimnis als „Lumen gentium“ zu bezeugen.

34 Joseph Ratzinger, Antwort [auf die Frage: Wer ist Jesus von Nazaret – für mich?], in: Heinrich Spaemann (Hg.), Wer ist Jesus von Nazaret – für mich? 100 zeitgenössische Antworten, München 1973, 23–26; unter dem Titel „Was bedeutet Jesus Christus für mich?“ in: Joseph Ratzinger, Dogma und Verkündigung, München 1973, 137–140, 138.

35 Vgl. aus einer Vielzahl von Publikationen: Helmut Hoping / Michael Schulz (Hg.), Jesus und der Papst. Systematische Reflexionen zum Jesus-Buch des Papstes, Freiburg 2007. Rudolf Voderholzer, Joseph Ratzinger / Benedikt XVI. und die Exegese, in: Peter Hofmann (Hg.), Joseph Ratzinger. Ein theologisches Profil, Paderborn 2008, 99–121.

Der geistige Sinn der Schrift

Frühkirchliche Lehre mit neuer Aktualität

1. Einleitung und Fragestellung

Emanuel Swedenborg hatte im April 1745 eine Vision und hörte, wie der Herr zu ihm sprach: „Ich habe dich erwählt, um den Menschen den geistigen Sinn der Schrift auszulegen." Von da an gab er zahlreiche Kommentare heraus, und der Begriff „Geistiger Sinn der Schrift" wird fortan mit der Art seiner Schriftauslegung verbunden.

Der Begriff und die Sache „geistiger Sinn der Schrift" hatten im Jahr 1745 schon eine lange Geschichte hinter sich, um genauer zu sein: Die Hochblüte der geistigen Schriftauslegung lag bereits etliche Jahrhunderte zurück. Martin Luther hatte, nachdem er selbst noch in seiner Ausbildung mit der Lehre vom Vierfachen Schriftsinn, die mit dem geistigen Schriftverständnis aufs engste verbunden ist, vertraut gemacht worden war und sie anfangs auch noch angewendet hatte, später vehement verworfen. Luthers Plädoyer für den buchstäblichen Sinn der Schrift allein bedeutet umgekehrt eine schroffe Distanzierung von der Hermeneutik des geistigen Schriftsinns oder eben der Lehre vom Vierfachen Schriftsinn[1].

Im Folgenden soll es nicht um Swedenborgs Sichtweise von „geistigem Schriftsinn" gehen, sondern es soll Antwort gegeben werden auf die Fragen: Was besagt die klassische, im Grunde uralte, frühkirchliche, von den Kirchenvätern der ersten Jahrhunderte im Anschluss an die Bibel formulierte Lehre vom geistigen Schriftsinn? Aus welcher Fragestellung heraus wurde sie entwickelt? Wie steht es um die gegenwärtige Relevanz der Lehre vom geistigen Schriftsinn in der Theologie?

---

1 Diese war allerdings schon ein paar Jahrhunderte vor Luther im Niedergang begriffen gewesen, so dass man sagen kann, Luther habe eigentlich bereits eine dekadente Form abgelehnt. Inhaltlich unterscheiden sich seine Auslegungen denn auch nicht wesentlich von der traditionellen geistigen Auslegung.

2. Ein Text – zwei verschiedene künstlerische Interpretationen – Erste Hinführung zum Wesen „geistiger Schriftauslegung"

Da die Lehre vom geistigen Schriftsinn nicht nur in Kommentaren und Predigten, sondern, davon ausgehend, auch in der Liturgie und Kunst ihren Ausdruck gefunden hat, kann ein Vergleich zweier Bilder als erste Hinführung zum Wesen geistiger Schriftauslegung dienen.

Es handelt sich beide Male um eine Illustration zum Schriftwort Lk 10,25–37, Jesu Parabel vom Barmherzigen Samariter. Die Bilder sind nicht nur, was ihre Entstehungszeit betrifft, durch einen zeitlichen Abstand von fast 1400 Jahren getrennt. Aus ihnen spricht auch jeweils ein anderer Zugang zur Schrift.

Das jüngere der beiden Bilder (s. Abb. 2, S. 121) – es stammt von Karl Caspar (1879–1956) aus dem Jahre 1914 – bemüht sich, bei allem Expressionismus der Farbgebung, um eine realistische Darstellung der Bergung des Verletzten durch den Samariter. Der Hintergrund ist als unbarmherzige, kahle, der brütenden Sonneneinstrahlung ausgesetzte Wüstengegend gemalt, so wie es tatsächlich dem Weg von Jerusalem nach Jericho entspricht, auf dem über ca. 40 km durch raue Wüstengegend ein Höhenunterschied von über 1000 m überwunden werden muss. Die Kopfbedeckung lässt den Retter als Samariter, also als Angehörigen der mit den Juden im Schisma lebenden Volksgruppe erkennen. Der Verwundete ist eben verbunden worden. Neben dem die Scham bedeckenden Lendenschurz hat er einen Kopfverband angelegt bekommen. Schmerzverzerrt hält er sich das Knie, das offenbar durch den Raubüberfall besonders in Mitleidenschaft gezogen ist. Links im Bild wartet geduldig der Esel, um den Verwundeten bis zur Herberge tragen zu können.

Bis auf den heutigen Tag kann, ausgehend von dieser Parabel Jesu, in unserem Sprachgebrauch ein „Samariter" ein Mensch genannt werden, der bereit ist, auf die ihm am Wegrand begegnende Not ohne zu zögern zu reagieren und sich dem unmittelbar als hilfsbedürftig erweisenden als Nächster zu zeigen, so wie es der Antwort Jesu auf die Frage entspricht, wer denn „mein Nächster" sei.

Die Interpretation, die dem älteren der beiden Bilder zugrunde liegt, unterscheidet sich davon. Das Bild stammt aus dem so genannten Rossano Codex (s. Abb. 3, S. 121), entstanden in Syrien um

Abb. 2: Karl Kasper (1879–1956), Der barmherzige Samariter, 1914

Abb. 3: Der barmherzige Samariter, Rossano Codex, Syrien um 550 (Detail)

das Jahr 550: Auch hier ein gefallener Mensch, nackt, am Boden liegend, ganz ausgestreckt, und ein Helfer, der sich tief hinabbeugt. Daneben steht ein Engel, der dem Helfer eine Schale reicht und ein Tuch. Der Helfer aber, der Samariter in der Parabel Jesu, ist kein anderer als der Gleichniserzähler selbst, Jesus, kenntlich gemacht durch den Kreuznimbus. Jesus ist der Barmherzige Samariter!

Dieses ältere Bild ist nur verständlich vor dem Hintergrund der kirchlichen Auslegungstradition, die man die geistige Auslegung nennt. Sie deutet alle Schriftzeugnisse, auch die neutestamentlichen Gleichnisse und Parabeln, im Licht des Gesamtzeugnisses der Heiligen Schrift.

Schon Origenes (180/85–253/54), einer der größten Theologen aller Zeiten, in jedem Fall aber der für die Ausbildung der Lehre vom geistigen Schriftsinn wichtigste Theologe, bezeugt diese Auslegung in seinen Lukas-Homilien.[2] Origenes nennt zunächst als Grundaussage des Gleichnisses: „Damit sagt uns der Herr, dass der unter die Räuber Gefallene nur einem Nächster gewesen ist, nämlich dem, der den festen Willen hatte, die Gebote zu halten, und sich anschickte, jedem Menschen Nächster zu sein, der der Hilfe bedarf." Und Origenes verkennt auch nicht, dass dem Wortsinn nach ein moralischer Appell im Vordergrund steht, denn der Herr sage uns: „Geh hin und tu desgleichen!" (Lk 10,36f.). In einem zweiten Schritt bringt Origenes dann seine Auslegung, die in der Modifikation[3] einer Deutung besteht, die bereits ein Presbyter vor ihm vorgetragen habe, also ihrerseits schon traditionell ist. Mit Bezug auf Joh 8,48f., wo Jesus zwar den Vorwurf der mit ihm streitenden Juden, von einem Dämon besessen zu sein, zurückweist, nicht aber den, ein Samaritaner zu sein, wird Jesus selbst mit dem Samariter identifiziert. Sein Reittier ist sein irdischer Leib, mit dem er den Verwundeten, d.h. die Sünden des Menschen trägt, unter der

---

2 Origenes, In Luc. hom. XXXIV: In Lucam Homiliae. Homilien zum Lukasevangelium II (= FC 4/2, H.-J. Sieben), 336–345. Das Folgende ist auch ausgeführt in: Rudolf Voderholzer, Die Einheit der Schrift und ihr geistiger Sinn, Freiburg 1998, 184f.

3 Diese Auslegung des Origenes impliziert die ganze Christologie und auch seine Lehre von der Präexistenz der Seele. Diese letztgenannte Vorstellung widerspricht allerdings der Lehre der Kirche. Origenes betont die Freiwilligkeit des Abstiegs von Jerusalem (Himmel) nach Jericho (Welt). Der Sündenfall Adams ist nicht Verhängnis, sondern im freien Willen begründet. „Während jedoch bei den übrigen Menschen der Abstieg Folge der frei gewählten Sünde ist, ist er bei Jesus Folge seiner Liebe zu den gefallenen Menschen." (Kommentar von Sieben, FC 4/2, 338f., Anm. 7)

Herberge versteht Origenes die Kirche, der Wirt ist der Engel der Kirche, die beiden Denare versinnbilden die Kenntnis des Vaters und des Sohnes (und das Wissen darum, wie der Sohn im Vater und der Vater im Sohn ist). Origenes schließt seine Homilie mit einem Literalsinn und geistigen Sinn verbindenden Aufruf, man solle so wie Paulus Christus nachfolgen, der nicht nur mit Worten, sondern mit Taten den Menschen ein Nächster geworden sei.

Eine ähnliche Auslegung bietet auch Ambrosius von Mailand (339–397) in seinem Kommentar zum Lukasevangelium[4].

Diese Auslegung ordnet den moralischen Appell ins Gesamt des Glaubens ein, der da besagt, dass vor aller Aufforderung zum Dienst am Nächsten Gottes Dienst am Menschen steht: Der gefallene und der Hilfe bedürftige Mensch, das sind wir alle, das ist die in Adam gefallene Menschheit, die sich vom Barmherzigen Samariter Jesus Christus helfen lassen, die Wunden ihrer Seele verbinden, die Schuld vergeben und schließlich auf die Beine stellen lassen darf, um sodann das Empfangene weiterzuschenken in der Liebe zum Nächsten.

Diese Auslegung der Lukas-Stelle, von der sich das Bild im Rossano-Codex inspirieren lässt, bewahrt die christliche Botschaft vor einer Verkürzung in einen bloßen Moralismus, indem es die zuvorkommende und vorausgehende Liebe Gottes zum Menschen herausstellt, die den Menschen seinerseits zur Zuwendung und Liebe dem Nächsten gegenüber befreit und befähigt.

Das erste Bild stellt eine Auslegung der Stelle aus dem Lukasevangelium im „buchstäblichen Sinne“ vor Augen, das zweite Bild aber ist eine Auslegung „im geistigen Sinn“. Doch wir haben in mehrfacher Weise vorgegriffen. Die Lehre vom geistigen Sinn der Schrift ist zunächst einmal nicht entwickelt worden in Bezug auf die Auslegung des Neuen Testamentes, sondern im Blick auf das Alte Testament.

Bevor wir uns dieser Ursprungssituation zuwenden, muss, noch grundsätzlicher, die Frage geklärt werden: Was ist das eigentlich für ein Text, was ist das für ein merkwürdiges Buch, diese Bibel, um deren Auslegung es geht?

---

4 Ambrosius von Mailand, Lukaskommentar, BKV², Bd. 21, dt. von Joh. Ev. Niederhuber, 362–368.

3. Die Voraussetzung: das besondere Wesen der „Bibel" als „Heilige Schrift" der Christen

a) Gottes Wort im Menschenwort

Wenn in einem katholischen Gottesdienst aus der Heiligen Schrift vorgelesen wird, präsentiert der Lektor am Schluss das Buch mit dem Zuruf: „Wort des lebendigen Gottes!" Das Wort der Heiligen Schrift wird als „Wort Gottes" geglaubt und verehrt. Doch kommt es auf das spezifische Verständnis dieses Begriffes an.

Hier kann vielleicht ein Seitenblick auf das Verständnis des Koran im Islam eine erhellende Hilfe darstellen. Den frommen Muslimen gilt der Koran als das unmittelbar von Gott mit Hilfe des Erzengels Gabriel diktierte Wort der Rechtweisung, zu dem der Prophet Mohamed nicht das geringste menschliche Element beigetragen haben darf. Vergleicht man dieses Verständnis der heiligen Schrift des Islam mit dem Verständnis der Bibel für die Christen[5], dann fällt der Unterschied ins Auge: Für Christen ist, nach einer Formulierung des Apostels Paulus, sein Verkündigungswort (und damit das Wort der biblischen Verkündigung überhaupt) Gottes Wort im Menschenwort. Urbild dafür ist das Fleisch gewordene Wort (Joh 1,14) Gottes, Jesus Christus selbst, in dem Gottes Wort als Menschenwort begegnet. Das erste und entscheidende Wort Gottes ist die Person des Sohnes, der als der Gottmensch in seiner Verkündigung und in seinem Handeln Gottes Zuwendung zu den Menschen bringt.

b) Die Bibel ist Offenbarungszeugnis

„Offenbarung", worauf der Glaube antwortet, ist ein geschichtlich-personales Geschehen, das im Christusereignis seinen Höhepunkt hat. Als das Fleisch gewordene WORT ist Christus und sein Evangelium die eine Quelle der Offenbarung im strengen Sinn. Offenbarung ist mehr als „geschrieben" steht. Offenbarung ist mehr und größer als die Schrift. Sie geht als geschichtliches Ereignis der Schrift voraus. Kirchliche Überlieferung und die Heiligen Schriften

---

5 Vgl. Rudolf Voderholzer, Bibel und Koran. Christliches und islamisches Offenbarungsverständnis im Vergleich, in: Rivista Teologica di Lugano 7 (2002) 313–322. Siehe oben S. 50–60.

sind nicht selbst „Offenbarungsquellen", sondern Vermittlungsformen[6].

Die Bibel bezeugt das Offenbarungshandeln Gottes in seinem Volk Israel und, als Erfüllung und Höhepunkt, in dem Fleisch gewordenen Sohn Gottes, in seinem Leben, Verkündigen, in seinem Handeln, aber eben auch in seinem Leiden, Sterben und Auferstehen. Von diesem Geschehen geben die Schriften Zeugnis. Die Worte der Schrift sind dabei ganz menschlich und ganz göttlich. Der Heilige Geist, der die Autoren der Schrift erfüllt, benützt sie nicht sozusagen als unbeteiligte Werkzeuge, sondern der Geist aktiviert alle menschlichen und sprachlichen Ausdrucksmöglichkeiten. Der Geist garantiert, dass das Zeugnis wahr und zuverlässig ist in dem, was für das Heil der Menschen notwendig ist. Grundsätzlich aber gilt: Die Bibel ist kein vom Himmel gefallenes Buch, sondern das in der Kraft des Heiligen Geistes von menschlichen Autoren verfasste Zeugnis der Offenbarung, das aus dem Glaubensbewusstsein Israels und der Kirche hervorgegangen ist. Das Christentum ist dem entsprechend auch keine Buchreligion, sondern die Religion Jesu Christi, eine Person-Religion. Für die Bibel der Christen heißt dies nun drittens, und das ist ein Spezifikum des christlichen Glaubensverständnisses, dass seine Bibel in einer ganz merkwürdigen Doppeltheit sich zeigt:

c) Die Einheit der Schrift

Altes und Neues Testament gehören unauflöslich zusammen. Beide bezeugen auf je unterschiedliche Weise Gottes Offenbarung in Christus. Das Alte Testament ist in seinem Wesen Vorausverkündigung Jesu, das Neue Testament ist die Bezeugung des Christusereignisses mit den Ausdrucksformen des Alten Testaments. Mit Augustinus gesprochen: *Das Neue liegt im Alten verborgen, das Alte liegt offen im Neuen (Novum in Vetere latet, Vetus in Novo patet)*. Da sich die Offenbarung geschichtlich ereignet und in ihrer Geschichte vom Alten auf den Neuen Bund zuläuft, kann das Zeugnis des Alten Bundes seine endgültige Auslegung auch nicht vor Abschluss der Offenbarung in Christus erfahren[7]. Da die Schrift nicht selbst

---

6 Vgl. dazu die Dogmatische Konstitution über die Göttliche Offenbarung „Dei Verbum" des Zweiten Vatikanischen Konzils (1965).

7 Damit ist der „Eigenwert" des Alten Testaments nicht bestritten und auch einer jüdischen Auslegung der hebräischen Bibel nicht von vorneherein die Legitimität abge-

Offenbarung ist, sondern die Offenbarung des dreifaltigen Gottes bezeugt, ist die gesamte Schrift auf die Mitte der Offenbarung hin auszulegen. Die Theologie der Kirchenväter und des Mittelalters hat diesen Gedanken oft mit der Formulierung zum Ausdruck gebracht, dass Jesus Christus, das Fleisch gewordene Wort des Vaters, sozusagen die Abkürzung (das „Verbum abbreviatum“[8]) oder die „Verdichtung“ aller Worte der Schrift ist.

Die klassische Lehre vom „geistigen Sinn der Schrift“ versteht sich nun aber zuallererst als eine Systematisierung der Art und Weise, wie sich das Neue Testament auf das Alte zurückbezieht. So sollen in einem nächsten Schritt zwei Schriftstellen näher betrachtet werden, auf die man sich bei der Ausformulierung dieser Lehre immer wieder gestützt hat.

4. „Verstehst Du auch, was Du liest?" (Apg 8,30) – die neutestamentlichen Grundlagen der Lehre vom geistigen Schriftsinn

a) Philippus erschließt dem äthiopischen Kämmerer den Sinn der Schrift: Apg 8,26–40

„Verstehst Du auch, was Du liest?“ (Apg 8,30)[9], fragt in der Apostelgeschichte der frühchristliche Missionar Philippus den auf einem Wagen von Jerusalem herkommenden und – gemäß antikem

sprochen. Vgl. dazu Voderholzer, Die Einheit der Schrift und ihr geistiger Sinn (wie in Anm. 2), 455–462.

8 Vgl. dazu: Henri de Lubac, „Verbum abbreviatum“, in: Ders., Typologie – Allegorie – Geistiger Sinn. Studien zur Geschichte der christlichen Schriftauslegung (= Theologia Romanica 23). Aus dem Französischen übertragen und eingeleitet von Rudolf Voderholzer, Freiburg 1999, 204–217.

9 Vgl. Rudolf Pesch, Die Apostelgeschichte I (= EKK V/I) Zürich / Einsiedeln 1986, 295: „Die Frage des Philippus […] ist die Grundfrage biblischer Hermeneutik. Bedingung des Verstehens der Bibel ist nicht schon das Lesenkönnen; private Schriftlektüre ist noch keine hinreichende Bedingung dafür, daß dem Leser auch der Sinn der Schrift aufgeht. Die Schrift ist das Zeugnis eines ‚Weges‘, der Geschichte Gottes mit seinem Volk; und es bedarf zu ihrem Verständnis eines des Weges Kundigen, der ihren Sinn aufschließt. Daß der Prophet nicht von sich selbst oder einem anderen seiner Zeit sprach, wie der Kämmerer zunächst meinte, läßt sich nicht durch schriftgelehrte Diskussion – heute nicht durch historisch-kritische Exegese – entscheiden, sondern nur aus der Ein-Sicht in die Geschichte Jesu von Nazareth als der Aufgipfelung der Geschichte Gottes mit seinem Volk.“

Brauch – laut das Buch des Propheten Jesaja lesenden Kämmerer der äthiopischen Königin. Nachdem der gottesfürchtige Pilger die Frage verneint und dies mit dem Fehlen einer entsprechenden Unterweisung begründet hat, erschließt ihm Philippus ausgehend vom Jesajabuch das Evangelium von Jesus Christus (Apg 8,30):

> 26 Ein Engel des Herrn sagte zu Philippus: Steh auf und zieh nach Süden auf der Straße, die von Jerusalem nach Gaza hinabführt. Sie führt durch eine einsame Gegend. 27 Und er brach auf. Nun war da ein Äthiopier, ein Kämmerer, Hofbeamter der Kandake[10], der Königin der Äthiopier, der ihren ganzen Schatz verwaltete. Dieser war nach Jerusalem gekommen, um Gott anzubeten, 28 und fuhr jetzt heimwärts. Er saß auf seinem Wagen und las den Propheten Jesaja. 29 Und der Geist sagte zu Philippus: Geh und folge diesem Wagen. 30 Philippus lief hin und hörte ihn den Propheten Jesaja lesen. Da sagte er: Verstehst du auch, was du liest? 31 Jener antwortete: Wie könnte ich es, wenn mich niemand anleitet? Und er bat den Philippus, einzusteigen und neben ihm Platz zu nehmen. 32 Der Abschnitt der Schrift, den er las, lautete:
>
> > Wie ein Schaf wurde er zum Schlachten geführt; / und wie ein Lamm, das verstummt, / wenn man es schert, / so tat er seinen Mund nicht auf [Jes 53,7]. 33 In der Erniedrigung wurde seine Verurteilung aufgehoben. / Seine Nachkommen, wer kann sie zählen? / Denn sein Leben wurde von der Erde fortgenommen [Jes 53,8 G].
>
> 34 Der Kämmerer wandte sich an Philippus und sagte: Ich bitte dich, von wem sagt der Prophet das? Von sich selbst oder von einem anderen? 35 Da begann Philippus zu reden und ausgehend von diesem Schriftwort verkündete er ihm das Evangelium von Jesus. 36 Als sie nun weiterzogen, kamen sie zu einer Wasserstelle. Da sagte der Kämmerer: Hier ist Wasser. Was steht meiner Taufe noch im Weg? 37 [Einige Textzeugen fügen hinzu: Da sagte Philippus zu ihm: Wenn du aus ganzem Herzen glaubst, ist es möglich. Er antwortete: Ich glaube, dass Jesus Christus der Sohn Gottes ist.] 38 Er ließ den Wagen halten und beide, Philippus und der Kämmerer, stiegen in das Wasser hinab und er taufte ihn. 39 Als sie aber aus dem Wasser stiegen, entführte der Geist des Herrn den Philippus. Der Kämmerer sah ihn nicht mehr und er zog voll Freude weiter.

10 „Kandake" ist Titel der äthiopischen Königin. – „Kämmerer", wörtlich: „Eunuch", was entweder im gängigen Sinn (Verschnittener, Entmannter) oder als Titel für einen hohen Beamten zu verstehen ist.

An dieser Stelle sind etliche Beobachtungen bemerkenswert:

V. 29: Der Geist führt den Philippus dem Gottsucher über den Weg.

V. 31: Der Gottsucher bekennt, dass ihm die Schriftstelle aus dem Kontext des Alten Testaments allein unverständlich bleibt. Er weiß darum, auf Belehrung angewiesen zu sein.

V. 35: Philippus nimmt die Frage des Gottsuchers auf und zum Anlass, ihm, ausgehend davon, das Evangelium von Jesus zu verkünden. Im Licht des Kreuzestodes und der Auferstehung Jesu klärt sich die Identität der im Vierten Gottesknechtslied beschriebenen Gestalt und das seiner stellvertretenden Sühne. Für den, der nun aufgrund dieser Erklärung zum Glauben gekommen ist, ändert sich das Leben, er ist in eine neue Existenz hineingeführt worden, die sich dadurch ausdrückt, dass er um die Taufe bittet und durch die Taufe in die Lebensgemeinschaft mit diesem gekreuzigt-auferstandenen Christus eingeht. Über das Zeugnis der Schrift, die ein sachkundiger Vertreter der Kirche in der Kraft des Heiligen Geistes ausgelegt hat, zu Jesus Christus kommen, heißt zugleich in eine neue Existenzform eintreten.

V. 39: Nach der Taufe ist Philippus plötzlich den Augen des Kämmerers entzogen. Der Geist hat ihn „entführt".

Die Stelle in der Apostelgeschichte hat innerhalb des lukanischen Geschichtswerkes eine vorausgehende Parallele in Lk 24, wo davon die Rede ist, dass der auferstandene Herr den Emmausjüngern, ausgehend von Mose und allen Propheten (sowie dann auch noch den Psalmen) den Sinn der Schrift erschließt, der niemand anderes ist als ER selbst.

b) Der auferstandene Herr erschließt den Emmaus-Jüngern den Sinn der Schrift: Lk 24,13–35. 44–49

Die beiden Jünger machen sich nach der Katastrophe des Karfreitags verzweifelt und niedergeschlagen auf den Heimweg nach Emmaus, 60 Stadien, 12 km entfernt von Jerusalem. All ihre Hoffnungen waren zerbrochen. Auf diesem ihrem von Trauer und Depression bedrückten Heimweg gesellt sich der Auferstandene zu ihnen, den sie aber nicht erkennen, und der sie durch sein geschicktes Fragen dazu bringt, dass sie ihm ihren Kummer klagen. Als sie ihm auch die Trümmer ihres Glaubens und ihre zerstörte Hoffnung hinhalten, ergreift er ein erstes Mal die Initiative, indem er beginnt, ihnen aus der Schrift ihre Glaubenszweifel und Glaubensprobleme zu lösen. Und während es draußen immer dunkler wird, sie gehen ja in die Nacht hinein, wird es – gegenläufig zur Tageszeit – in ihren Herzen immer heller.

Die entscheidenden Sätze sind: „Musste nicht der Messias all das erleiden, um so in seine Herrlichkeit zu gelangen? Und er legte ihnen dar, ausgehend von Mose und allen Propheten, was in der gesamten Schrift über ihn geschrieben steht" (Lk 24,26f.). Später erinnern sich die beiden: Brannte uns nicht das Herz? Doch sie erkennen ihn immer noch nicht! Sie laden ihn ein mit den Worten: Herr, bleibe bei uns, denn es will Abend werden und der Tag hat sich geneigt. Und dann wird es ganz eigenartig. Der Gast ergreift endgültig die Initiative. Der Gast wird zum Gastgeber, nimmt das Brot, spricht das Dankgebet, und bei dieser das Abendmahl vergegenwärtigenden Geste gehen den Jüngern die Augen auf, und dann sehen sie ihn nicht mehr.

Die Parallele zur späteren Szene in der Apostelgeschichte mit Philippus und dem Kämmerer wird überdeutlich. In der Kirchengeschichte wird sich also wiederholen, was sich mit Jesus selbst zugetragen hat.

Beide Male wird das Christusereignis im Licht des Alten Testaments ausgelegt. Umgekehrt erweist sich Christus als der wahre Sinn der alttestamentlichen Botschaft, der ihre tiefere, zuvor noch verborgene Bedeutung ans Licht bringt.

Sowohl in der Apostelgeschichte wie auch in der ihr vorausgehenden Emmausperikope führt die Sinnerschließung die zum Glauben Gekommenen zugleich in ein neues Existenzverhältnis: Die Emmausjünger, denen sich der Herr erst vollständig beim Brotbrechen, d. h. in der Eucharistie erschließt, kehren buchstäblich um und werden zu österlichen Kündern der Botschaft von der Auferstehung Jesu Christi; der Kämmerer bittet um die Taufe und kehrt dann voller Freude in seine Heimat zurück[11].

Von dem französischen Schriftsteller Paul Claudel (1868–1955) stammt das Wort, die Predigt der Kirchenväter sei nichts anderes

---

11 Von diesem Jesus Christus bezeugt das Johannesevangelium (Joh 1,18), dass er, der am Herzen des Vaters geruht hat, Fleisch geworden ist und in seinem gesamten Wirken Kunde vom Vater gebracht hat, d. h. wörtlich: der Hermeneut des Vaters geworden ist. Mit diesen wenigen neutestamentlichen Hinweisen ist der Horizont jeder christlichen Hermeneutik aufgespannt.

gewesen als eine einzige Auswortung der Lektion von Emmaus[12]. Sie stellten, so wie es Jesus unterwegs getan hatte, die gesamte Schrift (Gesetz, Propheten und Weisheitsbücher, wofür in Lk 24,44 die Psalmen stellvertretend stehen) ins österliche Licht und machen sie transparent auf Christus hin. Die Predigt der Kirchenväter, die sich mit dem Begriff „geistige Schriftauslegung" kurz und bündig zusammenfassen lässt, ist, das soll damit gesagt werden, die konsequente Anwendung dieses Prinzips, dass das ganze Alte Testament auf die Vollendung des Heilsgeschehens im Leben und Sterben Jesu Christi vorausweist.

Die Bezeichnung dieser Art von Verstehen des Alten Testaments als „geistiges Verstehen" oder eben „geistiger Schriftsinn" ist nicht die einzige Begrifflichkeit, der man in diesem Zusammenhang begegnet. Die Vielfalt kann auf den ersten Blick verwirren. Im Folgenden soll ein wenig Licht in diese begriffliche Vielfalt gebracht werden.

Als es darum ging, die wichtigsten Beiträge von Henri de Lubac, der durch seine Studien maßgeblich dazu beigetragen hat, die wahre Bedeutung der klassischen Lehre wieder zu erkennen und auch ihre Gegenwartsrelevanz wahrzunehmen, in deutscher Sprache zu veröffentlichen und dafür einen passenden Titel zu wählen, haben sich Übersetzer und Verlag für folgende Zusammenstellung von Begriffen entschieden: „Typologie – Allegorie – Geistiger Sinn"[13]:

5. Typologie / Allegorie / Geistiger Sinn: verschiedene Aspekte ein und derselben Sache

Diese Zusammenstellung ist im Sinne einer Steigerung gemeint, insofern damit jeweils dieselbe Sache unter einer immer tieferen Rücksicht bezeichnet wird.

12 Paul Claudel, Ich liebe das Wort, Recklinghausen 1955, 53f. Der Göttinger Neutestamentler Hans Hübner bemerkt zu der Stelle: „*Jesu erste Tätigkeit als Auferstandener* ist demnach das *alttestamentliche Kolleg über sich selbst*. Er appelliert dabei an das Herz seiner beiden Zuhörer, appelliert an ihre Bereitschaft, sich mit ihrer ganzen Person, ihrer ganzen Existenz der Botschaft des Alten Testaments zu öffnen." (Hans Hübner, Biblische Theologie des Neuen Testamentes III, Göttingen 1995, 141f. (Hervorhebungen H. H.)

13 Vgl. Henri de Lubac, Typologie – Allegorie – Geistiger Sinn (wie in Anm. 8).

a) Typos = Vorausbild; lat. figura. Davon abgeleitet: Typologie (Entsprechungslehre)

Was meint der erste der verwendeten Begriffe „Typologie“, oder „Typologisches Auslegungsverfahren“?

Das griechische Wort „Typos“ ist im Deutschen längst als Lehnwort heimisch geworden. Wir sprechen von „Typ“ oder „Typen“. Gemeint ist damit ein „Vorbild“, ein „Urbild“, ein „Muster“. Wörtlich steckt darin das Verbum: „schlagen“, „prägen“, ein „Typos“ ist dementsprechend eine Ur-Prägung. In der Technik gibt es den „Prototyp“, das heißt wörtlich übersetzt: Die erste Ausführung eines Modells.

Nun verwendet das NT diesen Begriff mehrfach, wenn es sich auf das Alte Testament bezieht. Allen voran ist Röm 5 zu nennen: Adam ist das Urbild, das Vorausbild für den Kommenden, für Christus. Man spricht in der Theologie von der Adam-Christus-Typologie. Christus, der Gottmensch, ist der wahre und „letzte“ Adam (vgl. 1 Kor 15,45), in dem Gott selbst die mit der Schöpfung verbundene Urgestalt überbietend wiederherstellt, nachdem die Schöpfung durch den Einbruch der Sünde Schaden genommen hatte.

Eine weitere wichtige Stelle ist 1 Kor 10,1–11. Dort heißt es, die Ereignisse des Exodus seien typoi, Vorausbilder für das Heilsgeschehen in Christus: der Exodus, also die Herausführung Israels aus Ägypten und die Rettung in der Hindurchführung durch das Rote Meer; die Speisung mit dem Manna; die Gabe des Trankes in der Wüste, das Wasser aus dem Felsen. All dies geschah, so Paulus in 1 Kor 10,11, vorausbildhaft, und sollte sich durch Christus in der Kirche in vergleichbarer, das Urbild allerdings überbietend, wieder ereignen.

Schließlich ist 1 Petr 3,20–22 zu nennen: Die Sintflut ist ein Vorausbild für die Taufe, in der alles Widergöttliche und Sündhafte abgewaschen, sozusagen vernichtet wird. Das Besondere an dieser Passage aus dem Ersten Petrusbrief ist, dass hier von der Überbietung in der Taufe ausgegangen wird, die als „antitypos“, also als Gegenbild bezeichnet wird.

Ausgehend von diesem Verfahren, das schon Jesus selbst angewandt hatte und das dann Paulus mit dem Wort „typos“ benennt, hat man später in der theologischen Fachsprache, die sich zur Erklärung dieser Hermeneutik entwickelt hat, den Begriff der Typologie eingeführt[14].

---

14 Forschungsgeschichtlich bedeutsam war das Buch: Leonhard Goppelt, Typos. Die typologische Deutung des Alten Testaments im Neuen, Gütersloh 1939 (ND: Darmstadt

Typologische Auslegung heißt dementsprechend die Suche im Alten Testament nach Vorausbildern, nach Ähnlichkeiten, nach vergleichbaren Strukturen, die im Alten Testament aus sich heraus auf die Wirklichkeit des Neuen Testaments vorausweisen. Dies ist legitim, weil es letztlich ein und derselbe Gott ist, der sich im Alten und im Neuen Testament offenbart, der sich auch in seinem Handeln treu bleibt und sich in jeweils ähnlicher und vergleichbarer Weise zu erkennen gibt.

Klassische Beispiele sind die schon genannte Rettung des Volkes Israel durch den Zug durch das Rote Meer als Vorausbild für die Taufe; oder, angelehnt an Beispiele, die Jesus selbst anführt, Jona als Typus Christi: „Wie Jona drei Tage und drei Nächte im Bauch des Fisches war, so wird auch der Menschensohn drei Tage und drei Nächte im Inneren der Erde sein“ (Mt 12,40)[15]. In all diesen Fällen ist das Moment der Überbietung des Typos oder Vorbildes durch die Wirklichkeit, den Antitypos, Christus wichtig.

Das lateinische Wort für Typos ist „figura“, Figur oder Form: Deshalb kann man diese Art der Durchführung der geistigen Auslegung auch „figürliche Auslegung“ genannt finden. Sie beschreibt sozusagen die Methode der geistigen Auslegung.

Die Typologie, die als Methode in der Geschichtsdeutung insgesamt Anwendung findet, ist nur ein erster, man könnte sogar sagen, noch äußerlicher Aspekt an der geistigen Schriftauslegung. Er bedarf einer inneren Legitimation. Ihr kommt man näher mit dem nächsten Begriff.

1990). Es steht für die Wiederentdeckung des typologischen Auslegungsverfahrens auch in der wissenschaftlichen Exegese und vertrat die These, dass typologisches Denken nicht eine überholte und vernachlässigenswerte Nebenerscheinung, sondern die für das Neue Testament charakteristische Methode ist, sich heilsgeschichtlich auf das Alte Testament zu beziehen.

15 Ein Beispiel für geistige Schriftauslegung ist, davon ausgehend, der Kommentar des Hieronymus (347–420) zum Buch des Propheten Jona, der erst kürzlich in der Quellenreihe Fontes Christiani (abgekürzt: FC) in einer deutsch-lateinischen Ausgabe erschienen ist: Hieronymus, Kommentar zu dem Propheten Jona (= FC 60), übersetzt und eingeleitet von Siegfried Risse, Turnhout 2003. In der genannten Reihe, die eine ältere „Bibliothek der Kirchenväter“ (abgekürzt: BKV) fortführt, sind viele frühkirchliche Kommentare im geistigen Schriftsinn aufgenommen. Doch es sind noch bei weitem nicht alle Texte aus dem Griechischen bzw. Lateinischen übersetzt. Aus einer Fülle von weiteren Beispielen seien hier nur noch die Genesis-Homilien des Origenes erwähnt: Origenes, Homilien zum Buch Genesis (= Edition Cardo; Bd. 90). Übertragen und herausgegeben von Sr. Theresia Heither OSB, Köln 2002. Vgl. auch: Michael Fiedrowicz (Berab.), Prinzipien der Schriftauslegung in der Alten Kirche (= Traditio christiana 10), Frankfurt 1998.

b) Allegorie (wörtlich: „anderes sagen"): Gal 4,24

Ein anderer Terminus, der einen Aspekt der Auslegung auf Christus hin thematisiert, ist in der Geschichte noch häufiger anzutreffen: „Allegorie". Er kann oft gleichbedeutend mit „geistiger Sinn" verwendet werden.

Auch die Rede von der Allegorie hat ihren Ausgangspunkt im Neuen Testament. An einer Stelle nämlich verwendet der Apostel Paulus diesen Begriff, und zwar in Gal 4,24, wenn er sagt, die beiden Frauen Abrahams, nämlich Sarah und Hagar, seien „allegorisch zu verstehen". Damit will er sagen, dass auch diese Geschichten aus dem Buch Genesis auf das Heilsgeschehen in Christus verweisen, insofern Hagar das Vorausbild der unfreien Synagoge ist, während Sarah das Vorausbild der vom Gesetz befreiten Kirche ist, die Paulus dann eben auch unsere Mutter nennen kann. Paulus, der im Galaterbrief die Galater beschwört, sich nicht wieder unter das jüdische Gesetz zu begeben, da sie doch zur Freiheit des Evangeliums geführt worden sind, unternimmt mit dieser Argumentation einen letzten Versuch, die Galater zum Verbleib in der Freiheit und zur Anerkenntnis ihrer neu gewonnenen Würde zu bewegen.

Unter der Rücksicht der Schriftauslegung ist diese Stelle aus dem Galaterbrief vor allem deshalb wichtig, weil in ihr der Terminus biblisch bezeugt ist, der über weite Strecken der Begriff für den „geistigen Schriftsinn" werden sollte. Mit „Allegorie" wird dabei vornehmlich der Text verstanden, der einen tieferen Sinn birgt, das Verfahren der Erschließung dieses Sinnes bezeichnet man als „Allegorese".

Etwa zeitgleich mit Paulus wird auch der jüdische Philosoph Philo von Alexandrien (15/10 v. Chr. – 50 n. Chr.) den Begriff der Allegorie einführen bei seinem Bemühen, die überlieferte biblische Tradition in einem veränderten zeitgeschichtlichen Kontext aufgeklärten hellenistischen Juden zu vermitteln. Seine allegorischen Deutungen ähneln formal in vieler Hinsicht den von christlichen Autoren vorgetragenen, unterscheiden sich aber inhaltlich dadurch, dass Philo kosmologische, philosophische oder moralische Deutungen der biblischen Geschichten vorträgt, während die christlichen Deutungen alle unter christologischem Vorzeichen stehen werden. Ähnliches gilt für die allegorisierenden Mythendeutungen im hellenistisch-heidnischen Umfeld, welche die überlieferten Erzählungen von den Göttern als Ausdruck philosophischer Weisheiten, nicht aber als reale Gegebenheiten zu verstehen lehrten[16].

Wie kaum ein anderer theologischer Begriff ist somit die Verwendung des Begriffs der „Allegorie" / „Allegorese" von Missverständnissen und Doppeldeutigkeiten überlagert[17]. In der Kunstgeschichte denkt man an „Personifizierungen" („Allegorie des Frühlings"), in der gegenwärtigen Bibelwissenschaft wird mit „Allegorie" vor allem eine Sonderform des Gleichnisses bezeichnet, in dem es, nicht wie beim Gleichnis, das den Schwerpunkt der Aussage auf einen einzigen Vergleichspunkt legt, auf alle Einzelheiten ankommt. Schon in der Antike, und damit ist das gravierendste Missverständnis angesprochen, wurde manchen christlichen Allegorikern unterstellt, sie würden mit der Methode der Allegorie die Bibel mit den heidnischen Mythen auf eine Stufe stellen, ähnlich wie die hellenistischen Mythendeuter durch übertragende Auslegungen anstößige Stellen weginterpretieren, und somit die geschichtliche Basis der Heiligen Schrift leugnen. Gerade mit diesem letzten Missverständnis tat und tut man der allegorischen Auslegung großes Unrecht. Allegorische Auslegung im christlichen Kontext bedeutet nicht die Leugnung der Geschichte, sondern ihre Durchleuchtung auf ihren tieferen Sinn hin[18].

Etwas „allegorisch" auslegen, heißt im Gefolge des heiligen Paulus, es im Geiste, geführt vom Geist, erleuchtet vom Heiligen Geist, auf Christus hin auslegen, und zwar – wie man noch hinzufügen muss – auf den ganzen Christus hin, auf Christus und die Kirche, in der er durch die Zeiten hindurch fortlebt. Damit sind wir beim dritten Terminus angelangt, auf den die Reihung zuläuft:

16 So haben etwa „aufgeklärte" antike Mythendeuter die Geschichte des Saturn, der seine Kinder verschlingt, interpretiert als die Zeit, die alles verschlingt, was sie hat entstehen lassen. Die Geschichte der Hera, wie sie von Zeus in Ketten gelegt und auf dem Olymp in der Luft aufgehängt wird mit zwei Ambossen um die Knöchel und einer goldenen Kette an den Händen, wurde „allegorisch" als ein Sinnbild für die Hervorbringung des Universums mit seinen vier Elementen gedeutet. Henri de Lubac, der großen Wert auf den Unterschied zwischen heidnischer und christlicher Allegorie legt, fragt: „Findet man denn in der Väterexegese irgend etwas, was vergleichbar wäre mit der ‚allegorischen' Deutung derselben Hera, die Thetis mit Okeanos versöhnt, eine Szene, in der Interpreten des Homer eine Allegorie sahen für die Übereinstimmung, die letztendlich in der Natur herrscht zwischen dem Trockenen und dem Feuchten?" (de Lubac, Typologie – Allegorie – Geistiger Sinn [wie in Anm. 8], 371f.).

17 Vgl. zur Klärung: de Lubac, Hellenistische und christliche Allegorese, in: Ders., Typologie – Allegorie – Geistiger Sinn (wie in Anm. 8), 343–391.

18 Vgl. dazu ausführlich: Voderholzer, Die Einheit der Schrift (wie in Anm. 2), 177–234.

c) Der Sinn, den der Geist eröffnet

Die umfassendste und tiefste Bezeichnung für diese Art der Auslegung der ganzen Schrift auf Christus hin ist „geistige" Auslegung. Denn das Erkenntnisprinzip, das sowohl der typologischen oder figürlichen Auslegung bzw. der allegorischen Auslegung zugrunde liegt, ist der Heilige Geist, von dem der Herr im Abendmahlssaal in der Stunde des Abschieds sagt, er werde die Jünger in die ganze Wahrheit einführen (Joh 16,13). Erkenntnisprinzip ist der Heilige Geist, der wesentliche Inhalt aber ist Christus. Christus und der Geist dürfen nicht auseinandergerissen werden.

Der geistige Sinn erschließt sich nicht einfach der wissenschaftlichen Analyse. Wenngleich er dem buchstäblichen, von wissenschaftlicher Exegese erarbeiteten Sinn auch nicht entgegengesetzt ist, entstammt er einer anderen Quelle: Der geistige Sinn ist ein Geschenk des Heiligen Geistes. Die Kirchenväter betonen immer wieder, dass man um ihn beten muss[19]. Er wird mehr empfangen als erarbeitet.

Die geistige Auslegung, so sehr sie sich der Freiheit des Geistes verdankt, ist umgekehrt nicht eine beliebige Auslegung, sondern sie hat als Norm und Richtschnur die Reinheit des Glaubens, die „Regula fidei", das Credo der Kirche, wie es schon den Schriften des Neuen Testaments selbst zugrunde liegt und vorausgeht[20], und mit dem die geistige Auslegung nach dem klassischen Verständnis nicht in Widerspruch geraten darf.

Schon seit Augustinus (354–430), dessen Sichtweise von Thomas von Aquin (1224–1274) später ausdrücklich bestätigt wird, ist unbestritten, dass ein verbindlicher Glaubensgegenstand in der Heiligen Schrift im Wortsinn grundgelegt sein muss, und dass durch geistige Schriftauslegung nur gefunden werden kann, was andernorts auch buchstäblich bezeugt ist[21].

Der Glaube wird darüber hinaus in der Liturgie gefeiert. Eine gute geistige Auslegung wird daher niemals dem Gebet der Kirche

19 Vgl. dazu de Lubac, Typologie – Allegorie – Geistiger Sinn (wie in Anm. 8), 168f.

20 Es gehört zu den wichtigsten Ergebnissen der historischen Forschung, dass die Tradition und das „Dogma", worin sie sich verdichtet, in Gestalt der „Praesymbola" (Vorformen des Dogmas), sachlich und zeitlich der Schriftwerdung der Schrift des Neuen Testamentes vorausgehen. Vgl Heinrich Schlier, Kerygma und Sophia, in: Ders., Die Zeit der Kirche: Exegetische Aufsätze und Vorträge, Freiburg 1955. [3]1962, 206–232. Die wichtigsten dieser Credo-Sätze sind: 1 Kor 15,3–5; Röm 10,9; 1 Kor 8,6; Phil 2,6–11 usw.

21 Vgl. Peter Walter, Art. Schriftsinne, in: LThK[3], Bd. 9 [2000] 268f.

zuwiderlaufen, aber sie kann die persönliche Frömmigkeit bereichern. Man nennt den geistigen Schriftsinn in der Tradition der Kirche oft auch den „mystischen" Sinn, weil er das Mysterium tiefer zu erfassen lehrt, das letztlich Christus in Person selber ist.

Auch diese letzte, dann ja auch für Swedenborg bestimmend gewordene Bezeichnung „geistiger Sinn" hat im Neuen Testament nicht nur terminologisch eine Grundlage, sondern sie wird von Paulus auch hermeneutisch reflektiert. Dieser sein Gedankengang soll in einem nächsten Schritt nachgezeichnet werden.

6. „Buchstabe und Geist": der zweifache Schriftsinn

a) 2 Kor 3,4–18: Vom Buchstaben der tötet, und vom Geist, der lebendig macht

Der Apostel Paulus knüpft in dieser für die Schriftauslegung und ihre Prinzipien wichtigen Stelle bei dem „Schleier" an, den Mose nach Ex 34,33 – vom Berg Sinai herunterkommend – über sein Gesicht zog, um die Israeliten nicht mit dem von der Begegnung mit Gott herrührenden Glanz seines Gesichtes zu blenden[22]. Gemäß jüdischer Auslegungstradition hielt der Abglanz des Göttlichen auf dem Antlitz des Mose an und die Israeliten ertrugen aufgrund der Schuld, die sie sich durch das Anfertigen des goldenen Kalbes während des ersten Aufenthaltes des Mose auf dem Sinai zugezogen hatten, seinen Anblick nicht. Der Apostel nimmt eine Neudeutung vor, wenn er in 2 Kor 3,9–11 den Glanz, der von Mose ausging, relativiert, indem er ihn als das Vergängliche der alles überstrahlenden Herrlichkeit des Bleibenden gegenüberstellt. Der Dienst des Mose, ein Dienst am Buchstaben, steht dem Dienst des Geistes, d. h. dem Dienst des Paulus gegenüber. Für Paulus hat Mose nämlich sein Gesicht deshalb verhüllt, um das allmähliche Verblassen des Glanzes zu verbergen. Diese Deutung mag sich nahegelegt haben durch das wiederholte Betreten des Bundeszeltes, während dessen sich der Glanz wieder erneuern konnte. Paulus löst nun das Bild des verhüllten Antlitzes aus dem ursprünglichen Zusammenhang heraus und macht es zum Mittelpunkt seiner Argumentation, die direkt auf die gegenwärtige Situation abzielt:

22 Vgl. zum Folgenden Voderholzer, Die Einheit der Schrift (wie in Anm. 2), 245f.

das Gegenüber von Mose-Anhängern in der Synagoge und den christlichen Gemeinden. Während Mose sein Gesicht verhüllen musste, kann Paulus offen reden, denn er ist Christus zugewandt, der Quelle unvergänglichen Glanzes. Ebenso kann die ganze Gemeinde mit aufgedecktem Angesicht die Herrlichkeit Gottes widerspiegeln und so in sein eigenes Bild verwandelt werden. Andererseits liegt über dem Alten Testament bis in die Gegenwart hinein der Schleier, weil das Denken der Israeliten verhärtet wurde. Noch einen Schritt weitergehend überträgt Paulus in Vers 15 schließlich das Bild vom Schleier auf die Herzen der Israeliten, denen das wahre Verständnis der Schriften, nämlich ihre Ausrichtung auf Christus hin, verborgen bleibt. Wendet sich jemand aber Christus zu, fällt auch der Schleier und die Schriften offenbaren ihm die göttliche Herrlichkeit in ungebrochener Fülle. Diese Entbergung wird von Paulus als Wirkung des Geistes beschrieben. Sie umfasst zugleich den Prozess der Verwandlung der Schriften als auch den der existentiellen Bekehrung des Gläubigen zu Christus hin. Christologie und Geistlehre sind in diesem Abschnitt auf das engste verbunden. Dennoch fallen Christus und der Geist nicht in eins. Wer sich Christus zuwendet, wendet sich dem in der Kraft des Geistes auferstandenen Herrn zu. Und es ist der Geist, der lebendig macht, der schließlich auch das geistige, d.h. christologische Verständnis der Schrift bewirkt. Die Verweigerung Christus und seinem Geist gegenüber macht umgekehrt aus dem Buchstaben den Buchstaben, der tötet (vgl. 2 Kor 3,6). Nicht der Buchstabe als solcher tötet, sondern nur die Verweigerung gegenüber dem Geist. Verstehen bzw. Nichtverstehen der Schrift hängt also für Paulus an der Zugehörigkeit zu Christus und dem Erfülltsein mit seinem Geist.

b) Gibt es ein geistiges Verständnis auch des Neuen Testaments?

Zu Beginn der Ausführungen stand ein Vergleich zweier unterschiedlicher Deutungen eines neutestamentlichen Textes. Wenn es nun aber stimmt, dass das Neue Testament die geistige Auslegung des Alten Testaments ist, dann kann man doch nicht wiederum diese geistige Auslegung vergeistigen. Anders gesagt: Das Neue Testament ist die Erfüllung des Alten Testaments. Christus ist der Geist des Alten Testamentes. Deshalb darf man das Neue Testament nicht seinerseits wieder allegorisch auslegen.

Und darauf hat die Theologie auch immer Wert gelegt. Insofern das Neue Testament das Heilsgeschehen in Christus bezeugt, ist es wörtlich zu nehmen: Die Verkündigung, die Geburt aus der Jungfrau Maria, Jesu Zeichen und Wunder, sein Kreuz und seine Auferstehung, all das darf nicht geistig bzw. allegorisch ausgelegt werden. Das muss erst einmal wörtlich genommen werden. Es ist die Basis des christlichen Glaubens. Ohne Kreuz und Auferstehung in einem ganz konkret geschichtlichen Sinn wäre der christliche Glaube ohne Grundlage. Anders gesagt: ein „nur" allegorisches Verständnis dieser Heilsgeschichte hat die Theologie immer abgelehnt.

Aber es gibt in Bezug auf das Neue Testament noch Weiteres zu bedenken: Die Zeichen und Wunder Jesu, die noch vor Kreuz und Auferstehung geschehen, sie gehören gewissermaßen noch dem Alten Bund an und verweisen über sich selbst hinaus. Die Heilungen Jesu sind somit Vorausbilder des Heilsgeschehens in der Kirche. Die Gleichnisse Jesu, die ja auch nicht einfach Heilsgeschichte bezeugen, sind auch auf das Ganze des Glaubens hin auszulegen. Und auch Tod und Auferstehung sind nicht nur als neutrale Geschichtsereignisse erzählt, sondern wollen den Hörer und Leser ins Geschehen mit hineinnehmen. Und so haben die Kirchenväter und mittelalterlichen Theologen schließlich auch von einem geistigen Verstehen des Neuen Testamentes gesprochen. Ein Beispiel geistiger oder „allegorischer" Gleichnisauslegung ist die Deutung der Parabel vom Barmherzigen Samariter auf Christus hin. Nachdem die allegorische Gleichnisdeutung lange Zeit in der Kirche üblich war, hat die vor allem von Adolf Jülicher (1857–1938)[23] initiierte Gleichnisforschung diese Allegorisierungen mit Nachdruck als falsch und dem Wortsinn zuwiderlaufend bekämpft. Allmählich beginnt sich jedoch die Einsicht durchzusetzen, dass sich die unterschiedlichen Zugangsweisen zur Schrift nicht ausschließen, sondern dass sie zur Synthese gebracht werden können. Darin dürfte die größte Aktualität der Lehre vom Vierfachen Schriftsinn bestehen, in der die Hermeneutik des geistigen Schriftsinns schon früh ihre Zusammenfassung fand.

23 Vgl. Adolf Jülicher, Die Gleichnisreden Jesu I, Tübingen 1899 [= ^{2}1910], 50, wo er bekennt, die allegorisierende Gleichnisauslegung bekämpfen zu wollen.

7. Die Zusammenfassung der klassischen Lehre in der Lehre vom Vierfachen Schriftsinn

Um sich die klassische Lehre leicht einprägen zu können, wurde sie im Mittelalter in einen rhythmischen Merkvers, ein Distichon, einen Zweizeiler aus einem Hexameter und einem Pentameter, gegossen:

Littera gesta docet, quid credas allegoria.
Moralis quid agas; quo tendas anagogia.
(Der Buchstabe lehrt die Ereignisse; was du zu glauben hast, die Allegorie; der moralische Sinn, was du zu tun hast; wohin du streben sollst, die Anagogie.)

Damit ist ausgesagt, dass die Heilige Schrift vier Sinndimensionen beinhaltet: den buchstäblichen Sinn (der mit der Geschichte korrespondiert), den allegorischen Sinn (der sich auf den Glauben bezieht), den moralischen Sinn (der auf das Handeln abzielt, das in der Liebe seine höchste Norm hat), und schließlich den anagogischen Sinn (der die Hoffnung weckt und stärkt).

Schon ein erster Blick auf diese Lehre zeigt, dass es nicht um eine willkürliche Aneinanderreihung von in sich unzusammenhängenden Aspekten geht, sondern dass darin eine Struktur erkennbar wird, die den gesamten Glaubensvollzug umfasst: Die Schrift bezeugt ein Geschehen, ist also kein Mythos. Dieses Zeugnis (des Buchstabens) will im Leser und Hörer den Glauben wecken, der nun in der Liebe wirksam wird und in der Hoffnung auf die ewige Gemeinschaft mit Gott seinen letzten Ziel- und Orientierungspunkt hat.

Im Einzelnen: *Der Buchstabe lehrt die Ereignisse*. Dies besagt, dass die Heilige Schrift Alten und Neuen Testaments, wie oben bereits ausgeführt, zu verstehen ist als Zeugnis einer geschichtlichen Offenbarung Gottes in seinem Volk Israel und dann als Ziel und Höhepunkt in Jesus Christus. Die Heilige Schrift ist nicht selbst Offenbarung, sondern Offenbarungszeugnis, insofern menschliche Autoren, vom Heiligen Geist inspiriert, in menschlichen Worten Ereignisse bezeugen, in denen sich Gott selbst kundtut: Gottes Wort in Menschenwort. Die traditionelle Schriftauslegung ordnet dieser ersten Ebene den buchstäblichen Sinn zu[24].

24 Die Entwicklung der modernen exegetischen Wissenschaft nötigt im Hinblick auf diese erste Ebene zu einigen weiteren Überlegungen. Nicht jeder biblische Text hat ein geschichtliches Ereignis im Blick. Man weiß heute aufgrund der Arbeiten der sog.

Bleibend gültig und zunehmend von geradezu entscheidender Bedeutung ist die grundsätzliche Überzeugung, dass christlicher Glaube sich nicht auf allzeit gültige philosophische Aussagen oder auf in Mythen und Märchen gekleidete menschliche Einsichten stützt, sondern auf der Selbstoffenbarung Gottes in der Geschichte beruht.

Was du zu glauben hast, die Allegorie: In einem zweiten Schritt, der in der theologischen Tradition mit „allegoria" bezeichnet wird, geht es nun um die theologische Deutung des geschichtlichen Ereignisses. Zum rechten Verständnis der klassischen Lehre ist es wichtig, dass der spezifisch christliche Bedeutungsgehalt des so vielfach missverstandenen Begriffs Allegorie/Allegorese beachtet wird. Unter Allegorie, noch einmal sei es betont, versteht die gesamte Tradition der Kirche den theologischen Zugang zur Schrift, der auf dem historischen Fundament aufbaut und das geschichtliche Zeugnis auf die sich darin bekundende Selbstmitteilung Gottes befragt. „Die Allegorie baut den Glauben auf", wird Gregor der Große sagen und damit eine klassische Formulierung prägen.

Damit aber ist für den Christen noch nicht das Ziel der Schriftbegegnung erreicht. Der über den buchstäblichen Sinn hinausgehende, in dieser Terminologie eben „Allegorie" genannte Schriftsinn hat zwei weitere Aspekte in sich, die nicht einfach noch draufgesetzt werden, sondern ein inneres Moment darstellen.

Der moralische Sinn, was du zu tun hast: In der Schrift als ganzer und somit auch in jedem Abschnitt ist auch Lebensweisung enthalten. Die Schrift zielt auf die Verwandlung des Christen in einen liebenden Menschen ab. Der Glaube verwirklicht sich in der Liebe, sagt schon der Apostel Paulus.

Seinen Zielpunkt hat die Lehre vom Vierfachen Schriftsinn in der Eschatologie.

Wohin du streben sollst, die Anagogie: Anagogie, von griech. „ana" = „hinauf" und „agein" = „führen" ist eine Wortneuschöpfung und bezeichnet die letzte Dimension, in die sich das biblische Zeugnis erstreckt. Das in der Schrift bezeugte Wort Gottes baut nicht nur den Glauben auf und entfacht nicht nur die Liebe des Christen, sondern führt seinen gläubigen Blick immer auch hin zu den verheißenen und erhofften Gütern.

Gattungskritik zu unterscheiden zwischen verschiedenen literarischen Formen, die jede ernstzunehmende Auslegung beachten muss.

Die beiden letzten Aspekte sind dabei aber nicht äußere Hinzufügungen zur Allegorie, sondern gewissermaßen ihre innere Dimension[25]. Es gibt keinen Glauben ohne Hoffnung und ohne Liebe. Deswegen bewegt der geistige Sinn der Schrift den Leser und Betrachter immer schon hin zu einem Leben in Glaube, Hoffnung und Liebe.

Somit umfassen die drei über den buchstäblichen Sinn hinausgehenden Glieder insgesamt den „geistigen" Schriftsinn. Zur Veranschaulichung der Lehre eignet sich das Beispiel „Jerusalem", das Johannes Cassian[26] bereits im 5. Jh. zur Illustration des Vierfachen Schriftsinns herangezogen hat.

Das vierfache Jerusalem

Es umgreift durch seine Weite irgendwie alle anderen möglichen Beispiele. Die Stadt Jerusalem kann nacheinander in einem vierfachen Sinn verstanden werden: 1. Jerusalem als historische Stadt ist der Schauplatz der Passion Jesu und damit Ort der Heilsgeschichte. 2. Im allegorischen Sinn kann Jerusalem als Sinnbild für die in Christus erneuerte Stadt Gottes (Civitas Dei) gelten. 3. Im moralischen Sinn bezeichnet sie die christliche Seele, in die der Herr Einzug halten will wie seinerzeit in das historische Jerusalem. Und schließlich 4. kennt schon die Apokalypse das Bild vom himmlischen Jerusalem als der Stadt der Vollendung.

Die Lehre vom Vierfachen Schriftsinn muss nicht so verstanden werden, dass in jedem Schriftwort oder Schriftabschnitt alle vier Sinndimensionen aufweisbar sind. Entscheidend ist die Grundeinsicht und die sich darauf stützende, den gesamten christlichen Glaubensvollzug in der Schrift verwurzelnde Dynamik: von der Geschichte zum Glauben, der sich in der Liebe verwirklicht und von der Hoffnung getragen ist.

Der Alttestamentler Norbert Lohfink hat die aktuelle Bedeutung der Lehre vom Vierfachen Schriftsinn mit folgenden Worten beschrieben: „Die uns heute so fremdartig anmutende Hermeneutik des Vierfachen Schriftsinns war nichts als ein genialer und durch viele Jahrhunderte hindurch praktizierter Versuch, jeden einzelnen Text immer vom Ganzen der Bibel her und auf das Ganze hin zu

25 Vgl. de Lubac, Typologie – Allegorie – Geistiger Sinn (wie in Anm. 8), 225f.
26 Vgl. Johannes Cassian (360/65 – 432/435), Unterredung 14,8.

lesen und dabei nicht loszulassen, bis der Text so durchsichtig geworden war, dass er seine Bedeutung für die eigene Glaubensexistenz aufleuchten ließ“[27].

8. Die Wiederentdeckung der Lehre vom geistigen Schriftsinn (Vierfachen Schriftsinn)

Gerade angesichts der zunehmend erkannten Grenzen eines nur historisch-kritischen Zugangs zur Heiligen Schrift ist gegenwärtig vielerorts eine Renaissance der Lehre vom geistigen Sinn der Schrift oder eben der Lehre vom Vierfachen Schriftsinn zu beobachten. Ihr kommt dabei ihre integrative Kraft zugute. Denn die klassische Lehre zwingt nicht zur Verabschiedung des historisch-kritischen Zugangs, sondern ermöglicht ihre Integration in einen umfassenderen Zugang zur Schrift.

a) Integration von Wissenschaft und Mystik

Die kirchlich vermittelte und vom Geist getragene mystische Beziehung zu Christus steht nicht in Konkurrenz zu wissenschaftlicher Kritik, schon gar nicht zu einer historisch-kritischen Erforschung der geschichtlichen Grundlagen des Glaubens[28]. Billige Kritik an der historischen Forschung beraubt sich nicht nur einer möglichen und auch notwendigen Vergewisserung des Wahrheitsanspruchs des christlichen Bekenntnisses, sondern stellt auch der vorgeblichen „Mystik“ ein schlechtes Zeugnis aus. „Der Gegensatz zu einer gesunden Kritik ist die Kritiklosigkeit oder die Überkritik. Der Gegensatz zu einer guten wörtlichen Exegese ist eine schlechte wörtliche Exegese. Die Praxis der geistigen Auslegung ist weder eine Gewähr für kritischen Geist, noch ein Zeichen für mangelnde Kritik“[29].

27 Norbert Lohfink, Bibel und Bibelwissenschaft nach dem Konzil, in: Ders., Bibelauslegung im Wandel. Ein Exeget ortet seine Wissenschaft, Frankfurt ²1967, 13–28, hier 23.

28 Vgl. Rudolf Voderholzer, Mystik aus dem Mysterium. Henri de Lubac (1896–1991) und die Erneuerung der Theologie aus der einen Quelle der Offenbarung, in: Mariano Delgado / Gotthard Fuchs (Hg.), Die Kirchenkritik der Mystiker. Prophetie aus Gotteserfahrung, Bd. III. Von der Aufklärung bis zur Gegenwart, Fribourg / Stuttgart 2005, 441–459.

29 Henri de Lubac, Geist aus der Geschichte. Das Schriftverständnis des Origenes, Einsiedeln 1968, 497, Anm. 184.

Die Lehre vom Vierfachen Schriftsinn wird zunehmend in ihrer Bedeutung wiedererkannt und als Lösung für manche Aporien im Bereich der biblischen Hermeneutik betrachtet. So empfiehlt der Katechismus der Katholischen Kirche (1992/93 herausgegeben) in Nr. 115 bis 119 die Lehre vom Vierfachen Schriftsinn als Anleitung zu einer umfassenden Schriftinterpretation. Aber nicht nur im katholischen Bereich erfährt diese traditionelle Lehre eine Renaissance. Auch im Bereich der evangelischen Theologie mehren sich die Stimmen, die sich dieser vom älteren Luther verworfenen Theorie wieder annähern. So bekennt der Göttinger Neutestamentler Hans Hübner (* 1930): „Hätte mich jemand vor einigen Jahrzehnten gefragt, ob ich etwas Positives zur mittelalterlichen Lehre vom vierfachen Schriftsinn sagen könnte, ich hätte überlegen lächelnd, vielleicht sogar ein wenig von oben nach unten herab gesagt: ‚Fragen Sie doch einmal meinen Kollegen, vielleicht tut's der!' Vielleicht hätte ich als lutherischer Theologe auf Dr. Martin Luther, dessen frühe Bibelauslegung immerhin Thema meiner Dissertation war, verwiesen und hätte voller Stolz darauf aufmerksam gemacht, daß Luther auf dem Wege von seiner ersten Psalmenvorlesung (1513/15) zur Römervorlesung (1515/16) den vierfachen Schriftsinn, der doch Einfallstor für alle möglichen Auslegungssubjektivismen und Willkür sei, überwunden habe. Heute freilich schaue ich nicht mehr so despektierlich auf die sog. allegorische Schriftauslegung eines Philon von Alexandrien oder eines Origenes. Und heute scheint mir der bekannte mittelalterliche Zweizeiler über den vierfachen Schriftsinn gar nicht mehr als der Inbegriff aller Torheit […]. Natürlich, als Exeget einer theologischen Fakultät z.Z. des ausgehenden 20. Jahrhunderts lasse ich mich nicht mehr in das Prokrustesbett der mittelalterlichen Methodik hineinzwängen. Ich frage mich jedoch, ob sich nicht hinter all den Willkürlichkeiten, die unbezweifelbar durch die Praxis des mehrfachen Schriftsinnes produziert wurden, eine Wahrheit verbirgt, die zu bedenken uns unbedingt aufgegeben ist."[30]

Von Seiten der alttestamentlichen Wissenschaft hat vor allem Brevard S. Childs mit seinem sogenannten „canonical approach" (kanongemäßer Zugang zur Schrift) die klassische Zuordnung der

30 Hans Hübner, Eine moderne Variante der mittelalterlichen Lehre vom vierfachen Schriftsinn: Vetus Testamentum in Novo receptum, in: Ders., Biblische Theologie als Hermeneutik, Göttingen 1995, 286–293, hier 286.

Testamente und die in Christus konvergierende Einheit der Bibel neu sehen und verstehen gelehrt[31].

b) Überraschende Bestätigung von Seiten der Literaturwissenschaft: Rezeptionsästhetik

Die neueste Entwicklung in der Wiederentdeckung der Lehre vom geistigen Schriftsinn vollzieht sich auf der Basis der Rezeption rezeptionsästhetischer Einsichten in der Theologie[32]. Die Rezeptionsästhetik geht aus vom Sinn konstituierenden Beitrag des Rezipienten bzw. einer Rezeptionsgemeinschaft bei der Interpretation und Weitergabe prinzipiell deutungsoffener historischer Texte. In der alttestamentlichen Wissenschaft spricht man seit den 50er-Jahren des 20. Jahrhunderts von „relecture",[33] wobei das „Wiederaufnehmen" von historischen Texten in neuen Kontexten diesen auch neue Bedeutungsaspekte verleiht[34]. Dabei kommt es darauf an, dass sich der Übergang vom Alten zum Neuen Testament nicht auf derselben Ebene vollzieht wie die inneralttestamentlichen relectures, handelt es sich doch im Falle des im Neuen Testament bezeugten Christusereignisses nicht um eine weitere Etappe alttestamentlicher Heilsgeschichte, sondern um die Stiftung des Neuen und Ewigen Bundes und damit um eine eschatologische Neukontextua-

---

31 Brevard S. Childs, Die Theologie der *einen* Bibel, 2 Bde., Freiburg 1994 und 1996.

32 Vgl. Rudolf Voderholzer, „Die Heilige Schrift wächst irgendwie mit den Lesern" (Gregor der Große). Dogmatik und Rezeptionsästhetik, in: MThZ 56 (2005) 162–175. Siehe unten S. 151–169. Vgl. Georg Braulik, Rezeptionsästhetik, kanonische Intertextualität und unsere Meditation des Psalters, in: Heiliger Dienst 57 (2003) 57–81, hier 57f.

33 Vgl. Albert Gelin, La question des „relectures" à l'intérieur d'une tradition vivante, in : Sacra Pagina I (BETHL XII), Gembloux 1958, 303–315, besonders 304. Der Hinweis findet sich bei: Klaus Scholtissek, Relecture – zu einem neu entdeckten Programmwort der Schriftauslegung, in: BiLi 70 (1997) 309–315, hier 313.

34 Es gehört zu den allgemein nachvollziehbaren Erfahrungen, dass man von Anderen bisweilen besser verstanden wird, als man sich selbst versteht. Oder Prediger, die im Abstand von einigen Jahren wieder dieselbe Schriftstelle auszulegen haben, kennen das Phänomen, dass sich ein Schrifttext ganz neu dem Verständnis öffnet, wenn sich das Bedingungsfeld des Lesers verändert hat, wenn er z. B. einschneidende Lebenskrisen bewältigt oder einen Fortschritt im geistlichen Leben gemacht hat. Vgl. schon Montaigne (1533–1592): „Ein gebildeter Leser entdeckt in den Texten oft andere Vollkommenheiten als solche, die der Autor selbst in sie gelegt oder an ihnen bemerkt hat. Und derart verleiht der Leser dem alten Text immer reichere Bedeutung und Gesichter" (zit. nach H.R. Jauß, Art. Rezeption. Rezeptionsästhetik, in: HWP 8 [1992] 996–1004, hier 999).

lisierung, welche die gesamte Schrift des Alten Testaments in eine neues Licht taucht. Denn in je unterschiedlicher Weise unterziehen alle neutestamentlichen Autoren das Alte Testament einer christologischen „relecture". Diese „relecture" aber, um mit Karl-Heinz Menke zu sprechen, „unterscheidet sich von allen inneralttestamentlichen Aktualisierungen, weil sie nicht nur durch so genannte Weissagungsbeweise oder typologische Exegese, sondern vor allem und zuerst durch die Identifikation des Jesus Christus mit dem Wort Gottes erfolgt. Da es ein überbietbares Wort Gottes nicht geben kann, ist Jesus Christus nicht die Überbietung des Wortes Gottes, welches die Schriften des Alten Testaments zu sein beanspruchen. Vielmehr ist Christus, wie Irenaeus (haer. II, 28, 3) formuliert, das eine Wort in den vielen Worten."[35]

Vor diesem Hintergrund hat mit Ludger Schwienhorst-Schönberger neuerdings sogar wieder ein Vertreter der alttestamentlichen Wissenschaft für die Rehabilitierung der allegorischen Hohelieddeutung im Kontext monastisch-kontemplativer Frömmigkeit plädiert.[36] Er lässt eine lange vorherrschende Denunzierung der allegorischen Hoheliedauslegung hinter sich und plädiert für eine Neubewertung der traditionellen Sichtweise. Bedenkt man, dass das Hohelied der Liebe einer der bevorzugten Texte geistiger Schriftauslegung war, zeichnet sich hier eine bemerkenswerte Annäherung der Positionen und damit die Wiedergewinnung eines wichtigen Ausschnitts traditioneller, von der Auslegung der Heiligen Schrift genährter Mystik an. Schwienhorst-Schönberger trägt dabei einerseits der historisch-kritischen Rekonstruktion der ursprünglichen Bedeutung in einem Primärkontext als profane Liebeslyrik Rechnung – dies hat bleibende Bedeutung und unbestrittene Legitimität –, verweist aber andererseits auf die rezeptionsästhetische Einsicht, „dass die Bedeutung eines literarischen Textes kein zeitlich abgeschlossenes Phänomen ist. Sie ist weder einfachhin identisch mit der Intention des Autors noch mit der Bedeutung, die in einer ersten Rezeptionsphase konstituiert wird. Ändert sich der Rezeptionskontext, ändert sich auch

35 Karl-Heinz Menke, Art. Wort Gottes, in: LThK³ Bd. 10 (2001), 1301.

36 Vgl. Ludger Schwienhorst-Schönberger, Das Hohelied und die Kontextualität des Verstehens, in: David J.A. Clines / Hermann Lichtenberger / Hans-Peter Müller (Hg.), Weisheit in Israel. Beiträge des Symposiums „Das Alte Testament und die Kultur der Moderne" anlässlich des 100. Geburtstags Gerhard von Rads (1901–1971), Heidelberg, 18.–21. Oktober 2001, 81–91.

die Bedeutung. Mit ‚Rezeptionskontext' meine ich", so fährt Schwienhorst-Schönberger fort, „jetzt sowohl den sprachlichen als auch den außersprachlichen ‚Zusammenhang'. Liest jemand das Hld im Kontext der Heiligen Schrift mit dem Vorverständnis, hier ginge es durchgehend um Gott, um sein Verhältnis zu seinem Volk, seiner Kirche, zur Seele des Einzelnen, geschieht die Lektüre darüber hinaus in einer monastisch-kontemplativen Lebenswelt, in der die Herauslösung aus den Verstrickungen der Leidenschaft als ein Voranschreiten auf dem Weg zu Gott angesehen und täglich eingeübt wird, dann legt sich ein allegorisches, oder sagen wir etwas offener: ein geistiges Verständnis durchaus nahe. Die allegorische Interpretation wäre dann nur die reflexive Fassung dessen, was in diesem Rezeptionskontext wie selbstverständlich wahrgenommen wird."[37]

In einem Bericht zur Lage der alttestamentlichen Theologie der Gegenwart stellte Schwienhorst-Schönberger neuerdings sogar die Frage, ob sich momentan nicht sogar ein „Paradigmenwechsel"[38] in der Bibelwissenschaft vollzieht. Dies käme einer Rückkehr zu wesentlichen Einsichten der Lehre vom geistigen Schriftsinn gleich.

9. Aus-„Blick": der Verduner Altar als vollkommenste künstlerische Umsetzung typologisch-geistiger Schriftauslegung

Der Verduner Altar ist die vielleicht vollkommenste künstlerische Durchführung typologisch-geistiger Schriftauslegung und typologischer Geschichtstheologie[39]. Er wurde vom Meister Nikolaus von Verdun[40], daher der Name, 1181 für die Kanzelbrüstung der Klosterkirche in Klosterneuburg bei Wien geschaffen und etwa 150

37 Schwienhorst-Schönberger, Das Hohelied und die Kontextualität des Verstehens (wie in Anm. 36), 86.

38 Ludger Schwienhorst-Schönberger, Einheit statt Eindeutigkeit. Paradigmenwechsel in der Bibelwissenschaft, in: HerKorr 57 (2003) 412–417.

39 Vgl. dazu: Floridus Röhrig, Der Verduner Altar, 7. neu bearbeitete Auflage, Klosterneuburg / Wien 1995. Vgl. auch: Markus Berve, Die Armenbibel. Herkunft. Gestalt. Typologie, Beuron ²1989.

40 Die genauen Lebensdaten sind nicht bekannt. Sein Wirken ist im Rhein-Maas-Gebiet nachgewiesen in den Jahren 1181 bis 1205. Meister Nikolaus gilt als einer der führenden Goldschmiede und Emailkünstler seiner Zeit. Nikolaus wird auch die Mitarbeit am Dreikönigsschrein des Kölner Domes zugeschrieben.

Jahre später zu einem Flügelaltar erweitert und umgebaut. Heute ist er in einer Kapelle im Kreuzgang des Augustiner-Chorherren-Stiftes Klosterneuburg bei Wien untergebracht und kann dort auch besichtigt werden.

In drei übereinander angeordneten Bilderreihen (in der Mitte, unter der Zeitangabe „sub gratia“ – zur Zeit der Gnade, das Leben Jesu; oben die alttestamentlich-heilsgeschichtliche Etappe vor der Gesetzgebung am Sinai „ante legem“; unten die Epoche des Alten Bundes unter dem Gesetz „sub lege“) wird in *51 Emailbildern* die gesamte Heilsgeschichte vor Augen gestellt und der Alte Bund dem Neuen zugeordnet gemäß dem von Augustinus kurz und prägnant zusammengefassten Grundsatz: *Das Neue liegt im Alten verborgen, das Alte liegt offen im Neuen (Novum in Vetere latet, Vetus in Novo patet)* (vgl. Dei Verbum 16).

Dem ersten Bild in der Christusreihe, der Verkündigung Mariens (Lk 1,26–38) (s. Abb. 5, S. 148), ist beispielsweise für die Epoche „vor dem Gesetz“ die Verheißung der Geburt des Isaak zugeordnet, wie sie im Rahmen der Begegnung der drei Engel mit den schon betagten Abraham und Sarah bei den Eichen von Mamre in Gen 18,1–16 geschildert wird (s. Abb. 4, S. 148). In der Epoche „unter dem Gesetz“ entspricht dem die Ankündigung der Geburt des Simson in Ri 13,2–5 (s. Abb. 6, S. 149). Die innere Verbindung besteht darin, dass Gott jeweils durch seine Zuwendung zu den Geringen und Machtlosen in der Situation menschlicher Aussichtslosigkeit den Anfang neuen Heiles bewirkt. Das Alte Testament ist durchzogen vom Motiv der ungesegnet-gesegneten Frauen. Er, der „die Mächtigen vom Thron stößt und die Niedrigen erhebt“ (Lk 1,52; vgl. Ijob 5,11), nimmt Sarah, Hanna (1 Sam 2,1–10), Elisabeth (Lk 1,7) und viele andere in seinen Dienst und segnet sie mit Zukunft. „Das Geheimnis des letzten Platzes (Lk 14,10) deutet sich an, der Platztausch von Ersten und Letzten (Mk 10,31), die Umkehr der Wertungen in der Bergpredigt, die Umkehr der in der Hybris gründenden irdischen Wertungen. Aber auch die Theologie der Jungfräulichkeit findet ihren ersten, noch verborgenen Ansatz: Die irdische Unfruchtbarkeit wird zur wahren Fruchtbarkeit“[41].

Der Taufe Jesu (Mk 1,9–11 parr.), um noch ein zweites Beispiel zu nennen, sind einmal der Durchzug durch das Rote Meer (Ex 14,22)

41 Joseph Ratzinger, Tochter Zion. Betrachtungen über den Marienglauben der Kirche, Einsiedeln 1977, 18.

Abb. 4: Nikolaus von Verdun, Verduner Altar, Klosterneuburg, Detail: Verheißung der Geburt Isaaks – Begegnung Abrahams mit den drei Engeln (Gen 18,1–16)

Abb. 5: Verduner Altar, Verkündigung Mariens (Lk 1,26–38)

Abb. 6: Verduner Altar (Detail), Ankündigung der Geburt des Simson (Ri 13,2–5)

sowie „das Meer auf zwölf Rindern“, jener große Behälter mit Reinigungswasser im Tempel (1 Kön 7,23–26), zugeordnet.

Der Verduner Altar eignet sich darüber hinaus auch zur Illustration für gute und auch misslungene geistige Auslegung. Für seine heutige Gestalt musste der Verduner Altar nämlich im Jahre 1331 um zwei Reihen ergänzt werden. Es sind die Reihen acht und zehn. Sie fallen nicht nur handwerklich, wie ein geübter Blick schnell erkennen kann, sondern auch theologisch hinter die Bilder aus dem 12. Jahrhundert zurück. Wenn, um nur ein Beispiel zu nennen, in Reihe zehn der Kreuzabnahme Jesu in der oberen Reihe „vor dem Gesetz“ das Bild vom Pflücken des Apfels im Paradies durch Eva gegenübergestellt wird, dann ist leicht ersichtlich, dass hier keinerlei innerer Zusammenhang besteht[42]. Die todbringende Frucht wurde niemals als ein Vorausbild Christi betrachtet. Schon eineinhalb Jahrhunderte nach der Verfertigung des Altars war der geistige Elan, der das Werk ursprünglich aus-

42 Vgl. auch Röhrig, Der Verduner Altar (wie in Anm. 39), 73.

Abb. 7: Verduner Altar (Detail): Mittelpunkt-Segment des Altarbilds

gezeichnet und der sich noch ganz an der Theologie der Kirchenväter inspiriert hatte, ermattet.

Die 51 Bilder sind nicht nur in drei Reihen aufeinander bezogen, sondern auch noch durch ihre spezifische Mitte innerlich strukturiert (s. oben Abb. 7): Das Kreuzigungsbild nämlich ist nicht nur die geometrische Mitte des ganzen Werkes. Es ist auch noch dadurch von den anderen 50 Bildern unterschieden, dass die Bildfläche ein wenig größer gehalten ist. Der Künstler verbindet damit die Aussage, dass das Kreuz, das heißt die Lebenshingabe des Gottessohnes Jesus Christus für das Heil der Welt, der hermeneutische Schlüssel für das Verständnis der gesamten Heilsgeschichte ist. Christus als die Offenbarung Gottes in Person ist letztlich der eine und entscheidende Inhalt aller biblischen Zeugnisse, er ist die Mitte der Schrift (Martin Luther), von ihm her und auf ihn hin erschließt sich, geführt vom Heiligen Geist, ihr tiefster Sinn.

„Die Heilige Schrift wächst irgendwie mit den Lesern“ (Gregor der Große)

Dogmatik und Rezeptionsästhetik

Der Begriff „Rezeptionsästhetik“ und die damit gemeinte Sache hat in der geisteswissenschaftlichen Diskussion derzeit Hochkonjunktur. Nun ist das Wort nicht nur ein Zungenbrecher, sondern es begegnet Unverständnis und Missverständnissen. Deshalb beginne ich mit zwei kurzen Erfahrungen aus der theologischen und pastoralen Alltagswelt, die, gleichsam phänomenologisch, hinführen wollen zu einer ersten Antwort auf die Frage:

1. Was ist und was will Rezeptionsästhetik?

Da ist zunächst die Rückmeldung einer Studentin, zu deren Lizentiatsarbeit ich das Zweitgutachten zu schreiben hatte: „Nach der Lektüre Ihres Gutachtens habe ich endlich meine eigene Arbeit verstanden.“ Es entspricht offenbar unserer Erfahrung, dass andere mich in Bezug auf bestimmte Aspekte meines Denkens und Handelns besser verstehen als ich mich selbst, dass ich erst im Spiegel der Reaktionen anderer, im Verständnis anderer meine eigenen vielleicht unbewussten, vielleicht bewusst verdrängten oder einfach nur verborgenen Aussageabsichten reflexiv einhole[1].

Eine zweite Erfahrung können diejenigen nachvollziehen, die in der Kirche zum Predigtdienst bestellt sind und alle drei Jahre

1 Vgl. schon Montaigne (1533–1592): „Ein gebildeter Leser entdeckt in den Texten oft andere Vollkommenheiten als solche, die der Autor selbst in sie gelegt oder an ihnen bemerkt hat. Und derart verleiht der Leser dem alten Text immer reichere Bedeutung und Gesichter“ (zit. nach H.R. Jauß, Art. Rezeption. Rezeptionsästhetik, in: HWP 8 [1992] 996–1004, hier 999). Herrn Professor H. Fricke, Fribourg, verdanke ich den Hinweis auf: L. Danneberg, Besserverstehen, in: F. Jannidis, u. a. (Hg.), Regeln der Bedeutung, Berlin / New York 2003, 644–711.

gemäß unserer Leseordnung vor der Herausforderung stehen, wieder denselben Schrifttext auszulegen. Da liegt die Versuchung nahe, eine alte Predigt herauszuholen, um dann aber erschreckt festzustellen: Nein, das kann ich heuer so unmöglich wieder sagen! Und zwar unter doppelter Rücksicht. Im Hinblick einmal auf die Hörer: Der zeitgeschichtliche Kontext ist ein anderer geworden. Die Fragen, die unsere Pfarrgemeinde, die Fragen, die die Kirche als ganze, die Fragen, die die Welt bewegen und die von der Frohbotschaft her eine Antwort erwarten dürfen, sind andere geworden, so dass die bloße Wiederholung einer Auslegung aus einem überholten Kontext nicht nur langweilig, sondern, wenn nicht falsch, so doch belanglos würde. Die bloße Wiederholung kann sich zweitens im Blick auf den eigenen lebensgeschichtlichen Kontext verbieten: Vertieftes theologisches Studium, aber auch Lebenskrisen, einschneidende Erfahrungen oder, im besten Fall, der Fortschritt im geistlichen Leben haben in der Regel zur Folge, dass ein Schrifttext auf ganz neue Weise zu mir spricht, dass ganz andere Aspekte und Zusammenhänge aufleuchten, die in einem früheren Stadium ohne bestimmte Lebenserfahrungen, ohne entsprechende lebensgeschichtliche Neukontextualisierung so nicht wahrgenommen werden konnten.

Diese Erfahrungen machen auf Sachverhalte aufmerksam, über die in der wissenschaftlichen Hermeneutik, also der Lehre vom „Verstehen“, von seinem Zustandekommen, von dessen Bedingungen usw., immer schon, in jüngster Zeit aber in besonders intensiver Weise nachgedacht wird.

Man nennt diese neue Richtung, die zunächst in der Literaturwissenschaft zu sich fand, „Rezeptionsästhetik“. Man versteht darunter die wissenschaftliche Wahrnehmungslehre unter besonderer Berücksichtigung des sinnstiftenden Beitrags des Rezipienten, das heißt des Hörers, Lesers oder Betrachters eines Kunstwerkes, einer literarischen Äußerung oder eben auch eines Verkündigungstextes, wie wir ihn in der Heiligen Schrift vor uns haben.

Es sind im Wesentlichen zwei Elemente, die von der Rezeptionsästhetik in den Blick genommen werden: einmal die prinzipielle Offenheit eines historischen Textes für verschiedene Deutungen in neuen und je verschiedenen Kontexten durch je neue Rezipienten; dem entsprechend andererseits die Neubeachtung des Lesers, Hörers, des „Aufnehmers“ einer Botschaft als eines wesentlichen Faktors im Gesamtprozess des Verstehens.

Die „Rezeptionsästhetik" wird denn auch mittlerweile längst nicht mehr nur in literaturwissenschaftlichen oder philosophischen Zusammenhängen diskutiert, sondern hat als Stichwort auch Aufnahme in die Neuauflage des „Lexikons für Theologie und Kirche" gefunden[2]. Günter Seubold stellt darin die Rezeptionsästhetik der herkömmlichen „Werk- oder Produktionsästhetik" gegenüber, die davon ausgeht, dass Sinn und Bedeutung *allein* vom Autor her zu bestimmen seien und mit der vom Autor oder Schöpfer eines Werkes mit diesem verbundenen Intention identisch sind. „Kein Gedicht gilt dem Leser, kein Bild dem Beschauer, keine Symphonie der Hörerschaft", heißt es einmal bei Walter Benjamin[3] als sprechender Ausdruck für diese Sichtweise von der Autonomie und Autarkie des Schöpfers bzw. Produzenten. Die Entgegensetzung zu dieser Produktionsästhetik mit ihrem Primat auf der „intentio auctoris" hat mittlerweile auch schon zum anderen Extrem auf Seiten der Rezeptionsästhetik geführt, insofern im Gefolge der radikal dekonstruktivistischen postmodernen Hermeneutik Jacques Derridas beispielsweise die Sinnkonstitution eines Werkes völlig vom Autor getrennt und ausschließlich der produktiven Seite der ästhetischen Tätigkeit zugesprochen wird. Man hat in diesem Zusammenhang auch schon vom „Death of the Author" gesprochen, dem allerdings bald der Tod des Lesers folgt, denn die radikale Abkehr von der „Logozentrik" löst jede Kommunikation über Sinn auf in ein beliebiges „Spiel der Differenzen" und eine letztlich sinn-lose Kombinatorik von Texten und Kontexten[4].

Es waren möglicherweise diese extremen Erscheinungsformen der Rezeptionsästhetik, die Seubold davon abhielten, die Möglich-

2 Günter Seubold, Art. Rezeptionsästhetik, in: LThK^3 VIII (1999) 1152f. Vgl. Helmut Pfeiffer, Art. Rezeptionsästhetik, in: Jan-Dirk Müller (Hg.), Reallexikon der deutschen Literaturwissenschaft, Bd. III, Berlin–New York 2003, 285–288.

3 Zitiert nach Rainer Warning, Rezeptionsästhetik als literaturwissenschaftliche Pragmatik, in: Ders. (Hg.), Rezeptionsästhetik. Theorie und Praxis (UTB 303), München 1975. 1994, 9–41, hier 9.

4 Vgl. Klaus Nelißen, Eine neue Lesebrille für das Alte Testament? Intertextualität – Orientierungen für eine Lesart der Bibel in der Postmoderne, in: Orientierung 67 (2003) 195–200. 206–210. 223–224, hier 195: „Die drei relevanten Größen: Autor, Text und Rezipient werden neu in Beziehung gesetzt und relativiert. Der von Roland Barthes bereits festgestellte „Tod des Autors" sollte die Exegeten jedoch nicht davon abschrecken, intertextuelle Ansätze auf ihre Verwendbarkeit für die Bibel zu prüfen und gegebenenfalls zu übernehmen." Mit Bezug auf Roland Barthes, The Death of the Author, in: Ders., Image, Music, Text, London 1977, 142–148.

keiten einer Rezeption der Rezeptionsästhetik in der Theologie auch nur zu erwähnen[5].

Hier setzen die folgenden Überlegungen ein. Es soll erwogen werden, ob, und wenn ja, wie und unter welchen Voraussetzungen, sich rezeptionsästhetische Einsichten auch für die Theologie, die biblische Hermeneutik, aber auch für die Dogmatik, näherhin die offenbarungstheologische Erkenntnislehre fruchtbar machen lassen.

Nun ist es aber eine nicht zu übersehende Tatsache: Rezeptionsästhetik wird in der Theologie bereits in hohem Maße rezipiert und diskutiert. Eine erste Bestandsaufnahme zeigt die Rezeption der Rezeptionsästhetik auf mehreren Ebenen.

2. Bestandsaufnahme: Rezeptionsästhetik und Exegese

Spätestens seit den 1950er-Jahren ist der Terminus „relecture“[6] aus der Hermeneutik nicht mehr wegzudenken. Im Schreiben der Bibelkommission von 1993 wird die relecture (deutsch mit „Wiederaufnehmen“ übersetzt) auch bereits quasi-lehramtlich rezipiert[7].

a) Rezeptionsästhetik und die Denkform der „relecture“

Der Sinn stiftende, Sinn erweiternde Beitrag der relecture, des Wiederlesens oder Wiederaufnehmens wurde dabei vor allem im Blick auf die Entstehungsgeschichte des Alten Testamentes erkannt. Die

---

5 Vgl. allerdings den von mehreren Autoren verfassten Art. Rezeption, in: LThK^3 VIII (1999) 1147–1152.

6 Vgl. Albert Gelin, La question des „relectures“ à l'intérieur d'une tradition vivante, in : Sacra Pagina I (BETHL XII), Gembloux 1958, 303–315, besonders 304. Hinweis bei : Klaus Scholtissek, Relecture – zu einem neu entdeckten Programmwort der Schriftauslegung, in: BiLi 70 (1997) 309–315, hier 313.

7 Päpstliche Bibelkommission, Die Interpretation der Bibel in der Kirche (1993) (VApS 115), III A 1., 76f.: „Die Texte der Bibel sind Ausdruck religiöser Traditionen, die bereits vor ihnen bestanden. Sie machen sich diese Traditionen in ganz verschiedenen Weisen je nach der Kreativität der Autoren zu eigen. Im Laufe der Zeit sind mannigfaltige Traditionen zusammengeflossen, um schließlich *eine* gemeinsame große Tradition zu bilden. […] Was der Bibel ihre innere und einzigartige Einheit verleiht, beruht unter anderem auf der Tatsache, dass die späteren biblischen Schriften sich oft auf die früheren stützen. Sie machen Anspielungen auf sie, indem sie diese wiederaufnehmen und aus ihnen – manchmal weit entfernt vom ursprünglichen Sinn – neue Sinn-Aspekte entwickeln, oder aber sie beziehen sich direkt auf ihn, sei es, um diesen Sinn zu vertiefen, sei es, um seine Erfüllung aufzuzeigen.“

Geschichte des Wachstumsprozesses des Alten Testaments lässt sich als Prozess immer neuer Überarbeitungs- und Erweiterungsschritte beschreiben, die ihrerseits wieder Ergebnisse einer je neuen relecture in neuen, heilsgeschichtlichen Kontexten sind. So wird etwa die Exodustradition im babylonischen Exil neu auf das in ihr enthaltene Hoffnungs- und Befreiungspotential hin gelesen und findet in Deuterojesaja gewissermaßen ihre typologische Fortschreibung[8]. Die Tradition der Königsbücher findet angesichts der Neukonstitution des Jerusalemer Tempels und der damit gegebenen kultischen Neukontextualisierung ihre relecture und führt, produktionsästhetisch, zu den Chronikbüchern. Die Hiobrede im 6./7. Kapitel des Hiobbuches lässt sich begreifen als kritische relecture von Psalm 8 angesichts der brüchig werdenden Glaubensüberzeugung von einem Tun-Ergehen-Zusammenhang. Die Beispiele ließen sich mühelos vermehren.

Die hermeneutische Attraktivität dieser von ganz unterschiedlichen Richtungen in Anspruch genommenen Denkform relecture wird plausibel – darauf hat Knut Backhaus[9] hingewiesen – durch die Rezeptionsästhetik mit ihrer Berücksichtigung des Sinnzuwachses eines Textes im wiederholten Aufnehmen und Wiederlesen in neuen Zusammenhängen.

Richtet der Begriff relecture den Blick vom Text zurück in frühere Phasen, die es in neuen Kontexten neu zu lesen und neu zu verstehen gilt, so wendet ein anderer hermeneutischer Fachbegriff den Blick gewissermaßen nach vorne:

b) Rezeptionsästhetik und Wirkungsgeschichte

Seit Hans-Georg Gadamers „Wahrheit und Methode" (erschienen zuerst 1960) ist der Begriff der Wirkungsgeschichte nicht mehr aus

8 Vgl. Odil H. Steck, Prophetische Prophetenauslegung, in: Ders., Die Prophetenbücher und ihr theologisches Zeugnis. Wege der Nachfrage und Fährten zur Antwort, Tübingen 1996, VIf.: „Die Frage nach einem Sinnwillen in wachsenden prophetischen Büchern als ganzen muss endlich ihr eigenes Recht erhalten und in aufwendiger Verlagerung herkömmlicher Forschungsschwerpunkte geklärt werden. […] Hinter den vorliegenden Prophetenbüchern könnte ein produktiv langzeitiger Traditionsvorgang wachsender Rezeption und Aneignung im Buchwachstum zum Vorschein kommen, der als solcher theologisches Gewicht und Vorbildlichkeit hat und hinter der Frage nach innovativen Originallogien nicht länger im Schatten stehen kann."

9 Knut Backhaus, „Die göttlichen Worte wachsen mit dem Leser" – Exegese und Rezeptionsästhetik, in: Erich Garhammer / Heinz-Günther Schöttler (Hg.), Predigt als offenes Kunstwerk. Homiletik und Rezeptionsästhetik, München 1998, 149–167, hier 166.

der theologischen Hermeneutik wegzudenken. Anstelle von Wirkungsgeschichte sollte man nach Hubert Frankemölle eigentlich von Rezeptionsgeschichte eines Textes sprechen, geht es doch nicht um gleichsam mechanische Wirkungen, sondern um aktive Rezeption[10]. Diese Wirkungs- oder Rezeptionsgeschichte wahrzunehmen, heißt nicht nur ein historisch interessantes Feld zu bestellen, sondern nimmt die hermeneutische Einsicht ernst, dass mein Verstehen eines Textes in der historischen Distanz hier und heute immer schon mitbestimmt ist von Fragestellungen und Deutungen, die ich aus der Wirkungsgeschichte übernehme: „Das historische Bewusstsein soll sich bewusst werden", schreibt Gadamer, „dass in der vermeintlichen Unmittelbarkeit, mit der es sich auf das Werk oder die Überlieferung richtet, diese andere Fragestellung stets, wenn auch unerkannt und entsprechend unkontrolliert mitspielt."[11] Die wichtigsten Stationen der Wirkungsgeschichte von Schrifttexten der historisch-kritischen Auslegung beizufügen und somit in die Deutung aufzunehmen, gehört beispielsweise zum Programm des Evangelisch-Katholischen Kommentars zum Neuen Testament[12]. Die Wirkungsgeschichte ist, insofern sie die das Verstehen eines Textes im Hier und Jetzt unweigerlich mitbestimmende Rezeptionsgeschichte in ihrer hermeneutischen Relevanz bedenkt, ein Phänomen der Rezeptionsästhetik.

Die kurze Bestandsaufnahme sei abgeschlossen mit dem Hinweis auf zwei ganz neue Wortmeldungen von Alttestamentlern, die sich auf die spirituelle Aneignung alttestamentlicher Texte in neuen Kontexten beziehen.

c) Rezeptionsästhetik und Spiritualität

Georg Braulik, der schon immer auf die Legitimität auch des christologischen Psalmenverständnisses hingewiesen hat, hat dies jüngst unter ausdrücklicher Verwendung des Begriffs „Rezeptionsästhetik" erneuert. Er spricht in diesem Zusammenhang von einem

---

10 Vgl. Hubert Frankemölle, Art. Wirkungsgeschichte, in: LThK³ X (2001) 1233.

11 Hans-Georg Gadamer, Wahrheit und Methode. Grundzüge einer philosophischen Hermeneutik, Tübingen ³1972, 284.

12 Joachim Gnilka hat vor einiger Zeit die hermeneutischen Prämissen dieser Mitberücksichtigung der Wirkungsgeschichte ins Licht gerückt: Ders., Die Wirkungsgeschichte als Zugang zum Verständnis der Bibel, in: MThZ 40 (1989) 51–62.

„Perspektivenwechsel"[13], der sich gegenwärtig in der hermeneutischen Diskussion in der Alttestamentlichen Theologie abzeichne. Braulik geht aus von der rezeptionsästhetischen Prämisse der prinzipiellen Bedeutungsvielfalt biblischer Texte und führt in seinem Aufsatz „Rezeptionsästhetik und unsere Psalmenmeditation" aus: „Jeder neue literarische und situative Kontext erschließt noch weitere Sinndimensionen. Denn Aussage wie Verständnis literarischer Texte sind immer kontextgebunden. Ein christlicher Leser kann deshalb dem Sinnpotential eines Psalms anderes als ein jüdischer entnehmen. Wenn er diese Bedeutungsvielfalt entdeckt, hat das nichts mit willkürlicher und bloß subjektiver Auslegung zu tun. Das gilt besonders dann, wenn der jüdische bzw. christliche Leser den Psalm in einem Strom der Tradition und Rezeption biblischer Texte, also in der Interpretationsgemeinschaft der Synagoge bzw. Kirche, versteht"[14].

Vor demselben Hintergrund hat jüngst Ludger Schwienhorst-Schönberger für die Rehabilitation der allegorischen Hohelieddeutung im Kontext monastisch-kontemplativer Frömmigkeit plädiert[15].

In Überwindung einer lange vorherrschenden Verwerfung der allegorischen Hoheliedauslegung plädiert Schwienhorst-Schönberger für eine Neubewertung der traditionellen Sichtweise. Er trägt dabei einerseits der historisch-kritischen Rekonstruktion der ursprünglichen Bedeutung in einem Primärkontext als profane Liebeslyrik Rechnung – dies hat bleibende Bedeutung und unbestrittene Legitimität –, verweist aber andererseits auf die rezeptionsästhetische Einsicht, „dass die Bedeutung eines literarischen Textes kein zeitlich abgeschlossenes Phänomen ist. Sie ist weder einfachhin identisch mit der Intention des Autors noch mit der Bedeutung, die in einer ersten Rezeptionsphase konstituiert wird.

---

13 Georg Braulik, Rezeptionsästhetik, kanonische Intertextualität und unsere Meditation des Psalters, in: Heiliger Dienst 57 (2003) 57–81 , hier 57f. Vgl. auch Dorothea Erbele-Küster, Lesen als Akt des Betens. Eine Rezeptionsästhetik der Psalmen (Wissenschaftliche Monographien zum Alten und Neuen Testament 87), Neukirchen-Vluyn 2001.

14 Braulik, Rezeptionsästhetik (wie in Anm. 13), 59.

15 Vgl. Ludger Schwienhorst-Schönberger, Das Hohelied und die Kontextualität des Verstehens, in: David J.A. Clines / Hermann Lichtenberger / Hans-Peter Müller (Hg.), Weisheit in Israel. Beiträge des Symposiums „Das Alte Testament und die Kultur der Moderne" anlässlich des 100. Geburtstags Gerhard von Rads (1901–1971), Heidelberg, 18.–21. Oktober 2001, 81–91.

Ändert sich der Rezeptionskontext, ändert sich auch die Bedeutung. Mit ‚Rezeptionskontext' meine ich", so fährt Schwienhorst-Schönberger fort, „jetzt sowohl den sprachlichen als auch den außersprachlichen ‚Zusammenhang'. Liest jemand das Hld im Kontext der Heiligen Schrift mit dem Vorverständnis, hier ginge es durchgehend um Gott, um sein Verhältnis zu seinem Volk, seiner Kirche, zur Seele des Einzelnen, geschieht die Lektüre darüber hinaus in einer monastisch-kontemplativen Lebenswelt, in der die Herauslösung aus den Verstrickungen der Leidenschaft als ein Voranschreiten auf dem Weg zu Gott angesehen und täglich eingeübt wird, dann legt sich ein allegorisches, oder sagen wir etwas offener: ein geistiges Verständnis durchaus nahe. Die allegorische Interpretation wäre dann nur die reflexive Fassung dessen, was in diesem Rezeptionskontext wie selbstverständlich wahrgenommen wird."[16]

Wenn Schwienhorst-Schönberger in einem Bericht zur Lage der alttestamentlichen Theologie der Gegenwart neuerdings sogar die Frage stellte, ob sich gegenwärtig nicht sogar ein „Paradigmenwechsel"[17] in der Bibelwissenschaft vollzieht, dann hat dies vor allem mit der Rezeption von rezeptionsästhetischen Einsichten zu tun.

Christologisches Psalmenbeten, allegorisches Hohelied-Verständnis, akzeptabel für das monastische Gebetsleben – die Frage drängt sich auf: *Ist das dieser Argumentation zugrundeliegende Zentralgeschehen christlichen Glaubens, die definitive Offenbarung Gottes in Jesus Christus und ihre Bezeugung, auch noch einmal in rezeptionsästhetischen Kategorien beschreibbar?*

3. Rezeptionsästhetik und Christozentrik der Offenbarung

Was bei Schwienhorst-Schönbergers Rehabilitierung der allegorischen Hoheliedauslegung nicht explizit zur Sprache kommt, hat er an anderer Stelle verdeutlicht. In seinem Beitrag zur Quaestio disputata mit dem Titel „Wieviel Systematik erlaubt die Schrift?"

16 Schwienhorst-Schönberger, Das Hohelied und die Kontextualität des Verstehens (wie in Anm. 15), 86.

17 Ludger Schwienhorst-Schönberger, Einheit statt Eindeutigkeit. Paradigmenwechsel in der Bibelwissenschaft, in: HerKorr 57 (2003) 412–417.

spricht Schwienhorst-Schönberger von einer doppelten durch die Christuserfahrung gegebenen Neukontextualisierung der Schrift[18].

a) Die doppelte Neukontextualisierung

Die erste Neukontextualisierung vollzieht sich auf Seiten des Lesers der Schrift. Für den Apostel Paulus beispielsweise hat die Christuserfahrung – wie immer man sie näher bestimmen mag – „die symbolische Sinnwelt, die sein Bewusstsein konstituiert, verändert. Er steht in einem neuen Lebenskontext. Von diesem veränderten Rezeptionsort aus gewinnt der ihm in einem bestimmten Bedeutungsspektrum vertraute Text (die Schrift) eine veränderte, eine neue bzw. eine erweiterte Bedeutung". Schwienhorst-Schönberger nennt dies „ein klassisches Beispiel für die Sinnkonstitution eines Textes durch den Leser, ein Beispiel, das jedem vertraut ist, der bedeutende Texte nach lebensgeschichtlichen Einbrüchen oder starken biographischen Veränderungen oder auch einfach mit fortschreitendem Alter von Neuem liest." Hermeneutisch gesprochen, liege hier „*formal* der Kern der christologischen Interpretation des Alten Testaments"[19]. Man könnte als Beispiel die für den Evangelisten Matthäus typische Argumentationsform des Reflexionszitates anführen: „Dies geschah, damit sich das Schriftwort erfüllte." Dass Jesus in Bethlehem geboren wurde, deduziert Matthäus nicht aus der Stelle Micha 5,1, die nachweislich in frühjüdischer Zeit keine messianische Konnotation aufwies[20]. Vielmehr empfängt Micha 5,1 rückwirkend seinen Verheißungscharakter im Licht der einer sehr frühen Tradition entstammenden Gewissheit, dass Jesus in der Davidsstadt geboren wurde. Dasselbe gilt für Jes 7,14 mit der geheimnisvollen Ankündigung der jungfräulichen Empfängnis in der Septuaginta-Fassung, aufgenommen in Matthäus 1,23.

Die zweite Neukontextualisierung, von der Schwienhorst-Schönberger spricht, ist eine Folge der ersten. Sie findet auf der Ebene

---

18 Vgl. Ludger Schwienhorst-Schönberger, Einheit und Vielheit. Gibt es eine sinnvolle Suche nach der Mitte des Alten Testaments?, in: Frank-Lothar. Hossfeld (Hg.), Wieviel Systematik erlaubt die Schrift? Auf der Suche nach einer gesamtbiblischen Theologie (QD 185), Freiburg 2001, 48–87.

19 Schwienhorst-Schönberger, Einheit und Vielheit (wie in Anm. 18), 76; mit Hinweis auf Origenes, Princ. IV,1,6 und Irenäus, Epid. 43–97.

20 Darauf hat hingewiesen: Marius Reiser, Wie wahr ist die Weihnachtsgeschichte?, in: EuA 79 (2003) 451–463.

des Textes statt, insofern Paulus, aber auch die anderen neutestamentlichen Hagiographen, von diesem ihrem neuen Verständnis der alten Schriften her, basierend zunächst auf mündlicher Überlieferung, selbst ein schriftliches Zeugnis, das Offenbarungszeugnis des Neuen Testaments, verfassen: Die eben durch diesen Vorgang zum *Alten* Testament werdende Schrift „bekommt durch Hinzufügung der neutestamentlichen Schriften einen neuen Kontext und damit auch eine neue Bedeutung bzw. ein neues Bedeutungsspektrum."[21] Dieses neue Bedeutungsspektrum werde aber dem alten nicht einfach willkürlich aufgepfropft, sondern empfange seine Möglichkeit und Legitimität aus der Tatsache, dass jeder literarische Text mehrdeutig ist und durch unterschiedliche Kontextualisierungen unterschiedliche Bedeutungen freisetzen kann.

b) Die Ereignishaftigkeit der Offenbarung als Eröffnung eines neuen situativen Kontextes

Das *Christusereignis* lässt sich also rezeptionsästhetisch beschreiben und begreifen als *Neukontextualisierung* der Schriften. Die im Heiligen Geist zum Glauben an Jesus Christus gelangten Jünger, Apostel, Hagiographen können vor dem Hintergrund dieser Neukontextualisierung das gesamte Alte Testament als Zeugnis auf Christus hin lesen und verstehen (wie es uns das NT selbst etwa in Lk 24 vorstellt).

Vorausgesetzt ist hier ein Verständnis von Offenbarung als geschichtliches Ereignis: Nach christlichem Verständnis ist Offenbarung nicht einfach nur die Mitteilung von Informationen über die göttliche Wirklichkeit, nicht einfach nur die Mitteilung von satzhaft formulierten Wahrheiten, auch nicht die Überlassung eines Buches, sondern, so hat es das Zweite Vatikanum mit neuer Deutlichkeit formuliert, ein geschichtliches Ereignis, durch das Gott die Menschen mit sich versöhnt und somit eine neue heilsgeschichtliche Situation, einen neuen heilsgeschichtlichen Kontext eröffnet.[22] Die

---

21 Schwienhorst-Schönberger, Einheit und Vielheit (wie in Anm. 18), 76f.

22 Vgl. Max Seckler, Über die Problematik des biblischen Kanons und die Bedeutung seiner Wiederentdeckung, in: ThQ 180 (2000) 30–53, hier 52: „Nach den Grundsätzen der theologischen Prinzipienlehre hat Gott sich nicht in Texte hinein geoffenbart, auch nicht in den kanonischen Endtext, sondern in Menschen, in sein Volk hinein. Die Bibel ist, anders als der Koran, nicht geoffenbart, sondern sie ist der inspirierte literarische Niederschlag der Offenbarung."

Bibel ist nicht per se Offenbarung, sondern geistgetragenes Zeugnis von der geschichtlich ergangenen Offenbarung. *Offenbarung, so könnte man auch sagen, ist nicht in erster Linie Text, sondern neuer Kontext.* Das Christentum ist keine Buchreligion. In der Bibelhermeneutik geht es dementsprechend nicht um die bloße In-Beziehung-Setzung von Texten miteinander, sondern um die Beziehung von Texten auf ein ihnen vorgängiges Ereignis, welches sie bezeugen.

Insofern nun aber die Rezeptionsästhetik auch mit der Relevanz neuer lebensgeschichtlicher und situativer Kontexte als Sinn stiftende und Sinn eröffnende Elemente im Verstehensprozess zu rechnen lehrt, macht sie grundsätzlich die christologische Interpretation der Schriften plausibel. Leo Scheffczyk hat in seiner dogmatischen Hermeneutik in der Auseinandersetzung mit Bultmann schon vor vielen Jahren mit Recht gesagt: „Das, was eine Neuinterpretation des Alten Testamentes notwendig machte, war nicht ein neu aufgekommenes Weltverständnis oder eine neue Sprache, sondern allein ein neues Ereignis, nämlich das Christusereignis.“[23]

Damit ist die Wahrheit der christologischen Schriftauslegung noch nicht bewiesen, aber doch immerhin die Einsicht gewonnen, dass ein neuer Kontext prinzipiell deutungsoffenen Texten neue und vielleicht auch ungeahnte Sinndimensionen verleihen kann.

Für den jüdisch-christlichen Dialog bringt diese Einsicht insofern eine Entspannung, als dem Umstand Rechnung getragen wird, dass sich die durchgängig christologische Ausrichtung des Alten Testaments tatsächlich nur demjenigen vollends erschließt, für den dieser neue Kontext auch lebens- und glaubensgeschichtlich eine Realität bedeutet.

c) Eschatologische Neukontextualisierung

Das Christusereignis ist rezeptionsästhetisch schließlich als „eschatologische“ Neukontextualisierung zu qualifizieren. Denn nach dem neutestamentlichen Zeugnis ist die Offenbarung Gottes in Christus Jesus nicht eine heilsgeschichtliche Etappe auf derselben Ebene wie die alttestamentlichen heilsgeschichtlichen Stationen, sondern deren definitive Überbietung und Erfüllung. Mit der in Jesus Christus gegebenen Identität von Offenbarer und Offenbarung

23 Leo Scheffzcyk, Dogma der Kirche – heute noch verstehbar? Grundzüge einer dogmatischen Hermeneutik, Berlin 1973, 18.

ist die Selbstmitteilung Gottes als Wahrheit und Leben des Menschen prinzipiell unüberholbar und unüberbietbar, „ein für allemal" gegeben (Röm 6,10; Hebr 7,27). Dies heißt dann aber auch: Die christologische relecture des Alten Testaments ist nicht bloß eine weitere relecture auf der Ebene der bisherigen, sondern sie ist ebenso endgültig und definitiv[24] und für alle weitere Rezeption normativ. Dies schließt weitere Aktualisierungen, weitere Neukontextualisierungen selbstverständlich nicht aus. Diese stehen aber, wollen sie christlich sein, immer im Horizont der eschatologischen Neukontextualisierung durch das Christusereignis. Konkret: Eine befreiungstheologische, feministische, tiefenpsychologische relecture der Schrift – deren prinzipielle Berechtigung nicht bestritten werden soll – kann nicht den Anspruch erheben, an die Stelle der christologischen relecture zu treten. Die sachgemäße Rezeption der biblischen Schriften vollzieht sich fortan im Makrokontext des Christusereignisses. Dieser Kontext ist nicht durch andere, vermeintlich gleichwertige konkurrierende Kontexte zu ersetzen. Dies wäre die Gefahr einer bloßen unkritischen Aneinanderreihung von kontextuellen Zugängen zur Schrift. Noch einmal anders formuliert und mit Henri de Lubac gesprochen: Es wird fortan, und es muss geben, ein immer *tieferes* Verständnis, aber nicht eigentlich ein *neues* Verständnis[25] als Reaktion auf ein den eschatologischen

---

24 Vgl. Henri de Lubac, Typologie – Allegorie – Geistiger Sinn. Studien zur Geschichte der christlichen Schriftauslegung (= Theologia Romanica 23), Freiburg 1999, 243.

25 Genau hier liegt der Unterschied zwischen Allegorie und moralischem und eschatologischem Schriftsinn. Vgl. de Lubac, Typologie – Allegorie – Geistiger Sinn (wie in Anm. 24), 252: „Auch Gregor kommt in der siebten seiner Ezechiel-Homilien auf diese Gesetzmäßigkeit zu sprechen, wo er die große Berufungsvision des Propheten kommentiert. Sie stellt in seinen Augen eines der Fundamente der christlichen Exegese dar, und er gründet sie auf der Wahrheit, dass es derselbe Gott ist, der die Schrift gibt und der sie verstehen lässt, und dass, was zunächst von sich aus wie zwei aufeinanderfolgende Akte aussieht, in Wahrheit nur ein einziges Ereignis ist. Gott ist nämlich nicht der Äußerlichkeit unserer zeitlichen Abfolgen unterworfen. Es wird folglich eine Priorität oder ein wechselseitiges Begründungsverhältnis zwischen dem objektiven Sinn und seiner Interpretation geben, sooft diese vom Heiligen Geist eingegeben ist. Dies hat nichts zu tun mit der Theorie, nach der noch neue Dogmen in Reserve gehalten würden, seit der Kirche der Heilige Geist verliehen wurde, so als gäbe es noch eine weitere Offenbarung. Man darf sich den heiligen Text nicht so vorstellen, als trüge er einfach ganze Serien von schon geprägten Bedeutungen in sich, die man dann mehr oder weniger bloß aufdecken müsste. Vielmehr teilt ihm der Geist eine grenzenlose innere Kraft mit: und so birgt er unbegrenzt mögliche Grade an Tiefe. Ebenso wenig wie die Welt ist auch die Schrift, diese andere Welt, ein für allemal geschaffen: der Geist ‚erschafft' sie noch immer, sozusagen täglich, und zwar in dem Maße, als er sie ‚erschließt'."

Kontext noch einmal überbietenden Kontext, was vom Glauben her ausgeschlossen ist.

Hier lässt sich die Frage anknüpfen, ob denn nicht auch – auf der Basis rezeptionsästhetischer Einsichten – eine Theorie der Dogmenentwicklung zu entwerfen wäre. Meines Wissens ist dies bislang nicht versucht worden. Peter Hünermann spricht in der neuesten Gesamtdarstellung der Dogmatischen Prinzipienlehre viel von Rezeption, aber in einem eher juristischen Sinn, insofern – so wie Gesetze und Verordnungen in ihrer Gültigkeit abhängig sind von der Rezeption einer Gesellschaft – auch Konzilsbeschlüsse und dogmatische Aussagen in gewisser Weise der Rezeption durch die Glaubensgemeinschaft und des Sensus fidelium bedürfen[26]. Der Versuch, die Rezeptionsästhetik für die Dogmenhermeneutik fruchtbar zu machen, dürfte dort seine Grenze haben, wo der prinzipielle Unterschied festgehalten werden muss von eschatologischer Neukontextualisierung durch das Christusereignis und je neuen Aktualisierungen in lebens- und glaubensgeschichtlichen Kontexten der Kirche. Die Herausforderungen des Glaubens z.B. durch den Arianismus oder die Pneumatomachen, die zur Präzisierung des Glaubens an die Gottheit des Sohnes und des Geistes nötigten, führten nicht zu neuen, sondern vertieften Kenntnissen.

Der Versuch einer Formulierung der Christozentrik des christlichen Schriftverständnisses als Folge einer eschatologischen Neukontextualisierung mit den Kategorien der Rezeptionsästhetik ist dennoch offen für eine Vertiefung auf mehreren in sich verschränkten Ebenen der Systematischen Theologie.

4. Systematisch-theologische Vertiefung

a) Offenbarungstheologisch

Die neuzeitliche Theologie hat den Reflexionsbegriff „Offenbarung" als zusammenfassende Bezeichnung des geschichtlichen Heilshandelns Gottes an Israel und definitiv in der Sendung des Sohnes und des Heiligen Geistes eingeführt.

26 Vgl. Peter Hünermann, Dogmatische Prinzipienlehre. Glaube, Überlieferung, Theologie als Sprach- und Wahrheitsgeschehen, Münster 2003. Vgl. ebenso schon Wolfgang Beinert (Hg.), Glaube als Zustimmung. Zur Interpretation kirchlicher Rezeptionsvorgänge (QD 131), Freiburg 1991.

Die Offenbarung vollendet sich nun aber erst im Glauben des Menschen, im Glauben der Kirche, weil ohne die gläubige Annahme der Offenbarung nichts wirklich offenbar wäre. Insofern ist die gläubige Annahme der Offenbarung, ihre Rezeption im Einzelnen und in der Kirche als Glaubenssubjekt mitkonstitutiv für das Zustandekommen von Offenbarung als Offenbarung. Von dieser Einsicht her ist die Aufmerksamkeit auf den Rezipienten, sowie auf den konstitutiven Beitrag der Rezeptionsbedingungen des geschichtlich, sprachlich und leib-geistig verfassten Menschen notwendig. Und eine Besinnung auf den Rezipienten und seinen Beitrag verspricht einen Erkenntnisgewinn.

Es wäre gar zu fragen, ob die Einsicht in die zur Offenbarung gehörende notwendige Annahme der Offenbarung das Bleiben-Können in der heilsrelevanten Wahrheit, wie sie durch das eschatologische Christusereignis gegeben ist, nicht sogar so etwas fordert wie ein Lehramt, ja sogar ein unfehlbares Lehramt. Karl Rahner geht bekanntlich diesen Weg der Begründung des Lehramtes, sogar des unfehlbaren Lehramtes, im Siebten Gang seines Grundkurses.

Nach christlichem Verständnis ist die Heilige Schrift als geistgewirktes, d.h. inspiriertes Offenbarungszeugnis „Gotteswort im Menschenwort“ (1 Thess 2,13).

b) Inspirationstheologisch

So wie das Wort Gottes der Schrift im Heiligen Geist verfasst wurde, so kann es auch nur im Heiligen Geist richtig verstanden werden. Ulrich H.J. Körtner hat, rezeptionsästhetische Einsichten aufgreifend, in diesem Zusammenhang vom „inspirierten Leser“ gesprochen. Dieser inspirierte Leser begegnet der inspirierten Schrift, und erst in diesem Zusammenwirken kann der gott-menschliche Kommunikationsprozess über das Medium der Heiligen Schrift gelingen und sich vollenden. Oder mit der Offenbarungskonstitution des II. Vatikanums gesprochen, die ihrerseits Formulierungen von Hieronymus und Robert Bellarmin aufgreift: „Die Heilige Schrift muss in dem Geist gelesen werden, in dem sie verfasst worden ist“ (DV 12)[27].

---

27 Insofern ist Körtner einerseits recht zu geben, wenn er gegen Hartwig Thyen geltend macht, dass das Verständnis von Allegorie im Rahmen des vierfachen Schriftsinns keine Vorwegnahme rezeptionsästhetischer Hermeneutik, sondern eine besonders

c) Kanontheologisch

Auf das engste mit der Thematik der Rezeptionsästhetik verbunden erweist sich die Problematik um den Kanon der Schriften. Denn auch der Kanon der Schriften ist ein Rezeptionsphänomen. Der Kanon der als Heilige Schriften anerkannten Schriften hat sich nicht einfach von selbst durchgesetzt, die Schriften selber enthalten keine Aussagen über ihre Zugehörigkeit bzw. die Nichtzugehörigkeit zum Kanon der Schriften. Dieser entsteht im Zusammenwirken von gläubiger Rezeption gewisser Bücher in der liturgischen Praxis der Kirchen und deren Bestätigung durch die kirchliche Autorität.

Doch der Beitrag der Glaubensgemeinschaft steht nicht erst am Ende des Kanonisierungsprozesses, sondern – und deshalb haben wir auch hier ein Phänomen der Rezeptionsästhetik – er begleitet den Prozess der Schriftwerdung von Anfang an. In der alttestamentlichen Theologie wird gegenwärtig immer klarer erkannt: Die Texte entstanden in einem lang andauernden Prozess immer neuer Fortschreibungen im Lichte von Neudeutungen in neuen heilsgeschichtlichen Etappen und der Aneignung dieser Fortschreibungen und ihrer Akzeptanz[28].

subtile Form der Produktionsästhetik sei, insofern der Heilige Geist es ist, der den mittels der Allegoria zu erhebenden geistigen Schriftsinn schaffe. Andererseits lässt Körtner unberücksichtigt, dass sich der vierfache Schriftsinn nicht in der Allegorie, dem christologischen Schriftsinn, erschöpft, sondern anhand der Dimensionen von moralischem und anagogischem Schriftsinn sehr wohl der auf die individuelle Rezeption zugeschnittenen Bedeutungsoffenheit Rechnung trägt. Es geht nicht um eine ausschließende Alternative zwischen „inspiriertem Leser" und „inspirierter Schrift", sondern um ein Miteinander, das erst den Kommunikationsprozess vollendet. Vgl. Ulrich H. J. Körtner, Lector in Biblia. Schriftauslegung zwischen Rezeptionsästhetik und vierfachem Schriftsinn, in: Ders., Der inspirierte Leser, Göttingen 1994, 88–113, hier 92. Mit Bezug auf Hartwig Thyen, Seht, euer Gott. Sieben Auslegungen zu Passions- und Ostertexten aus dem Johannesevangelium, zur 51. Bibelwoche 1988/89, hg. von der Arbeitsgemeinschaft Missionarische Dienste (Texte zur Bibel 4), Neukirchen-Vluyn 1988, 12: Thyen hatte die Frage aufgeworfen, „ob nicht die mittelalterliche Lehre vom vierfachen Schriftsinn geradezu progressiv war dem undurchschauten Wahn gegenüber, der heute weithin die Exegese beherrscht, wonach die Reduktion auf den *sensus grammaticus* oder *historicus*, der dann sogleich mit dem psychischen Phänomen der vermeintlichen ‚Intention des Autors' identifiziert wird, die Festlegung des ‚objektiven Textsinnes' erlauben soll."

28 Man spricht auch von „innerbiblischer Exegese". Vgl. den Forschungsüberblick von Konrad Schmid, Innerbiblische Schriftauslegung. Aspekte der Forschungsgeschichte, in: Reinhard G. Kratz / Thomas Krüger / Konrad Schmid (Hg.), Schriftauslegung in der Schrift. Festschrift für Odil Hannes Steck zu seinem 65. Geburtstag (Beihefte zur Zeitschrift für die alttestamentliche Wissenschaft 300), Berlin–New York 2000, 1–22.

d) Ekklesiologisch

Die kanontheologische Betrachtungsweise führt somit wie von selbst hinein in die ekklesiologische Dimension. Hinsichtlich des Neuen Testaments hat die redaktionsgeschichtliche Methode den Blick für das Entstehen der Schrift im Schoß der Kirche und als Ausdruck des Glaubens der Kirche geschärft. Joseph Ratzinger hat jüngst die neuesten Ergebnisse einer rezeptionsästhetisch gewendeten Exegese zusammengefasst und fundamentaltheologisch ausgewertet, wenn er davon spricht, die Verfasserschaft der Schriften sei dreigestuft: „Der individuelle Verfasser ist getragen vom Volk als Ganzem. Das zeigt sich gerade in den immer neuen Fortschreibungen und Umschreibungen der Bücher; hier hat uns die Quellenkritik (trotz vieler Übertreibungen und ungedeckter Hypothesen) wertvolle Erkenntnisse geschenkt. Am Ende ist es nicht bloß ein individueller Verfasser, der spricht, sondern die Texte wachsen in einem Prozess der Reflexion, der Kultur, des neuen Verstehens, der jeden einzelnen Verfasser überschreitet. Aber gerade in diesem Prozess der Überschreitungen, der alle individuellen Verfasser relativiert, ist eine tiefere Transzendierung am Werk: In diesem Prozess der Überschreitungen, der Reinigungen, des Wachsens ist der inspirierende Geist wirksam, der im Wort die Taten und Ereignisse führt und in den Ereignissen und Taten wieder zum Wort treibt“[29].

Lassen sich, und wenn ja, wie, rezeptionsästhetische Einsichten von der Sinn stiftenden und Sinn vermehrenden Bedeutung des Rezipienten für die offenbarungstheologische Erkenntnislehre fruchtbar machen? So haben wir eingangs gefragt. Vor dem Hintergrund all der Aspekte, die wir erwogen haben, erweist sich die Eignung rezeptionsästhetischer Einsichten zur Vertiefung und präziseren Erfassung grundlegender Sachverhalte im Bereich der Dogmatischen Prinzipienlehre:

Offenbarungstheologisch wird der Blick geschärft für die Notwendigkeit der Rezeption der Offenbarung im Glauben als eigentliches Ziel der Offenbarung. Die Aufmerksamkeit für die Relevanz neuer situativer Kontexte lässt das Christusereignis begreifen als eschatologische Neukontextualisierung. Insofern auch der Kanon und seine Entstehung im Raum der Kirche und als Ausdruck des Glaubens der Kirche als ein rezeptionsästhetisches Phänomen zu

29 Joseph Ratzinger, Unterwegs zu Jesus Christus, Augsburg 2003, 151.

begreifen ist, bringt die Rezeptionsästhetik die Ekklesiologie neu hinein in die Reflexion auf die Prinzipien der theologischen Erkenntnislehre. Die Rezeptionsästhetik ist kein dogmatisches Allheilmittel. Sie beweist nicht von vorneherein die Wahrheit der christologischen Schriftauslegung[30]. Man sollte ihre Bedeutung nicht überschätzen, vor allem was die Möglichkeiten einer rezeptionsästhetisch entwickelten Theorie der Dogmenentwicklung betrifft. Aber sie eignet sich zur Erfassung des inneren Zusammenhangs von Offenbarung, Tradition und Schrift bzw. Schriftauslegung als den ersten Prinzipien der Dogmatischen Prinzipienlehre.

Die Vereinbarkeit von rezeptionsästhetischen Einsichten und Theologie kommt nun allerdings nicht von ungefähr.

5. „Die göttlichen Worte wachsen mit dem Leser"

Hans Robert Jauß, einer der „Väter" der Rezeptionsästhetik unter den Literaturwissenschaftlern, hat in seinem Artikel „Rezeption. Rezeptionsästhetik" im Historischen Wörterbuch der Philosophie auf folgenden bemerkenswerten Sachverhalt hingewiesen: „Die Rezeptionsästhetik gehört zu den Theorien, die sich mit einer neuen Fragestellung so erfolgreich durchgesetzt haben, dass post festum unverständlich wird, warum ihre Probleme jemals Probleme waren"[31]. Darüber hinaus finde in diesem Zusammenhang die Maxime eine Bestätigung, dass eine Vorgeschichte erst aus der Nachgeschichte einer eingetretenen Wende voll erkennbar werde.

Zu dieser Vorgeschichte nun aber gehört die Theologie, ja die theologische Reflexion auf Offenbarung, die Bedingungen der Möglichkeit ihrer Erkennbarkeit und Annehmbarkeit.

---

30 Vgl. Christoph Uehlinger, Hat YHWH denn wirklich nur mit Mose geredet? Biblische Exegese zwischen Religionsgeschichte und Theologie, am Beispiel von Num 12, in: BZ N.F. 47 (2003) 230–259, hier 255, Anm. 59: „Gegenüber einer vorschnellen Instrumentalisierung der neueren Literaturtheorie für eine ‚flache', historisch uninteressierte Kanonhermeneutik sei unterstrichen, dass ‚Rezeptionsästhetik' zwar mit Recht die Notwendigkeit des Lesers oder der Leserin, besser: der Lesegemeinschaft für die Konstitution postuliert, dass diese Gemeinschaft aber – zumal unter den Bedingungen einer Universität in der pluralistischen Gesellschaft – nicht automatisch eine bekennende sein muss, sich aber gleichwohl für die ‚Wahrheit' des Textes interessieren kann."

31 Jauß, Rezeption. Rezeptionsästhetik (wie in Anm. 1,) 996f.

Zur Vorgeschichte der Rezeptionsästhetik gehört dementsprechend – und die Autoren versäumen nicht, darauf hinzuweisen – Thomas von Aquin: „Receptum in recipiente per modum recipientis", sagt er in der 84. Quaestio der Prima pars seiner Summa. Und in Artikel 75 die noch berühmtere Formel: „Quidquid recipitur, ad modum recipientis recipitur" – was immer geistig aufgenommen wird, was rezipiert wird, wird rezipiert auf die Weise des Rezipienten. Der unmittelbare Zusammenhang ist die erkenntnistheoretische Fragestellung nach der Erkennbarkeit von geistiger Wirklichkeit mittels der Sinnenwelt. Der größere Zusammenhang aber ist die Frage nach der Erkennbarkeit der göttlichen Offenbarung. Weil Gleiches nur durch Gleiches erkannt werden kann, bedarf es einerseits der Mensch-Werdung Gottes, will er sich uns ganz erschließen, zugleich bedarf es der Vergöttlichung des Menschen, soll er in der Anschauung Gottes die Erfüllung seiner tiefsten Sehnsucht empfangen.

Zur Vorgeschichte der Rezeptionsästhetik gehört schließlich die biblische Hermeneutik. Sie war immer schon der Ort des Nachdenkens über rezeptionsästhetische Phänomene und somit die Wiege der Rezeptionsästhetik „avant la lettre"[32]. Es sind bemerkenswerterweise nicht in erster Linie erkenntnistheoretische Probleme, sondern die spirituelle Erfahrung mystischer Theologen gewesen, denen wir die ersten Reflexionen auf Rezeptionsästhetik verdanken.

Henri de Lubac hat erste Spuren schon bei Origenes und Ambrosius ausgemacht[33]. Der unbestrittene Meister aber ist Papst Gregor der Große, der gegenwärtig zunehmend zum „Patron der Rezeptionsästhetik" avanciert. Gregor war nicht nur der „Senator auf dem Stuhl Petri", sondern vor allem der Mönch, der aus der Schriftbetrachtung lebte und von dort her die Kraft für die Aus-

32 Dieter Böhler, Der Kanon als hermeneutische Vorgabe. Über aktuelle Methodendiskussionen in der Bibelwissenschaft, in: ThPh 77 (2002) 161–178; 169, Anm 19. Vgl. auch Backhaus, „Die göttlichen Worte […]" (wie in Anm. 9), 167: „Die jüngere Rezeptionsästhetik holt somit ein, was die altkirchlichen Pioniere christlicher Schriftauslegung auf ihre Weise wussten: ‚Inspiriert' sind die Lesenden, ist die Lesegemeinschaft Kirche, und je mehr sie voranschreiten im Glauben und Leben, je mehr sie Glauben und Leben in den Text tauchen, desto weiter wird das ‚Wort Gottes' mit ihnen gehen, desto tiefer wird es reichen."

33 Vgl. de Lubac, Typologie – Allegorie – Geistiger Sinn (wie in Anm. 24), 253 und 255f. Vgl. Backhaus, „Die göttlichen Worte […]" (wie in Anm. 9), 167: „Wie unser Geist sich erneuert und darin wächst, sagt Cassian, so erneuert sich auch das Antlitz der Schriften, und die Schönheit des Verstehens schreitet mit dem Verstehenden voran."

übung seines Amtes bezog. In seinen Homilien über Ezechiel, den Mystiker unter den Propheten, legt er die Vision vom „Thronwagen Gottes“ mit seinen vier Rädern, in denen der Geist Gottes war, aus. Es ist Frucht seiner eigenen Erfahrung, wenn er daraus ein Grundgesetz christlicher Schriftauslegung entwickelt: „Divina eloquia cum legente crescunt“ – „Die göttlichen Worte wachsen mit dem Leser.“[34] Oder in seinen spirituellen Auslegungen zum Hiobbuch: „Sacra scriptura aliquo modo cum legentibus crescit“ – „Die Heilige Schrift wächst irgendwie mit den Lesern.“

34 Gregor, In Ez. I, hom. 7: unusquisque sanctorum quanto ipse in scriptura sacra profecerit, tanto haec eadem scriptura sacra proficit apud ipsum, […], quia diuina eloquia cum legente crescunt, nam tanto illa quisque altius intelligit, quanto in eis altius intendit. Und Mor. XX,1: Scriptura sacra aliquo modo cum legentibus crescit.

Konkretionen

Michael Kardinal Faulhaber: Wegbereiter der katholischen Bibelbewegung

Eine Deutung seines Epitaphs

Der Grabstein, heute im Münchener Liebfrauendom an der Südseite des Chorumganges angebracht, ist gleichsam eine letzte Predigt des wortgewaltigen Erzbischofs. Faulhaber hat sein Epitaph zusammen mit dem Künstler Prof. Georgii (1883–1963) selbst entworfen[1]. „Um zu verhindern, dass nach seinem Tod ein zu pompöses Denkmal errichtet werde“[2], hatte er es bereits 1939 in Auftrag gegeben.

Faulhaber wollte dargestellt sein als Bischof im vollen Ornat mit Mitra, Brustkreuz, Bischofsring. Die Mitra, Zeichen des Hirtenamtes, drückt mit ihrem Gewicht ihren Träger gewissermaßen zur Neige[3]. Der Bischof hat, müde, seinen Kopf in die linke Hand gestützt.

Das Motiv des von der linken Hand gestützten Kopfes spielt auf das Grabmal Papst Hadrians VI. in der Kirche Santa Maria dell' Anima in Rom an. Faulhaber war während seines römischen Studienaufenthaltes 1896–1898 Vizerektor des deutschen Kollegs an der Anima. Während seiner Rombesuche logierte er immer dort. In den Nächten vom 16. bis 21. Januar 1937 verfasste er dort den Ent-

1 Vgl. Susanne Kornacker, Das Vermächtnis des Kardinals, in: Thomas Forstner, u.a. (Hg.), Michael Kardinal von Faulhaber 1869–1952. Eine Ausstellung des Archivs des Erzbistums München und Freising, des Bayerischen Hauptstaatsarchivs und des Stadtarchivs München zum 50. Todestag (= Ausstellungskataloge der Staatlichen Archive Bayerns, Bd. 44), München 2002 Katalog, 469–470, hier 470.

2 Vgl. Theodor Georgii, Wie Kardinal Faulhaber sein Grabmal bestellte, in: MKZ 45 (1952) 330.

3 Vgl. dazu Faulhaber selbst in: „Unser Bischof“. Hirtenbrief für die Erzdiözese München für die Fastenzeit 1936, in: Münchener Kardinalspredigten. Unser Papst. Unser Bischof. Unsere Priester, 1936, 15–22, hier 21: „Oftmals wurde der Hirtenstab schwer wie ein Kreuz, die Mitra drückend wie eine Dornenkrone. Nicht ohne Bedeutung tragen die Bischöfe ein Brustkreuz, das mit Märtyrerreliquien gefüllt ist.“

Abb. 8: Epitaph Erzbischof Michael von Faulhabers, Frauenkirche, München

wurf für die Enzyklika „Mit brennender Sorge“[4]. Das Grabmal des nunmehr vorletzten deutschen Papstes (1522/23), der nach nur wenigen Monaten von der Last seines Amtes aufgerieben worden war, hatte Faulhaber wohl des Öfteren vor Augen[5].

Auf dem von ihm in enger Zusammenarbeit mit dem Künstler entworfenen Epitaph hat der Kardinal eine geöffnete Bibel in Händen. Aufgeschlagen ist die letzte Seite, und man liest den vorletzten Vers aus der Geheimen Offenbarung, dem letzten Buch des Neuen Testamentes: *Amen Veni Domine Iesu* – Amen. Komm Herr Jesus (Offb 22,19). Faulhaber will sagen: Ich bin als Bischof über meinem Amt müde geworden. Ich bin mit meiner bischöflichen Verkündigung, die ganz aus der Heiligen Schrift geschöpft hat, nunmehr bei der letzten Seite angekommen. In gläubiger Zuversicht erwarte ich die Begegnung mit dem Herrn und Bräutigam der Kirche, Jesus Christus, dem ich im Bischofsamt gedient habe.

Bedenkt man ferner, dass es zum Typus der Darstellung Martin Luthers und anderer Repräsentanten der evangelischen Kirche gehört, dass sie sich allein mit einer Bibel in der Hand abbilden ließen, darf der Epitaph Faulhabers mit seiner Darstellung als „Diener des Wortes“ auch als Ausdruck ökumenischer Aufgeschlossenheit gewertet werden. Zum Abschluss seines Vortrags beim homiletischen Kurs 1927 zerstreute Faulhaber die Sorge, biblisch zu predigen sei protestantisch: „Lassen Sie sich nicht durch das Vorurteil verwirren, die biblische Predigt habe etwas von der *protestantischen Predigt*! Die biblische Predigt ist viel älter als die Reformation, so alt wie die christliche Predigt“[6]. Und dann differenziert Faulhaber: „Das Sola-Scriptura-Prinzip der Reformation musste natürlich der biblischen Predigt einen starken Antrieb geben, zumal die Erfindung Gutenbergs die Verbreitung der hl. Schriften erleichtert hatte und die Prediger mit dem Kalbe Gutenbergs pflügen konnten. Im Laufe der Entwicklung sind übrigens manche Prediger bibelflüchtig und

---

4 Vgl. Rudolf Voderholzer, „Mit großer Sorge“ – „Mit brennender Sorge“, in: Katalog (wie in Anm. 1), 311–321.

5 Vgl. Else Hocks, Der letzte deutsche Papst. Adrian VI., Freiburg 1939. Das römische Grabmal enthält auch den vielzitierten Sinnspruch: *Proh dolor, quantum refert, in quae tempora vel optimi cuiusque virtus incidat* – Ach, wie viel hängt davon ab, in welche Zeit auch des besten Mannes Wirken fällt.

6 Kardinal Faulhaber, Unsere Predigt und die Heilige Schrift, in: Johannes Schauer (Hg.), Der homiletische Kurs in München vom 10.–12. Oktober 1927, München / Regensburg 1927, 7–47, hier 46.

christusflüchtig geworden. Die Schillerpredigten von Bremen sind nicht die einzigen abwegigen Seitensprünge. Wir freuen uns, wenn das heilige Buch auch anderswo in Ehren steht und den Gläubigen als Leuchte für die Füße, als Labsal für die Seelen, als Brot für die Wahrheitssucher dargeboten wird“[7]. Faulhaber schließt diesen Abschnitt mit der Aufforderung zum Wettstreit um die tiefere Christusliebe, das vielleicht einzig wirklich zielführende Ökumene-Programm: „Wir freuen uns, wenn ein heiliger Wettlauf einsetzt, um möglichst viel aus den gotteingegebenen Büchern, besonders den hl. Evangelien, zu schöpfen. Die volle biblische Predigt ist aber nur dort, wo man die *ganze* Heilige Schrift besitzt, wo die Begriffe Inspiration und Offenbarung nicht ausgehöhlt werden, wo also der Glaube lebendig ist, dass die hl. Schriften des Alten und des Neuen Bundes wesentlich über alle menschlichen Schriftwerke hinausragen. *Das Plus an Evangelium ist dort, wo das Plus an Heilandliebe und Heilandnachfolge ist*“[8].

Bei genauem Hinsehen fällt weiter auf: drei Kreuze prägen das Bild. Ein Kreuz als einziger „Schmuck“ der Mitra auf dem Haupt des Bischofs: Das Brustkreuz über dem Herzen Faulhabers[9]. Und auch der Bischofsring trägt ein Kreuz. Sein bischöfliches Wirken stand im Zeichen des dreifaltigen Gottes, in dessen Namen der Bischof mit dreifachem Kreuz das Volk zu segnen bevollmächtigt ist. Wenn das Haupt, das Herz und die Hand vom Kreuz geprägt sind, mag dies vielleicht weiter zum Ausdruck bringen: Mein Denken, mein Fühlen, Entscheiden und Urteilen (für all dies steht biblisch das „Herz“) sowie schließlich mein „Hand“-eln standen im Zeichen des Kreuzes. Mit Vorliebe nannte er das Christentum die „Religion des Kreuzes“.

---

7 Ebd.

8 Ebd.

9 Von seinem Pektorale sagt Faulhaber einmal: „Mein bischöfliches Brustkreuz ist mir heilig, weil es eine Partikel vom Kreuze Christi enthält; es ist mir aber auch deshalb heilig, weil meine Mutter mit sterbenden Lippen es geküßt hat. So ist das Kreuz, das Sinnbild des Glaubens, uns heilig, weil es gesalbt ist mit dem Blute des Heilands, aber auch geweiht ist mit den Tränen der Heilandmutter“ (Predigt auf dem sechsten marianischen Kongress vom 5. August 1912 „Der Marienkult als Schule des Glaubens, in: Michael von Faulhaber, Zeitfragen und Zeitaufgaben. Gesammelte Reden, 4. und 5. Auflage 1919, 41–54, hier 51 Vgl. auch den Hirtenbrief „Unser Bischof“ zur Fastenzeit 1936 anlässlich seines 25jährigen Bischofsweihejubiläums, in: Münchener Kardinalspredigten 1936 (wie in Anm. 3).

Wie in allen seinen Predigten und gemäß seinem Wappen kombiniert Faulhaber schließlich auch auf seinem Epitaph ein Wort aus dem Neuen Testament mit einem Wort aus dem Alten Testament. Unter seinem Abbild nämlich steht ein Satz aus dem Buch Tobit geschrieben: „Es ist Zeit, dass ich heimkehre zu dem der mich gesandt hat" (Tob 12,20)[10]. Faulhaber macht sich damit die Worte des Erzengels Raphael zu eigen, der Tobias auf einer schwierigen Strecke seines Lebens begleitet und beschützt hatte und dessen Auftrag nun zu Ende ist[11]. Von hier aus ergeben sich weitere Anspielungen. Auch Faulhaber trug den Namen eines Erzengels: Michael. In dem aufgeschlagenen Buch der Geheimen Offenbarung ist zu Beginn jeweils vom „Engel der Gemeinde" (vgl. Offb 2,1 u. ö.) die Rede. Nach traditioneller Auslegung ist damit der Bischof gemeint. Faulhaber vertrat diese Auslegung[12], und was er in der Schutzengelpredigt vom 21. September 1924 über das Bischofsamt im Allgemeinen sagte, das sagte er wohl besonders über sein eigenes Selbstverständnis: „In der Geheimen Offenbarung werden die Bischöfe ‚Engel' genannt (2,1.12 u. a.), weil die Bischöfe an diesem dreifachen Amt der Engel teilnehmen: auf den Weg der Wahrheit zu führen, die Frohbotschaft der Erlösung zu bringen, das Gericht Gottes zu verkünden"[13].

Unter dem Schriftwort aus dem Buch Tobit ist Faulhabers Wappen abgebildet. Faulhaber war im November 1910 zum Bischof von Speyer ernannt und am 19. Februar 1911 geweiht worden. Als „Sproß einer wappenlosen Wiege", wie er sich in seiner Vorliebe für bildhafte Rede einmal ausdrückte[14], konnte Faulhaber sein Bischofswappen selbst gestalten. Über einem siebenarmigen Leuchter, der als Kultgegenstand des alttestamentlichen Bundeszeltes zum Symbol Israels bzw. des Alten Testamentes geworden ist, lässt sich die Geisttaube herab, wobei die vom Symbol des Geistes ausgehenden sieben Lichtstrahlen in Verbindung stehen mit den sieben Flammen des Leuchters.

10 Faulhaber zitiert nach der Vulgata: *Tempus est ergo ut revertar ad eum qui me misit.*

11 Im Schrifttext fährt der Erzengel Raphael fort: *Vos autem benedicite Deum, et narrate omnia mirabilia ejus* – Ihr aber preiset Gott und machet kund alle seine Wunder!

12 Vgl. die Predigt „Die Schutzengel der Völker", in: Kardinal Faulhaber, Zeitrufe Gottesrufe. Gesammele Predigten, Freiburg 1932, 416–429, hier 424.

13 Faulhaber, Zeitrufe Gottesrufe, 424.

14 Faulhaber, Der Ruf der Zeit der Ruf Gottes, Ansprache am 28. August 1930, in: Ders., Zeitrufe Gottesrufe (wie in Anm. 12), 1.

Faulhaber hat dieses Wappen selbst mehrfach gedeutet als Ausdruck der Verbindung seiner bisherigen Profession als Lehrer der Alttestamentlichen Theologie und der nun empfangenen Bischofsweihe, aber auch als Symbol der Einheit von Altem und Neuem Bund. Der christliche Glaube ist die Antwort auf die geschichtliche Offenbarung Gottes, zu der wesentlich die Geschichte Gottes mit seinem Volk Israel gehört und die gipfelt in der Menschwerdung des Gottessohnes und der Sendung des Heiligen Geistes. Das Wappen sagt: Die Kirche wurzelt in der Geschichte Gottes mit seinem Volk. Tatsächlich wird Faulhabers gesamte Verkündigungstätigkeit fortan diesem im Wappen angedeuteten Programm treu bleiben.

Es ist einigermaßen paradox, dass der Bibliker Faulhaber als Wappenspruch anlässlich seiner Bischofsweihe 1911 ausgerechnet keinen Vers aus der Heiligen Schrift gewählt hat, sondern einen lateinischen Sinnspruch: „Vox temporis vox Dei“, den er offenbar selbst in bewusster Abwandlung des bekannten „vox populi vox Dei“ kreierte[15] oder zumindest in die kirchliche Öffentlichkeit brachte: Wörtlich übersetzt besagt sein Wappenspruch „Die Stimme der Zeit ist die Stimme Gottes“[16]. Faulhaber selbst übersetzte lieber mit: „Was Bedürfnis der Zeit ist, ist ein Anruf Gottes“[17]. Faulhaber hat diesen Spruch mehrmals selbst gedeutet und gegen Missverständnisse in Schutz genommen[18]. Ausdrücklich wehrt

15 Literarisch ist der Sinnspruch vor Faulhabers Bischofsweihe 1911 nicht nachweisbar. Vgl. Heribert Schützeichel, Die Zeichen der Zeit erkennen. Fundamentaltheologische Überlegungen, in: Ders., Wege in das Geheimnis. Beiträge zur Fundamentaltheologie, Trier 1989, 160–169, hier 160, der zu Recht auf die Tatsache verweist, dass sich das Wort „Vox temporis vox Dei“ in Faulhabers Wappenschild findet; und er erinnert auch daran, dass das Wort das Lieblingsmotto von Pater Kenntenich, dem Gründer der Schönstattbewegung, war. Inhaltlich vorweggenommen ist Faulhabers Motto allerdings vom Grundsatz des Gründers der Schwesterngemeinschaften von Menzingen und Ingenbohl in der Schweiz, dem Kapuzinerpater Theodosius Florentini (1808–1865), der sich Mitte des 19. Jahrhunderts in bahnbrechender Weise der Arbeiterfrage angenommen hatte. Er schreibt in einer autobiographischen Skizze: „Was immer die Menschen sagen mögen, mein Grundsatz ist: Was Bedürfnis der Zeit ist, ist Gottes Wille“ (in: Veit Gadient, Der Caritasapostel Theodosius Florentini, Luzern 1944, 483).

16 Die „Stimmen aus Maria Laach“ werden sich erst 1915, also ein paar Jahre später, in „Stimmen der Zeit“ umbenennen.

17 Vgl. Katalog (wie in Anm. 1), 134f

18 In seinem ersten Hirtenbrief kommt er gleich zu Beginn im Zusammenhang mit einer Erinnerung an die zum Ritus der Bischofskonsekration gehörende Auflegung des Evangeliums darauf zu sprechen: Die heilige Schrift, ein Hirtenbrief der sozialen Ordnung, in: Hirtenbriefe des deutschen Episkopats anlässlich der Fastenzeit 1911, Paderborn 1911, 78–88. Faulhaber griff diese Gedanken in einem Vortrag zum Auftakt

Faulhaber eine Deutung ab im Sinne von „Vox *populi* vox Dei“ (Die Stimme des *Volkes* ist die Stimme Gottes). Keineswegs soll also gesagt werden, dass die Meinung der Mehrheit oder gar der neueste Schrei des Zeitgeistes auch schon automatisch Offenbarung Gottes sei[19]. Faulhaber will vielmehr zum Ausdruck bringen, dass es Aufgabe des Bischofs sei, aktuell zu predigen, sich von den Herausforderungen des Tages die Themen geben zu lassen und die Gegenwart im Licht des Evangeliums zu deuten. Der damalige Erzbischof von München und Freising, Kardinal Joseph Ratzinger, interpretierte in seiner Predigt vom 12. Juni 1977, dem 25. Todestag Faulhabers, auch den Wappenspruch seines Vorgängers: „In diesem Wahlspruch lag eine explosive, vorwärtsdrängende Kraft. Der so sprach, suchte das Gute und die Erkenntnis der Wahrheit nicht bloß im Vergangenen; er war überzeugt, dass Gott jeder Zeit gegenwärtig ist. Er war überzeugt, dass Gott auch in dieser Zeit zu uns spricht und durch unsere Zeit hindurch uns anredet. Das Wort Gottes ist unerschöpflich, es ist nie ausgelotet, nie ausgelitten und nie ausgedacht; jede Zeit eröffnet neue Wege in es hinein, so dass es in jeder Zeit Gegenwart ist, in der Gott hier und heute zu uns spricht“[20].

Die Sammelbände Faulhabers mit seinen Predigten, Hirtenbriefen, Ansprachen etc. variieren durchgängig im Titel den Wappenspruch des Autors: „Zeitfragen und Zeitaufgaben. Gesammelte Reden“ (Freiburg i.Br. 1912, viele Neuauflagen, teilweise mit Erweiterungen); „Rufende Stimmen in der Wüste der Gegenwart. Gesammelte Reden, Predigten, Hirtenbriefe“ (Freiburg i.Br. 1931); „Zeitrufe Gottesrufe. Gesammelte Predigten“ (Freiburg i.Br. 1932).

Es gehört zu den wichtigsten Entwicklungen in der neuesten Faulhaberforschung seit der Faulhaberausstellung im Jahre 2002 in München, dass man auf Faulhabers Mitgliedschaft und führende Rolle im Verein der „Amici Israel“ (Freunde Israels) aufmerksam

---

der 10. Tagung des internationalen katholischen Studentenbundes Pax Romana am 28. August 1930 auf, gedruckt als Der Ruf der Zeit der Ruf Gottes, in: Zeitrufe Gottesrufe (wie in Anm. 12), 1–9.

19 Rudolf Reiser (Kardinal Michael von Faulhaber. Des Kaisers und des Führers Schutzpatron, Buchendorf 2000, 12f.) meint, sich ausgehend von diesem Missverständnis über Faulhaber lustig machen zu können. Die Voreingenommenheit Reisers gegen Faulhaber geht so weit, dass er in seinem Buch das Wappen zwar richtig abbildet (35) und im Text (12) falsch zitiert.

20 Joseph Ratzinger, Die Stimme der Zeit – die Stimme Gottes. Michael Kardinal Faulhaber, in: Ders., Christlicher Glaube und Europa. 12 Predigten, herausgegeben vom Pressereferat der Erzdiözese München und Freising, München 1981, 127–134.

wird[21]. Dieser Verein war am 24. Februar 1926 in Rom gegründet worden. Zu den Hauptinitiatoren gehörte Frau Sophie Franziska van Leer, eine zum Christentum konvertierte und mit Faulhaber in engem Kontakt stehende holländische Jüdin[22]. Der Verein verfolgte unter anderem das Ziel, die Karfreitagsbitte „Pro perfidis Iudaeis" zu ändern, innerhalb der Kirche zu einem respektvollen Umgang mit den Juden zu erziehen und das Bewusstsein von der bleibenden Erwählung Israels deutlich zu machen. Im Rahmen der oben bereits erwähnten Predigtfortbildung vermittelte Faulhaber seinen Priestern auch das Anliegen der Amici Israel:

„Man vermeide in der christlichen Predigt alles, *was antisemitischen Klang hat*! Gewiß haben die Propheten oft genug und scharf genug ihr Volk wegen Götzendienst, wegen Betrug und Wucher, wegen Veräußerlichung des Gottesdienstes, wegen der Sünden der Priester abgekanzelt, weil sie eine zeitgeschichtliche Aufgabe für ihr Volk hatten. Es müßte den Pharisäismus bei unseren Zuhörern züchten, wenn wir in den gleichen Tönen diese Sündenpredigten an das Volk Israel wiederholen würden. Das Christentum hat aus dem Alten Bund so viel Wertvolles übernommen, nicht bloß das Zehngebot und die Psalmen und die messianischen Weissagungen, daß wir Christen ewige Schuldner des Alten Bundes bleiben. Über dem Wort: Die Juden haben den Herrn gekreuzigt, dürfen wir nicht vergessen: Die Sünden der *Welt*, auch die Sünden unseres Volkes, haben das Lamm Gottes zur Schlachtbank geführt. Wir haben die Verheißung, der Rest Israels werde gerettet, und die Hoffnung, daß Christus nicht umsonst über Jerusalem geweint, nicht umsonst in der Stunde der Erlösung sich als den König der Juden bekannt hat. Wir müssen die Stunde der Gnade durch Gebet vorbereiten helfen – darum sind heute morgen die Gebetszettel der *Amici Israel* verteilt worden. Wir müssen auch durch die Predigt mithelfen, die ver-

21 Vgl. dazu Rudolf Voderholzer, Ein „Freund Israels". Neues Licht auf die Adventspredigten Kardinal Faulhabers, in: KlBl 84 (2004) 54–57. Vgl. Hubert Wolf, „Pro perfidis Judaeis". Die „Amici Israel" und ihr Antrag auf eine Reform der Karfreitagsfürbitte für die Juden (1928) – Oder: Bemerkungen zum Thema katholische Kirche und Antisemitismus, in: HZ 279 (2004) 611–658. Auf Wolf stützt sich auch Thomas Brechenmacher, Der Vatikan und die Juden. Geschichte einer unheiligen Beziehung, München 2005, 158f.

22 Zu Sophie Franziska von Leer vgl. Marcel Poorthuis / Theo Salemink, Op zoek naar de blauwe ruiter. Sophie van Leer, een leven tussen avant-garde, jodendom en christendom, Nijmegen 2000.

fallene Hütte Davids wieder herzustellen (Apg 15,16f.), zum mindesten in der christlichen Predigt alles vermeiden, was die antisemitischen Leidenschaften wecken oder schüren könnte“[23].

In seinem geistlichen Testament schreibt Faulhaber gegen Ende: „Die Verantwortung eines Bischofs ist schwer wie ein Mühlstein. Schwerer noch als die Verantwortung für das, was er gepredigt und geschaffen hat, ist vielleicht die Verantwortung für das, was er *nicht* getan hat! *Betet für euren gewesenen Erzbischof!*“[24].

23 Faulhaber, Unsere Predigt und die Heilige Schrift (wie in Anm. 6), 40.

24 Letztes Hirtenwort Sr. Eminenz des Herrn Kardinals und Erzbischofs Michael Faulhaber, in: Amtsblatt der Erzdiözese München und Freising, Jahrgang 1952, 141–148, hier 146f.

Die mystische Mühle – ein hermeneutisches Kapitell

Die bekannteste Darstellung der sogenannten „mystischen Mühle“ befindet sich auf einem der Kapitelle der Kirche Sainte Marie-Madelaine in Vézelay, die in die zweite Hälfte des 12. Jahrhunderts datiert werden (s. unten Abb. 9).

Mose und Paulus sind gemeinsam am Werk. Links der Repräsentant des Alten Bundes, mit kurzem Gewand und einfachen Schuhen an den Füßen als Sklave gekennzeichnet, beugt sich weit über den Trichter einer Mühle und schüttet Korn aus einem Sack hinein, den er über seiner Schulter trägt. Rechts Paulus, Repräsentant des Neuen Bundes, bekleidet mit der langen Tunika eines freien römischen Bürgers, barfuß, blickt ganz gebannt auf das Mehl, das aus

Abb. 9: Die „mystische Mühle“, Säulenkapitell, Ste Marie-Madelaine, Vézelay/Burgund

der Mühle hervorquillt und das er in seinem Sack auffängt. Mittelpunkt der Szene ist das Mühlrad, in das ein Kreuz eingezeichnet ist. Dem Schwung des Rades folgen die übrigen Linien des Bildes: die gebeugte Haltung der beiden Personen und der Faltenwurf ihrer Kleider, in die der Sturm fährt, den der Geist entfacht.

Wenige Jahre vor der Ausgestaltung der Basilika in Vézelay hatte Abt Suger (1080–1151) von Saint Denis bei Paris in seinem *Liber de rebus in administratione sua gestis* Verse gedichtet, welche die Szenen deuteten, die in den Glasfenstern seiner neuen Klosterkirche dargestellt waren. Darunter befindet sich auch ein Vers über die mystische Mühle, der möglicherweise auch dem Schöpfer des Kapitells in Vézelay vorlag.

> *Tollis agendo molam de furfure, Paule, farinam.*
> *Mosaicae legis intima nota facis.*
> *Fit de tot granis verus sine furfure panis,*
> *Perpetuusque cibus noster et angelicus*[1].
>
> (Den Mühlstein drehst du, o Paulus, fängst auf das Mehl aus der Kleie.
> Des Mose Gesetz innersten Kern machst du bekannt.
> Aus vielen Körnern wird wahres Brot ohne Kleie.
> Unsere Speise für immer, Gabe des Engels.)

Die mystische Mühle stellt nicht eine bestimmte biblische Szene oder ein biblisches Gleichnis dar. Vielmehr werden verschiedene biblische Metaphern in kreativer Weise miteinander kombiniert[2]: das Mahlen des Korns zu Mehl (was den gesamten Themenbereich der Eucharistie aufruft; aus dem Mehl wird die „Speise der Engel", sagt Suger), die Bedeutung des Kreuzes als Inbegriff des neutestamentlichen Erlösungsgeschehens, Mose als Vertreter des Alten Bundes, Paulus, der Völkerapostel, als Repräsentant des Neuen Bundes, das stürmische Wehen des Geistes […] Die mystische Mühle ist mehr als ein Symbol für die Verwurzelung der neutestamentlichen Eucharistie in der alttestamentlichen Paschaliturgie. Sie bringt in knapper und präziser Form einen wesentlichen Aspekt der gesamten Heilsgeschichte ins Bild. Die mystische Mühle

1 PL 186, 1237.

2 Vgl. Michel Zink, Moulin mystique. A propos d'un chapiteau de Vézelay: figures allégoriques dans la prédication et dans l'iconographie romanes, in: Annales Économies. Sociétés. Civilisations 31, Nr. 3, Mai-Juni 1976, 481–488.

ist ein „hermeneutisches“ Kapitell. Sie spricht von der Einheit und Unterschiedenheit von Altem und Neuem Bund, von der Verborgenheit des Neuen im Alten, von der Offenbarung des Alten im Neuen (Augustinus) und von der Bedeutung Jesu Christi und seines Kreuzes als der zugleich einenden und alles transformierenden Mitte.

Das Korn des Alten Bundes wird durch das Christusereignis gemahlen und verwandelt in das Mehl des Neuen. Das Mühlrad ist das Kreuz, das heißt diese Verwandlung ist bewirkt durch das Heilswirken Christi, der sich selbst in der Kelter des Kreuzes hat zermahlen und zerstoßen lassen und der auf diese Weise zum Urheber des Lebens geworden ist. Die verwandelnde und lebenspendende Kraft ist die Kraft des Heiligen Geistes. Die Einheit von Altem und Neuem Bund ist ebenso gezeigt wie die Diskontinuität zwischen den beiden Epochen, die durch das unableitbar neue und unerhörte Leben und Wirken des verheißenen und erwarteten, aber dann alle Verheißungen und Erwartungen überbietenden Messias (Christus) Jesus markiert ist.

„Durch seine Wunden sind wir geheilt“ (Jes 53,5; 1 Petr 2,24)

Mel Gibsons ‚The Passion of the Christ‘ – Eine biblisch-theologische Analyse des Drehbuchs

Am Pessachfest um das Jahr 30 wird vor den Stadttoren Jerusalems in einem Winkel des Römischen Reiches der Anführer einer jüdischen religiösen Bewegung von den Römern durch Kreuzigung hingerichtet. Er war nicht der Erste, und er sollte nicht der Letzte sein. Abertausende erlitten diese „mors turpissima crucis“ [1], eine der schändlichsten, grausamsten und entwürdigendsten Weisen, einen Menschen zu Tode zu bringen. Von *einem,* Jesus von Nazaret mit Namen, bekennen schon kurze Zeit später[2] seine Jünger mithilfe einer für den gottesdienstlich-liturgischen wie auch katechetischen Gebrauch geprägten vor-paulinischen Credo-Formel: „Christus ist für unsere Sünden gestorben, gemäß der Schrift / Und ist begraben worden. Er ist am dritten Tage auferweckt worden, gemäß der Schrift / Und erschien dem Kephas, dann den Zwölf“ (1 Kor 15,3–5)[3]. Wenige Zeilen zuvor erinnert Paulus, dem dieses Credo bei seiner Berufung und Aufnahme in die Kirche bereits überliefert wurde, die Korinther an die Abendmahlstradition: Jesus gab seinen Leib hin „für Euch“ (1 Kor 11,24). Und gegenüber den

---

1 Vgl. Martin Hengel, Mors turpissima crucis. Die Kreuzigung in der antiken Welt und die „Torheit“ des „Wortes vom Kreuz“, in: Johannes Friedrich u.a. (Hg.), Rechtfertigung. FS für Ernst Käsemann zum 70. Geburtstag, Tübingen / Göttingen 1976, 125–184.

2 Vgl. Thomas Söding, Explosion der Christolgie, in: CiG 56 (2004) 7. Es gehört zu den wichtigsten Ergebnissen der historischen Forschung, dass die Tradition und das „Dogma“, worin sie sich verdichtet (in Gestalt der „Praesymbola“), sachlich und zeitlich der Schriftwerdung der Schrift des Neuen Testamentes vorausgehen!

3 Vgl. Karl Lehmann, Auferweckt am dritten Tag nach der Schrift. Früheste Christologie, Bekenntnisbildung und Schriftauslegung im Lichte von 1 Kor. 15,3–5 (= QD 38), Freiburg ²1969. Vgl. Heinrich Schlier, Kerygma und Sophia, in: Ders., Die Zeit der Kirche: Exegetische Aufsätze und Vorträge, Freiburg 1955. ³1962, 206–232.

Galatern bekennt Paulus von Jesus, dieser habe ihn geliebt und sich für ihn hingegeben (Gal 2,20). Paulus weiß sich mit ihm gekreuzigt und mit ihm auferstanden (Gal 2,19; vgl. 2 Kor 4,10; 5,14f.) und in der Kraft des Heiligen Geistes zur Glaubensverkündigung unter den Heidenvölkern berufen, wobei er sich allein des Kreuzes Christi rühmen will.

1. „Themen aus der Mitte des Christseins"

Während nun in den Kirchen der „Heidenchristen" in Mitteleuropa vor allem die jungen Menschen fernbleiben, haben in wenigen Wochen Millionen von Zuschauern auf der Kinoleinwand eine Erfahrung mit diesem Jesus gemacht und nicht wenige Theologen und hauptamtlich-bezahlte Verkünder des Evangeliums vom Kreuz in Verlegenheit gebracht. „Gibson visualisiert", so Knut Backhaus, *„Themen aus der Mitte des Christseins* (Biographie als Drama zwischen Licht und Finsternis – Wert von Entscheidung – Freundschaft, Stellvertretung, Opfer – Leid, Tod, Auferstehung – besonders die Gestalt des verletzlichen Erlösers aus ‚Fleisch und Blut'). Themen wie diese (anders auch im ‚Herrn der Ringe', ‚Matrix', ‚Harry Potter' usw.) ziehen Millionen Zeitgenossen, gerade jüngere, nicht in die Kirche, sondern ins Kino. Ein Theologe, der das sieht, sollte vor dem Film sich selbst kritisieren."[4]

In den Zeitungen war von spektakulären Bekehrungen die Rede, sogar vom freiwilligen Sich-Stellen eines oder gar mehrerer Schwerverbrecher als Reaktion auf den zu Umkehr und Buße bewegenden Film. Der weltweit bekannte amerikanische Prediger Billy Graham war angeblich zu Tränen gerührt und ließ verlauten, er habe sich gefühlt, als ob er selbst bei der Kreuzigung dabei gewesen wäre[5].

Den begeisterten Reaktionen frommer Kreise stehen die Kritiker gegenüber: Filmexperten, die um die Ästhetik, Seelsorger, die um das Seelenheil, Bibelwissenschaftler, die um die Authentizität des Schriftzeugnisses besorgt sind. Die kritischen Stimmen reichen vom Vorwurf einseitiger Verzerrung der Christusbotschaft bis hin zum Vorwurf einer „blutrünstigen Gewaltorgie".

4 Vgl. Knut Backhaus, 2. These (Thesenblatt, Katholische Akademie München, 29. April 2004).

5 Gibsons „Passion Christi" rührte Billy Graham zu Tränen, in: Katholische Wochenzeitung (Baden i. d. Schweiz) vom 9. Januar 2004, S. 8.

Eine Minderheit äußerte sich zumindest ansatzhaft positiv. Michael Schrom im ‚Christ in der Gegenwart' sieht in „The Passion" immerhin nach „all den läppischen Pfarrer- und Nonnenserien im Fernsehen der Gegenwart, nach all den mittelprächtigen Komödien und Krimis, in denen das Christentum nur eine hohle Kulisse abgibt", ein Respekt erheischendes „leidenschaftliches Jesus-Portrait"[6].

Abt Jeremias von St. Ottilien meinte, der Film sei auch deshalb zu begrüßen, weil man nun beim „Googeln" unter dem Stichwort „Passion" nicht mehr zuerst auf der Web-Site eines Stuttgarter Automobil-Herstellers, sondern bei Jesus und Mel Gibson lande[7]. In der „Herderkorrespondenz" gibt Alois Stimpfle zu bedenken, ob der Film mit seiner Fokussierung auf eine zentrale neutestamentliche Überzeugung, nämlich die „leibhaftige" Dimension der Erlösung, nicht auch eine verstörend-heilsame Funktion ausüben könne[8].

Nachdem sich der Pulverdampf erster oft sehr emotionaler Reaktionen verzogen hat, lässt sich aus einem gewissen zeitlichen Abstand eine nüchterne Analyse vornehmen. Es wird sich zeigen, dass bislang weder Befürworter noch Kritiker dem Film und dem ihm zugrunde liegenden Drehbuch wirklich gerecht geworden sind.

2. Die literarische Vorlage des Films

Zu den erstaunlichsten Beobachtungen im Zusammenhang mit der Aufarbeitung des Films gehört die weitgehende Nichtbeachtung der literarischen Vorbilder des Drehbuchs. Selbst die mit literar- und traditionsgeschichtlichen Fragestellungen und der Anwendung der diesbezüglichen Methoden auf biblische Stoffe so geübten historisch-kritischen Exegeten haben sich in diesem Fall zumeist mit der naiven Hinnahme eines fertigen Endtextes und seiner Umsetzung in den Film begnügt.

Mel Gibson selbst hat jedoch schon früh auf Anleihen bei der Schrift „Das bittere Leiden unsers Herrn Jesu Christi" der Augusti-

---

6 Michael Schrom, Haupt voll Blut und Wunden. Das Evangelium nach Mel Gibson: Der Film „Die Passion Christi", in: CiG 56 (2004), online auf: http://www.christ-in-der-gegenwart.de/aktuell/artikel_druckversion_html?k_beitrag=218636 [22.03.2013].

7 Jeremias Schröder, Impulse. Passion, in: Katholische Sonntagszeitung vom 3./4. April 2004.

8 Alois Stimpfle, „Durch seine Wunden sind wir geheilt". Der verstörend-heilsame Verfremdungseffekt der Passion nach Mel Gibson, in: HerKor 58 (2004) 316–321.

nernonne und Mystikern Anna Katharina Emmerich (1774–1824) hingewiesen. Die Seligsprechung von Anna Katharina Emmerich erfolgte am 3. Oktober 2004.

Geht man diesem Hinweis des Regisseurs nach, so ist „man dann doch vom Ausmaß der Abhängigkeit des Films von dieser literarischen Quelle überrascht", schreibt Michael Karger, der bislang einzige, der sich der Mühe eines Vergleichs des Drehbuchs mit dieser literarischen Vorlage unterzogen hat. Gibsons Film beruht auf einer das Johannes-Evangelium bevorzugenden Evangelienharmonie und dem Leben-Jesu-Buch nach Emmerich. Fast alle außerbiblischen Motive des Films – und es sind wahrlich nicht wenige! – „sind dem Buch detailgetreu entnommen".[9] Überall dort, wo der Film von dieser Vorlage abweicht und Hollywood-Effekte einbaut, man denke an die vom Himmel fallende Träne nach dem „Consummatum est" oder auch das Aushacken des Auges des ungläubigen Schächers durch ein anfliegende Krähe, wird es eher peinlich. Aufgrund dieser weitgehenden Abhängigkeit hätte man, wenn schon nicht eine Aufnahme in den Titel, so doch wenigstens einen Hinweis darauf im Nachspann erwarten dürfen.

Bei dem Buch „Das bittere Leiden" handelt es sich um ein „Gemeinschaftswerk" der Anna Katharina Emmerich und des romantischen Schriftstellers Clemens Brentano (1778–1842). Es beruht auf den bearbeiteten Tagebuchaufzeichnungen, die Brentano sich während eines fast sechsjährigen Aufenthalts bei Emmerich im westfälischen Dülmen von den von ihr geschilderten Visionen gemacht hatte, und die er 1833 nach einer deutlichen Bearbeitung und Ergänzung publiziert hat.

Brentano wiederum hat eingeräumt, dass er selbst einiges aus den Schriften des Kapuzinerpaters Martin von Cochem (1634–1717) ergänzt habe[10]. In dessen Buch „Leben und Leiden Jesu Christi" heißt es beispielsweise unter der Überschrift „Verehrung der Wunde der rechten Hand": „Indem nun diese beiden die rechte Hand Christi festhielten, zogen die anderen zwei an dem Stricke so lange und ungestüm, bis die Mitte der linken Hand das Bohrloch

9 Michael Karger, Geschwister im Geiste. Mel Gibson und Anna Katharina Emmerick, in: Die Tagespost Nr. 58 vom 15. Mai 2004, 16.

10 Vgl. Clemens Brentano, Das bittere Leiden unsers Herrn Jesu Christi. Nach den Betrachtungen der gottseligen Anna Katharina Emmerich nebst dem Lebensumriß dieser Begnadigten. Lesarten und Erläuterungen (Clemens Brentano, Sämtliche Werke, historisch-kritische Ausgabe, Band 27, Religiöse Werke V,2), Frankfurt 1995, 93.

erreichte"[11]. Diese Grausamkeit der Annagelung, an die sich alle, die den Film gesehen haben, wohl mit Schrecken erinnern, ist also wortwörtlich schon im Leben Jesu Buch dieses neuzeitlichen Bestsellerautors zu lesen[12]. Sie ist bei Emmerich wohl von Brentano ergänzt, und von Gibson eins zu eins umgesetzt worden.

Nun ist bekannt, dass Martin von Cochem selbst nicht originell war, sondern sich als Sammler und Vermittler religiöser Stoffe an das einfache Volk verstand. So tradierte er Inhalte der mittelalterlichen Betrachtungsliteratur, v.a. der Frauenmystik, an die Barockzeit.

Das Thema „Quellenscheidung" braucht hier nicht weiter verfolgt zu werden. Diese Arbeit ist von den Herausgebern der kritischen Brentano-Edition geleistet. Die Frage nach dem Anteil Brentanos, der alle Bearbeitungsspuren verwischt hat, ist im Übrigen aus dem Seligsprechungsprozess für Anna Katharina Emmerich ausgeklammert worden. Wir stehen vor dem Paradox, dass just zur gleichen Zeit, da man in Rom der Seligsprechung von Anna Katharina Emmerich nur bereit war zuzustimmen, wenn ‚Das arme Leben und bitter Leiden unseres Herrn Jesu Christi' wegen der Verlegenheit über den Anteil Brentanos daran, ein- beziehungsweise ausgeklammert wird, Emmerich und Brentano durch eine Verfilmung ihrer Passionsgeschichte ein weltweites Millionenpublikum erreichen[13]. Mel Gibson erkannte offenbar, dass es dem Schriftsteller Brentano gelungen war, ausgehend von Emmerichs Visionen die Passion so anschaulich und spannend zu schildern, dass er damit ein Drehbuch „avant la lettre" verfasste. Mit der in seiner persönlichen Frömmigkeit gründenden Entscheidung Gibsons für die Vorlage von Emmerich sind wichtige Vorentscheidungen für den Film mitgegeben.

---

11 Zitiert nach: Des ehrwürdigen P. Martin von Cochem Leben und Leiden unsers lieben Herrn und Heilandes Jesu Christi und seiner göttlichen jungfräulichen Mutter Maria, neu bearbeitet und herausgegeben von Michael Sintzel, Regensburg 1868, 693.

12 Martin von Cochem seinerseits beruft sich u.a. auf die Visionen von Birgitta von Schweden. Vgl. Brentano, Sämtliche Werke 27 (wie in Anm. 10), 381, mit Bezug auf Sämtliche Werke 26, S. 316, Z. 1–19.

13 Vgl. Karger, Geschwister im Geiste (wie Anm. 9).

3. Zwischen dokumentarischem Authentizitätsanspruch und Glaubenshermeneutik

Der Film ist noch viel kirchlicher, als seine frommen Befürworter ahnen, ja kirchlicher als es möglicherweise selbst Mel Gibson bewusst zu sein scheint. Denn in Emmerichs „Leben Jesu" ist Maria, die Mutter Jesu, die Identifikationsfigur. Marias Glaubenshaltung ist der Schlüssel zum wahren Verständnis der Ereignisse der Passion. Und der Film folgt ganz dem Buch durch das Erzählen der Geschichte aus der Sicht Marias[14].

Der Kinobesucher wird, ohne dass er es vielleicht merkt, von der Gottesmutter an die Hand genommen und zu Christus geführt. Deshalb ist das Aufwischen des bei der Geißelung vergossenen Blutes durch Maria und Maria Magdalena mithilfe der ihnen von Claudia Procle, der Frau des Pontius Pilatus überreichten blütenweißen Tücher, eine der, wenn nicht die Schlüsselszene des ganzen Films.

Damit ist ausgedrückt: Die Leidensgeschichte wird nur dann in ihrer Wesenstiefe verstanden, wenn sie aus der Glaubensperspektive der durch Maria typologisch repräsentierten Kirche verstanden wird als der einmalige stellvertretende Sühnetod des Gottessohnes für die Schuld jedes einzelnen Menschen. Maria lebt diese Glaubensperspektive, den Kreuzweg ihres Sohnes begleitend, beobachtend, alles aufnehmend und in ihrem Herzen darüber nachdenkend, vor. Dadurch gibt der Film selbst zu erkennen, dass er nicht als Dokumentarfilm gesehen werden darf, sondern er präsentiert sich als ein ausdrückliches Glaubenszeugnis, ein Zeugnis der Kirche von der Heilsbedeutung von Leiden, Tod und Auferstehung Jesu Christi.

Dass der Film ein Glaubenszeugnis ist, wird neben vielem anderen auch noch daran deutlich, dass er das Geschehen – auch hier natürlich den Vorlagen folgend und die Passionsberichte der Evangelien überschreitend – in den heilsgeschichtlichen Rahmen des Ringens zwischen Christus und Satan hineinstellt und zum Schluss gar einlädt, das Kreuzesgeschehen „sub specie aeternitatis" als Entmachtung der Macht der Bösen anzunehmen.

Dem Film Ungenauigkeiten in Bezug auf die Umsetzung allein der neutestamentlichen Texte vorzuwerfen, verkennt die hinrei-

14 Ebd.

Abb. 10: Maria Magdalena, Maria und Johannes
Szene aus dem Film „Die Passion Christi" von Mel Gibson (2003)

chend deutlichen Zeichen einer das bloß Dokumentarische überschreitenden Absicht des Films. Eine andere Frage ist, ob sich der Regisseur selbst dieses Sachverhalts bewusst gewesen ist, oder ob er nicht von der trügerischen Idee bestimmt war, nichts anderes zu verfilmen als was sich „bloß äußerlich" zugetragen hat. Durch die Verwendung der Originalsprachen Hebräisch und Latein wird dieser Authentizitätsanspuch erhoben, der mit den anderen Hinweisen auf die Glaubensperspektive durchaus konkurriert.

Dies aber ist eine erste wesentliche Erkenntnis, die aus dem Film und der Analyse seiner Vorlage zu gewinnen ist. Zu Wesen und Bedeutung des Kreuzesgeschehens gibt es keinen anderen Zugang als die Haltung des Glaubens, wie sie uns im Film exemplarisch durch die Glaubenshaltung Marias als Urbild der Kirche vor Augen gestellt wird. Der vermeintlich direkte Zugang zum „eigentlichen" Geschehen mithilfe eines die zwei Jahrtausende überbrückenden Kameraschwenkarms ist eine trügerische Vorstellung. Unbeschadet der Möglichkeiten und der Berechtigung einer Rückfrage zum historischen Jesus und der Tatsache einer unmittelbar einsetzenden und mit erstaunlicher Schnelligkeit sich vollziehenden Bekenntnisbildung ist doch festzuhalten: Die Heilsbedeutsamkeit des Geschehens ist nur im Glauben zu erfassen. Eine sachgerechte Aufarbeitung des Films kann dementsprechend nur in einer Vertiefung und Hinwendung zum Glauben der Kirche, zur Bibellektüre und zum praktischen Vollzug dieses Glaubens liegen.

Diese marianische Typologie ist bereits in den lukanischen Aussagen (Lk 2,19.51) belegt, wo es heißt: „Maria bewahrte alles in ihrem Herzen und dachte darüber nach". Wenige Jahre nach Veröffentlichung von „Das bittere Leiden" (1833) wird in Oxford John Henry Newman, innerlich schon ganz auf dem Weg zur katholischen Kirche, in der 15. Universitätsrede (1843) genau diesen Gedanken seiner Theorie der Dogmenentwicklung zugrunde legen, und das II. Vatikanische Konzil wird in der Offenbarungskonstitution „Dei Verbum" ebenfalls mit Hinweis auf Maria als Typos der Kirche, die Möglichkeit und Wirklichkeit eines immer tieferen Eindringens und Verstehens der Kirche in den Gehalt der Offenbarung im umfassenden Kontext lebendiger Weitergabe der Offenbarung beschreiben (DV 8).

Die gläubig-kirchliche Sicht auf das Geschehen des Kreuzes wird vom Film durch das ihm vorangestellte Motto unterstrichen, das ausnehmend lange als das große Vorzeichen zu Beginn des Films eingeblendet wird. Es ist ein Zitat aus dem Vierten „Gottesknechtstext": „Wegen unserer Sünden wurde er zermalmt. Zu unserem Heil lag Strafe auf ihm, durch seine Wunden sind wir geheilt" (Jes 53,5). Die hermeneutische Bedeutung dieses Mottos kann gar nicht hoch genug veranschlagt werden.

4. Der stellvertretende Sühnetod als gesamtbiblisches Thema und ein wesentliches Element der neutestamentlichen Erlösungslehre

Der Vierte Gottesknechtstext (Jes 52,13 – 53,12) – die 1. Lesung der Karfreitagsliturgie – wird im NT bereits in den frühesten Schichten zur Deutung der bis ans Kreuz gehenden „Pro-Existenz" (H. Schürmann) Jesu herangezogen. „Obwohl der Rückgriff auf Jes 53 meist nur in Anspielungen zum Tragen kommt („für viele" [Mk 10,45; 14,24]; „dahingegeben wegen" [Röm 4,25]; „sich bzw. das Leben geben für" [Mk 10,45; 1 Joh 3,16; 1 Tim 2,6]; Hebr 9,28; direktes Zitat: 1 Petr 2,24), dürfte hier der Ausgangspunkt der neutestamentlichen Sühne-Theologie zu suchen sein (vgl. v. a. „gemäß den Schriften"

1 Kor 15,3)."[15] Die Verkündigung des Evangeliums ausgehend vom christologisch interpretierten, ganz auf Jesus hin gelesenen Vierten Gottesknechtstext gehört zum festen Bestandteil frühchristlicher Missionspredigt vor Juden und Gottesfürchtigen, wie uns beispielsweise Apg 8, die Katechese des Kämmerers der äthiopischen Königin durch den Evangelisten Philippus lehrt. Als dem Fremden auf diese Weise die Augen aufgingen (vgl. Lk 24), sind die Voraussetzungen auch für eine existentielle Verbindung mit Christus gegeben und der Äthiopier kann getauft werden.

Auch und besonders die aus der Abendmahlstradition vertraute Dahingabeformel „für viele" (Mk 10,45; 14,24) oder „dahingegeben wegen" (Röm 4,25) ist von Jes 53 inspiriert.

Noch grundlegender und entscheidend ist, dass die Möglichkeit, Jesus selbst habe seinem Tod Sühne-Bedeutung beigemessen (Abendmahlstradition, Mk 14,24 par.; 1 Kor 11,24; wohl unter Rückgriff auf Jes 53), sachlich durchaus ernst zu nehmen ist, „da damit nicht – wie vielfach behauptet – eine zusätzliche Bedingung zum unbedingt verkündeten Heil, sondern dessen selbst in der Ablehnung noch fortdauernde Wirksamkeit zur Sprache gebracht wird"[16]. Ausgehend von der Dahingabe-Formel wird der Sühnegedanke schließlich Bestandteil bereits der ältesten christlichen Bekenntnisse (1 Kor 15,3; Gal 1,4; Gal 2,20 u.ö.).

Der Erste Petrusbrief schließlich greift den Vers Jes 53,5 „Durch seine Wunden sind wir geheilt" wörtlich auf und fügt ihn, auf Christus hin gelesen, im Kontext eines wohl auch längst geprägt vorliegenden Canticums seiner Taufkatechese ein: „Er hat unsere Sünden mit seinem Leib auf das Holz des Kreuzes getragen, damit wir tot sind für die Sünden und für die Gerechtigkeit leben" (1 Petr 2,24).

Die gläubige Ineinsschau von zentralen alttestamentlichen Texten und neutestamentlichem Christuszeugnis, ja die Verkündigung des Christusereignisses in den Denk- und Anschauungsformen, welche das Alte Testament bereit legt, ist für das NT ebenso konstitutiv wie für das Schriftverständnis der Kirchenväter und auch die spirituelle Tradition der Kirche bis auf den heutigen Tag.

Ein gutes Beispiel dafür ist der von Othmar Keel zusammengestellte, 1966 erstmals und zuletzt 1998 in vierter Auflage erschie-

---

15 Helmut Merklein, Art. Sühne. II. Biblisch-theologisch, in: LThK^3, Bd. 9 [2000] 1098–1102, hier 1100.

16 Ebd., 1100.

nene „Biblische Kreuzweg“. Er besteht ausschließlich aus (von Keel übersetzten) Bibelzitaten. Darin wird Jes 53 im Zusammenhang mit der neunten Station, bei der der „dritte Fall Jesu unter dem Kreuz“ betrachtet wird, auf Jesus hin gelesen: „Wie eine Wurzel aus dürrem Erdreich hat Er keinerlei Gestalt, / nichts Erhabenes, das wir anschauten, / nichts Schönes, das wir begehrten, / ein Mann der Schmerzen, der die Krankheit kennt. / Verachtet, dass wir ihn gar nicht zählen. Obgleich Er durch unsere Sünden geschändet wurde und von unserer Schuld zermalmt ist. Zu unserem Heile wird Er gezüchtigt, seine Striemen bringen uns Heilung.“

Neben Jes 53 gehört Ps 22 genannt, der als „Textbuch“ für die Abfassung des Passionsberichtes gelten kann. Die Bilder aus Ps 22 gehören mit zum gesamt-biblischen Zeugnis der Passion: „all meine Knochen kann man zählen“ und „gelöst haben sich all meine Glieder“.

Die Diskussion um die Gewaltszenen im Film ist deshalb neu zu führen, weil sie nicht nur der literarischen Vorlage entstammen, sondern auch aufgrund dieser gesamtbiblischen Sichtweise der Mitberücksichtigung der alttestamentlichen Vorausbilder. Mit einem Beispiel verdeutlicht: Immer wieder hörte man, dass Filmbesucher die Aufführung nicht mehr ertrugen und das Kino verließen. Manche sagten: Ich konnte das nicht mit anschauen, ich musste wegschauen […] Erfüllte sich damit nicht wieder das Schriftwort Jes 52,14: „Viele haben sich über ihn entsetzt, so entstellt sah er aus, nicht mehr wie ein Mensch, seine Gestalt war nicht mehr die eines Menschen“? Oder noch deutlicher Jes 53,3: „Wie einer, vor dem man das Gesicht verhüllt […]“? Deshalb wage ich sogar die weitere These: Der Film ist biblischer, als viele seiner Kritiker glauben. Erstens weil er, wie die Heilige Schrift selbst, Zeugnis- und Bekenntnischarakter hat; zweitens wegen seiner gesamtbiblischen, Altes und Neues Testament in eins schauenden Ausrichtung.

Mit der Übernahme einer der mittelalterlichen und neuzeitlichen Leidensmystik besonders verpflichteten literarischen Vorlage übernimmt der Regisseur gewiss eine starke Betonung des erlösungstheologischen Motivs der Hingabe, der stellvertretenden Sühne.

Dieses Motiv ist nicht das einzige soteriologische Deuteschema des Neuen Testaments. Mit Hans Urs von Balthasar stellt man gerne fünf komplementäre, letztlich nicht systematisierbare, soteriologische Motivkreise zusammen: 1. Hingabe / Dahingabe. 2. Das Platztausch-Motiv (vgl. 2 Kor 8,9). 3. Das Loskauf-Motiv (u. a. Mk 10,45).

4. Das Ziel der Erlösung: die Gemeinschaft mit dem dreifaltigen Gott. Und schließlich 5: Grundlage und letzte Herkunft: die göttliche Liebe (Joh 3,16)[17]. Nicht ein zorniger, nach dem Modell menschlicher Psychologie beleidigter Gott muss besänftigt werden, sondern die Menschen müssen versöhnt werden, die sich im Ungehorsam von Gott abgewandt, damit ihre Freiheit korrumpiert haben und ins Unheil gelaufen sind, woraus sie sich selbst nicht befreien können und des Entgegenkommens Gottes selbst bedürfen. Die Fokussierung auf die Leidensmystik wäre nur dann ein wirklich schlagender Einwand gegen Vorlage und Film, wenn die über das Motiv der stellvertretenden Sühne hinausgehenden Motivkreise völlig ausgeblendet oder ausgeschlossen wären. Dies ist aber nicht der Fall. Die geradezu wütenden Proteste gegen den von dem Film massiv in Erinnerung gebrachten Opfer- und Sühnegedanken machen nur auf gewisse Einseitigkeiten in Theologie und Verkündigung der Gegenwart aufmerksam. Der Gedanke des stellvertretenden Sühneleidens ist jedenfalls ein wesentlicher und aus dem Gesamtbild gesamtbiblischer Theologie und Soteriologie keineswegs zu eliminierender Bestandteil. Der Film gibt der Theologie und Glaubensverkündigung auf, das neutestamentliche Zeugnis neu zu durchdenken und verständlicher zu formulieren, dass Jesus seine Reich-Gottes-Botschaft gegen alle Widerstände im Gehorsam zu seiner Sendung durchgetragen hat bis hin zur Solidarität mit allen, die sich selbst in die letzte Gottferne verirrt haben. Doch nicht nur für die Opfer, sondern sogar noch einmal für die Täter ist im Kreuz Hoffnung, hat er doch allen Hass der Welt an sich austoben lassen, auf sich gezogen und gesühnt.

5. Gedanken zu einer „immanenten" Filmkritik

Der Film verdient es, nicht so sehr von außen, sondern von seinen eigenen Voraussetzungen her kritisiert zu werden. Wie angedeutet widerstreiten sich im Film zwei Tendenzen: einerseits die Hinweise auf den Charakter des Films als explizites Glaubenszeugnis: mari-

---

17 Vgl. Hans Urs von Balthasar, Theodramatik, Band III. Die Handlung, Einsiedeln 1980, 221–224; darauf Bezug nehmend: Christoph Schönborn, Gott sandte seinen Sohn. Christologie, unter Mitarbeit von Michael Konrad und Hubert Philipp Weber (= AMATECA, Bd. 7) 239f.

anische Perspektive, heilsgeschichtliche Interpretation, das Motto zu Beginn usw. Dem steht gegenüber ein vor allem durch die Verwendung der Originalsprachen hervorgerufenes Pathos der Unmittelbarkeit, welches wiederum die Abwehrreaktionen von sich überrumpelt fühlenden Zuschauern – zumal wenn es sich um Fachtheologen handelt – hervorrief.

Karger gibt zu bedenken, dass der Film weniger Widerstände hervorgerufen hätte, wenn durch die Einbettung in eine Rahmenhandlung deutlich gemacht würde, dass die gezeigte Version der Passion Christi auf die von Brentano aufgezeichneten Visionen von Anna Katharina Emmerich zurückgeht. Durch die Kennzeichnung als Privatoffenbarung wäre das „Pathos des Authentischen" relativiert, ohne dass die Echtheit der Visionen ausgeschlossen wäre[18].

Unverständlicherweise folgt der Film am Schluss nicht mehr der Vorlage von Emmerich. Dort werden – wiederum auf die spirituelle Tradition der vorangehenden Jahrhunderte gestützt – die Begegnungen des Auferstandenen mit den Jüngern, allen voran mit Maria, berichtet. Gibson aber mutet den Zuschauern den Versuch zu, auch noch die Auferstehung selbst irgendwie filmisch darzustellen. Dies ist sicher die fragwürdigste Szene.

Entweder hätte, so empfiehlt Karger, die trostvolle Begegnung des Auferstandenen mit seiner Mutter Maria den Schluss bilden sollen, denn dies entspräche der während des Films durchgängig eingenommenen marianischen Perspektive des „bitteren Leidens".

Denkbar wäre auch die eucharistische Perspektive. Vom Neuen Testament her drängt sich geradezu die Emmausszene auf, wo die Jünger den Herrn gerade am Brechen des Brotes, des Zeichens also seines eigenen Gebrochenwerdens zu unserem Heil erkennen, womit auch nochmals die Brücke zum Abendmahl als unblutiger Vorwegnahme des Kreuzesgeschehens geschlagen wäre. In der Eucharistie hatte wohl von den allerersten Ursprüngen der Kirche her das „pro nobis" seinen Ort. Das „für uns" der Proexistenz Jesu wird in der Kirche in der Feier der Eucharistie täglich neu Wirklichkeit, die Kirche wird dadurch beständig als der Leib Christi auferbaut, und in ihr ist eine intensivere und realere Wirklichkeit gegeben, als jeder Film – und sei er noch so gut gemacht – sie auch nur andeuten kann.

---

18 Karger, Geschwister im Geiste (wie in Anm. 9).

Die Heilung des Aussätzigen (nach Mk 1,40-45 / Mt 8,2-4)*

Die Grundgedanken des Zweiten Vatikanischen Konzils, Bezugspunkt aller künftigen theologischen Reflexion, sind versammelt in dem Bild eines mittelalterlichen Mönches, das zwar zunächst nur die Illustration einer neutestamentlichen Szene sein will, sich aber als bildliche Vergegenwärtigung des gesamten Heilsgeschehens in Christus erweist (s. Abb. 11, S. 198). Dies will die folgende Bildbetrachtung aufzeigen. Ich möchte es gleichsam als mein theologisches Vermächtnis den Studierenden der Theologischen Fakultät Trier an die Hand geben.

Was sehen wir? Eine Menschengruppe bewegt sich auf absteigendem Gelände von links oben im Bild nach rechts unten. Sie wird in ihrer Abstiegsbewegung angeführt von Jesus, der durch den Kreuznimbus und die Buchrolle in der linken Hand herausgehoben ist.

Der absteigenden Gruppe gegenüber steht, ganz rechts unten im Bild, der Aussätzige, am ganzen Körper gezeichnet von den Wunden, die ihm die als unheilbar geltende Krankheit geschlagen hat. Von der Gesellschaft aus Furcht vor Ansteckung vor die Stadttore verbannt und mit dem Verdacht belastet, seine schwere Krankheit könne nichts anderes sein als die verdiente Strafe für vorausgehende Sünden, vegetiert er als Lebend-Toter im Abseits. Da verbreitet sich die Kunde von Jesus, der schon mehrere Menschen geheilt haben soll. Wo ER ist, da wird die Welt heil und die Schöpfung wieder ihrer ursprünglichen Bestimmung zugeführt. Die Hoffnung, von Jesus geheilt zu werden, lässt ihn alle Zurückhaltung und Scheu überwinden und auch das Gebot missachten, andere Menschen von sich fernzuhalten. In den großen, erwartungsvollen Augen und in den Jesus bittend entgegengestreckten empfangsbereiten Armen versammelt sich seine und aller Menschen Sehnsucht

* Vgl. Rudolf Voderholzer, Geleitwort zu: Henri de Lubac, Die göttliche Offenbarung, Freiburg 2001, IX–XXV, hier IX–XII.

Abb. 11: Heilung eines Aussätzingen. Echternacher Evangeliar, Brüssel, Bibliothèque Royale, fol 23 r

nach Heil und Leben: „Wenn Du willst, kannst Du mich rein machen“ (Mk 1,40).

Jesus setzt soeben an, den Unberührbaren zu berühren, ihm die Hand aufzulegen. Mit Worten, die an die Schöpfungsworte aus dem Buch Genesis erinnern, wird er dem Aussätzigen sein Leben neu schenken, kam doch nach damaliger Vorstellung die Heilung eines Aussätzigen einer Totenauferweckung gleich. „Ich will es – werde rein! Im gleichen Augenblick verschwand der Aussatz, und der Mann war rein“ (Mk 1,41f.; vgl. Gen 1,3). Die Buchrolle kennzeichnet Jesus nicht nur als Lehrer, sondern als das schöpferische WORT schlechthin, in dem der Vater sich in dieser Endzeit vollkommen ausspricht, nachdem er einst schon viele Male und auf vielerlei Weise durch die Propheten gesprochen hatte (vgl. Joh 1,1.14; Hebr 1,1–2). In der Heilung des Aussätzigen sind Wort und Tat des WORTES Gottes untrennbar verknüpft.

Jesus ist nicht alleine. Der Gottmensch ist auch Mitmensch, der nichts alleine tun will. Es folgen Jesus auf dem Bild zunächst zwei Apostel (vgl. die in Mk 1,16–20 unmittelbar vorausgehende Berufung der Brüderpaare Simon und Andreas und Jakobus und Johannes), die durch ihre Barfüßigkeit auffallen, Zeichen der Radikalität der Nachfolge Jesu. Ihre Aufgabe wird es sein, von Jesus zu lernen, auf ihn zu schauen, ihm gleichgestaltet zu werden und in Jesu Vollmacht sein Heilswerk in der Kirche fortzusetzen (Mk 3,13–19). Dementsprechend übt sich der mit seinem schütteren Haupthaar eindeutig als Petrus gekennzeichnete erste Apostel auch schon ein in die Haltung segnend heilender Zuwendung zu den Menschen. Des Weiteren folgen Jesus Menschen, die durch das Tragen von Schuhen als anderer Stand gekennzeichnet sind. Unter ihnen ist jemand, der offenbar durch Jesus von seiner Lähmung geheilt wurde, denn er braucht sich nicht mehr auf seine Krücke zu stützen, die er wie eine Trophäe vor sich her trägt. Zusammen mit anderen Jüngern gehört er zum sich bildenden Leib Christi, der die Kirche ist und von ihrem Haupt angeführt wird. Aufgabe dieser zuletzt folgenden Glieder, die ihren Blick in die Ferne gerichtet haben, wird es sein, Jesus auch die vielen anderen zuzuführen, die in Finsternis und Todesschatten leben. Die Sendung der Kirche wird bis an die Grenzen der Erde reichen. Damit aber ist die unmittelbare Szene der Heilung des Aussätzigen bereits überstiegen und die Tiefendimension des Bildes erreicht, in der im Kontext des gesamten biblischen Zeugnisses das heilsgeschichtliche Offenbarungsgeschehen angedeutet ist.

Denn die Heilungen Jesu, Zeichen der anbrechenden Gottesherrschaft (vgl. Mt 11,4f.; Lk 11,20), sind nur der Anfang. Die Abstiegsbewegung Jesu wird sich fortsetzen und darin enden, dass Jesus selbst den letzten Platz „ganz unten" einnimmt: „Er, der in der Gottesgestalt war, hielt nicht daran fest, wie Gott zu sein, sondern er entäußerte sich, wurde wie ein Sklave und den Menschen gleich [...] Er erniedrigte sich und war gehorsam bis zum Tod am Kreuz" (Phil 2,6f.). Am Kreuz erhöht, gezeichnet – auch er – von den Geißel- und Nagelwunden, wird er, für uns zur Sünde gemacht (2 Kor 5,21), stellvertretend für uns als Sold der Sünde den Tod erleiden als Folge seines Gehorsams zu seiner Sendung, der eschatologische Mittler des Heiles zu sein. In der Auferweckung von den Toten bestätigt Gott der Vater seinen Sohn und setzt alle ins Unrecht, die ihn meinten zum Tod verurteilen und ausliefern zu müssen. Die Auferweckung Jesu in der Kraft des Geistes ist Bekenntnis des Vaters zum Sohn und zugleich Höhepunkt der Offenbarung des dreifaltigen Gottes.

Die Kirche wird als „fortgesetzte Inkarnation" des Logos und Gegenwartsgestalt der Offenbarung das Evangelium in die Welt hineintragen, indem sie Zeugnis gibt von Tod und Auferstehung Jesu. Sie tut es in der Feier der Sakramente und in der Verkündigung des Wortes, worin sie die von Christus im Geist wiedergewonnene Gemeinschaft der Menschen mit Gott und untereinander realisieren darf. Das zunächst mündliche Bekenntnis wird sich im Laufe der ersten christlichen Generationen verschriftlichen und zum „Neuen Testament" hin entwickeln. In dieser Schriftensammlung sind die von der Kirche für vom Heiligen Geist inspiriert gehaltenen verbindlichen Glaubenstexte zusammengefasst. Allmählich bilden sie mit der nun zum „Alten Testament" gewordenen Schriftensammlung Israels die eine Heilige Schrift. In den Schriften des Alten und Neuen Testaments wird in unterschiedlichster Weise im geistgetragenen menschlichen Wort das eine Wort Gottes verkündet (vgl. 1 Thess 2,13).

Damit hat ein mittelalterlicher Mönch in einer wunderbaren Gesamtschau alle wesentlichen Themen des Glaubens ins Bild gebracht, die auch das Zweite Vatikanische Konzil der Welt neu verkünden wollte.

Mittelpunkt des christlichen Glaubens ist Jesus Christus, der Mensch gewordene Gottessohn, das Fleisch gewordene Wort des Vaters, der die Menschen erlöst aus Finsternis und Todesschatten.

Er ist der einzige und wahre Heilsbringer. Alle Religionen, die als Suche nach Gott und als Wege hin zu Gott interpretiert werden, finden in Jesus Christus ihre Erfüllung. Er ist der Weg Gottes zu den Menschen, und er versammelt alle Wege der Menschen hin zu Gott. Das Christentum ist nicht eine „Buchreligion", sondern die Religion Jesu Christi, und die vom Heiligen Geist inspirierten Schriften des Alten und des Neuen Testamentes geben von ihm Zeugnis. Christus ist nicht zu trennen von der Kirche, die er berufen hat, sein Heilswerk fortzusetzen und in der Welt bis an die Grenzen der Erde gegenwärtig zu halten. Die Kirche ist eine „hierarchische Gemeinschaft", das heißt, sie ist im göttlichen Stiftungswillen und nicht in einem demokratischen Selbstgründungsbeschluss verankert. Der wesenhafte Unterschied zwischen dem gemeinsamen Priestertum aller Gläubigen und dem Priestertum des Dienstes macht aus der Kirche keine Zweiklassengesellschaft, sondern das geistliche Dienstamt macht das Gegenüber und das Voraus Christi, des Hauptes der Kirche sakramental gegenwärtig. Die Berufung der Laien ist vom „Weltcharakter" ihres Dienstes gekennzeichnet, d.h. sie sind durch Taufe und Firmung befähigt, mit ihren beruflichen Kompetenzen in den vielen Bereichen des privaten und öffentlichen Lebens für den Aufbau des Reiches Gottes Sorge zu tragen.

Die vielen unterschiedlichen Aufgaben dienen der einen Sendung: Zeugnis zu geben vom Evangelium, das sich in einem kurzen Wort des Apostels Paulus zusammenfassen lässt. Als Neupriester hatte ich mir vor 26 Jahren diesen Vers als Primiz-Spruch erwählt, und ich möchte ihn als meinen bischöflichen Wahlspruch beibehalten:

Christus ist unter Euch, er ist die Hoffnung auf Herrlichkeit (Kol 1,27)
Christus in vobis spes gloriae.

Nachweis der Erstveröffentlichungen

Dogma und Geschichte
Henri de Lubac und die Wiedergewinnung der historischen Dimension als Moment der Erneuerung der Theologie, in: IKaZ 30 (2001) 450–467. Übersetzung ins Englische: Dogma and history. Henri de Lubac and the retrieval of historicity as a key to theological renewal, in: International Catholic Review Communio 28/4 (2001) 648–668.

Liest Du noch oder glaubst Du schon?
Überlegungen zur Benennung des Christentums als „Buchreligion“, in: TThZ 121 (2012) 101–111.

Bibel und Koran
Christliches und islamisches Offenbarungsverständnis im Vergleich, in: Rivista Teologica di Lugano 7 (2002) 313–222.

Dogmatik im Geiste des Konzils
Die Dynamisierung der Lehre von den Loci theologici durch die Offenbarungskonstitution „Dei Verbum“, in: TThZ 115 (2006) 149–166.

Zum Verständnis von „traditio/paradosis“ in der Frühen Kirche –
unter besonderer Berücksichtigung der „Regula fidei“, in: Oberdorfer, Bernd / Swarat, Uwe (Hg.), Tradition in den Kirchen. Bindung, Kritik, Erneuerung (= Beiheft zur Ökumenischen Rundschau 89), Frankfurt a. M. 2010, 261–273.

Der geistige Sinn der Schrift – frühkirchliche Lehre mit neuer Aktualität, in: Offene Tore. Beiträge zu einem neuen christlichen Zeitalter 50 (2006) 116–147.

„Die Heilige Schrift wächst irgendwie mit den Lesern“ (Gregor der Große)
Dogmatik und Rezeptionsästhetik, in: MThZ 56 (2005) 162–175.

Offenbarung, Schrift und Kirche
Eine relecture von „Dei Verbum“ im Licht vorbereitender und rezipierender Texte Joseph Ratzingers, aus: IKaZ 39 (2010) 287–303.

Michael Kardinal Faulhaber: Wegbereiter der katholischen Bibelbewegung
Eine Deutung seines Epitaphs, in dieser Form bisher unveröffentlicht.

Die mystische Mühle – ein hermeneutisches Kapitell
aus: Geleitwort des Übersetzers, in: Henri de Lubac, Typologie. Allegorie. Geistiger Sinn, Freiburg 1999, ²2007, VII–IX.

„Durch seine Wunden sind wir geheilt“ (Jes 53,5; 1 Petr 2,24)
Mel Gibsons The Passion of the Christ – Eine biblisch-theologische Analyse des Drehbuchs, in: Schweizerische Kirchenzeitung 172 (2004) 527–530.535.

Die Heilung des Aussätzigen (nach Mk 1,40–45 / Mt 8,2–4)
leicht verändert übernommen aus: Geleitwort des Übersetzers, in: Henri de Lubac, Die göttliche Offenbarung, Freiburg 2001, IX–XII.

Bildnachweis

akg-images / Erich Lessing: Abb. 3, 4, 5, 6, 7

Deutsches Dokumentationszentrum für Kunstgeschichte – Bildarchiv Foto Marburg: Abb. 11

Grandmont, Jean-Pol: Abb. 9

http://commons.wikimedia.org (Chris 73; CC BY-SA 3.0): Abb. 8

KNA-Bild: Abb. 1

KPA / Süddeutsche Zeitung Photo: Abb. 10

VG Bild-Kunst, Bonn 2013. Zeppelin Museum Friedrichshafen – Technik und Kunst: Abb. 2

Personenverzeichnis

Bibelstellen

Altes Testament

Neues Testament